基于学科素养的初中历史教学模式与学习实践研究

天津市中小学教师继续教育中心 编

天津出版传媒集团

天津科学技术出版社

图书在版编目(CIP)数据

基于学科素养的初中历史教学模式与学习实践研究/
天津市中小学教师继续教育中心编.—— 天津:天津科学
技术出版社,2021.12

(天津市中小学"学科领航教师培养工程"团队攻坚
成果系列丛书)

ISBN 978-7-5576-9791-4

Ⅰ.①基… Ⅱ.①天… Ⅲ.①中学历史课-教学研究
-初中 Ⅳ.①G633.512

中国版本图书馆 CIP 数据核字(2021)第 273061 号

基于学科素养的初中历史教学模式与学习实践研究
JIYU XUEKE SUYANG DE CHUZHONG LISHI JIAOXUE
MOSHI YU XUEXI SHIJIAN YANJIU

责任编辑:李晓琳
责任印制:兰　毅

出版: 天津出版传媒集团
　　　 天津科学技术出版社

地址:天津市西康路 35 号
邮编:300051
电话:(022) 23332397 (编辑室)
网址:www.tjkjcbs.com.cn
发行:新华书店经销
印刷:天津印艺通制版印刷股份有限公司

开本 710×1000　1/16　印张 19.125　字数 310 000
2021 年 12 月第 1 版第 1 次印刷
定价:128.00 元

前　言

从"基于学科"到"基于素养"

一、问题的提出

（一）高中课程标准明确提出历史学科核心素养

《普通高中历史课程标准(2017年版)》指出：历史课程要将培养和提高学生的历史学科核心素养作为目标，使学生通过历史课程的学习逐步形成具有历史学科特征的正确价值观念、必备品格与关键能力。初中历史教学是高中教学的奠基阶段，所以，高中历史学科核心素养所要达到的坚持以唯物史观为指导，坚持学科的、正确的思想导向，逐步建立较为清晰的历史时空观念意识，逐步掌握历史思维的方法，形成实事求是、注重证据的意识，养成辩证地观察、分析问题的能力等要求，必然应在初中历史教学阶段即进行相应的铺垫和渗透。唯有如此，才能做到初高中历史教学的自然衔接，并为学生的终身学习打下良好的基础。

（二）当前初中教学的现状及差距

当前初中历史教学大多仍然停留在对知识和能力的关注领域，主要表现为三个方面。

1.对于学科素养理解不到位

存在过度开发和不为所动两种倾向，对于学科素养在初中历史课堂的培育路径不甚清晰。

2.学习停留于浅层次

围绕材料的教学环节设计,将关注点放在"认识"材料上,问题指向多为提取材料信息;课堂教学中的问题设计梯度性不强,问题指向学科知识和学科方法;组织学生的讨论有些空洞,生成性、开放性问题较少,学生为活动而活动的现象较多。

3.碎片化教学

不关注教学内容间的内在联系,拓展课程带有很强的随意性;不关注教学主题的提炼与落实。

(三)即将到来的中考对教学提出更高要求

历史学科即将全分纳入天津中考,对于初中历史教学提出了更高的要求。在新的教学形势下,如何以历史学科核心素养引领教学方向,更有效地发挥初中历史课的育人功能,成为当前教育教学界亟待解决的问题。

故此,本课题旨在通过基于学科素养的初中历史教学模式与学习实践的研究,试图在学科核心素养的引领下,发挥初高中历史教学一体化推进优势,聚焦教师的"教"和学生的"学",在学科素养指导下探究提高初中历史课堂有效性的路径和方法。

二、选题意义

(一)理论意义

本课题的研究基于当前"学科核心素养"的基础之上开展的,更注重教学实践的论证,探究使学生通过历史课程的学习逐步形成具有历史学科特征的正确价值观念、必备品格与关键能力的教学模式与学习方式。其可以为国内教育教学领域关于"学科核心素养"的研究提供更多一手的论证资料,从而有利于推动相关理论的不断发展完善。

(二)现实意义

本课题的研究立足于深化初中历史教学改革,破解初中历史教学中存在的一系列问题,全面提升初中历史教学的质量和学科育人水平,对于丰富课题组成员所在学校的历史教育教学策略和方法、提升教学质量、完善和发展学生的历史学科核心素养等,都具有重要的现实研究意义。

三、研究价值

(一)创新价值

自 2017 版高中历史课标提出学科核心素养以来,知网、各类教学参考用书上发表了大量的论文,已较为充分地讨论了五大学科核心素养及在高中教学实践中的应用。而就历史学科核心素养思想指导初中历史教学改革的研究与探索的还不多。我们认为初高中历史教学虽存在着阶段性目标任务以及由此带来的知识深度、广度和教学要求等一系列不同,但更重要的是因初高中历史学科的内在一致性和学生学习规律的渐进性,使我们需做好初高中历史教学的有效衔接。我们以历史学科核心素养思想为指导,突出历史学科特点,针对初中学生成长规律,把激发学生学习历史的兴趣和主动性,强化常态化教学特别是课堂教学主阵地作用,落实学生学习的主体地位并帮助学生有效发挥主体作用,通过深度学习、主题式学习、探究式学习、合作式学习等途径,创新和构建具有深度学习意义的教学模式,作为教学改革的基本策略,聚焦提高学生学习历史的有效性,以学定教,充分发挥学生主动学习的积极性,围绕教学中的"教"与"学"的改进开展研究和实践。

(二)教学价值

本课题是以教学改革实践为依托、以学科素养为引领、以素养习得为目标的教学行动研究。

本课题是基于充分的教学改革实践而展开的，必然包含着研究的一个重要目的即是进一步完善和提高每位课题组成员的历史教育教学能力和水平。我们还期待通过本课题的研究和后期的成果推广，最终能在本课题组成员的引领下，推动成员所在学校以及更多的学校历史教育教学水平的整体提升。

四、研究目的

(一)推进教师对"历史学科核心素养"的深入理解

"历史学科核心素养"提出以后，引发了高中教师的研究浪潮。历史学科素养的新时代表述，就历史教学的狭义上讲，不仅集中反映了中学历史教学改革的一系列创新成果，更针对当前中学历史教学面临的时代困境和痼疾。历史学科核心素养对于深化中学历史教学改革，充分发挥中学历史学科课程立德树人作用，具有指导性地位和作用。鉴于"初中课标修订在即，初中是高中学习的重要奠基阶段"，初中历史教师要借鉴高中历史课程标准所体现的中学历史教学改革新成果和时代新要求，以历史教师的专业水准和专业精神，对高中历史学科核心素养以及课程标准进行深入学习和理解，深入浅出，整体把握，运用自如，通过深化初中历史教学改革的实践探索，不断提升初中历史教学质量，最大限度地发挥学科育人功能，为初高中历史教学有效衔接作出应有贡献。

(二)推进基于深度学习的教学模式创新与构建的行动研究

确定教学模式创新与构建的行动研究，是基于课题组成员对全面提升常态化教学质量的专业自觉，更是落实历史教学立德树人根本任务的责任担当。课题组成员本着素养引领、以学定教、教学有效、基于常态的原则，确定了行动研究的思路，即统一思想、整体设计、统一规划、因材施教、经验分享、优势互补、及时总结、不断改进。课题组通过组织专家讲座、学习研讨、经验交流、课例诊断、教学观摩、教学反馈等一系列学术活动,推进了课题研究的顺利开展,取得了一系列研究成果,形成了一大批具有深度学习意义的体现学科核心素养的课例,为形成可借鉴可复制的教学模式奠定坚实基础。

(三)撰写教学论文和教学案例,提炼研究成果

在理论学习的基础上,本课题的组员教师广泛积累一线教学的实例,积极撰写教学论文和案例,充分论证了"基于学科素养的初中历史教学模式与学习实践研究"。其中,教学论文撰写主要集中在中期论证之前,在理论学习和教学实践的基础之上,及时总结和反思;教学案例的撰写主要集中在中期论证之后,是组员教师对于课题组前期研究成果的个性化转化。

两年来,初中历史团队攻坚课题组的成员在研读高中课标的基础上,积极阅读相关专业书籍,认真研究本区、本校初中学生的基本情况,初步形成了适合区情、校情的培育学生学科核心素养的、推动学生深入学习、带领学生深度思考的教学模式或教学策略,为探索通过初中历史深度学习模式的构建落实历史学科核心素养,提供了较丰富的实践支撑,积累了一定的研究经验,为充分落实历史学科立德树人根本任务,全面提升初中历史教学质量,实现初高中历史教学有效衔接进行了有益的探索。

目　录

第一章

推动学生深度学习的教学模式

实践 1

核心素养背景下基于学生问题的初中历史深度学习教学实践研究

天津市津南区教师发展中心　杨艳

摘　要：针对当前教学中的碎片化问题、浅层次学习问题、师本意识浓厚等，笔者在广泛研读国内外文献基础上，逐渐形成着眼于学生的教学思路，学生通过预习提出自己的问题，教师汇总后进行分类，然后针对知识性问题、兴趣性问题、拓展性问题、困惑性问题，结合学生问题与课标要求，形成以学生为主体的学习目标，有针对性的提出解决方案，并落实在教学设计中。学生通过课前预习，提出自己内在生成和感兴趣的问题，教师引导学生对问题进行分类和分析，确立本节学习的重点内容和一般内容，分出哪些是学生阅读可得的，哪些是教师需要提供支持的；学生通过自主学习，尝试同伴互助解决问题，并提交尚未解决的问题；教师提供资源支持学生合作学习，师生、生生在互动中尝试解决问题，并掌握解决问题的路径和方法，培育历史学科核心素养。经过课题组的广泛实践，逐渐形成了包括问题收集单、给予学生问题的教学准备单、初步形成了基于学生问题的初中历史深度学习教学模式。

关键词：核心素养　学生问题　深度学习

当前初中历史教学大多仍然停留在对知识和能力的关注领域，主要表现为：对于学科素养理解不到位，存在过度开发和不为所动两种倾向；学习停留于浅层次；碎片化教学；师本意识浓厚。近五年来，深度学习受到学术界、教育界的广泛关注，教学界、学术界纷纷展开这方面的研究，都认识到深度学习与学科核心素养间的紧密关系。业界认识到学生生成和提出的问题才是增加学习兴趣、拓展学习深度、解决思维困惑的关键，那么，怎么帮助学生提出问题，怎样结合学生问题有的放矢地展开备课、授课，怎样在教学环节中回应学生问题、在课后环节拓展学生视野等等，这些领域的研究实践仍有待加强。本课题在团队攻坚总课题引领下，研究核心素养背景下，基于学生预习产生的问题，在教师引领下推进学生对历史的深度学习、培育学科素养的课堂教学模式。

一、核心概念界定

深度学习的概念：美国学者马顿和塞利约认为：浅层学习处于较低的认知水平，是一种低级认知技能的获得，涉及低阶思维活动；而深度学习则处于高级的认知水平，面向高级认知技能的获得，涉及高阶思维活动。我国学者黎加厚认为深度学习是指在理解学习的基础上，学习者能够批判性地学习新的思想和事实，并将他们融入原有的认知结构中，能够在众多思想间进行联系，并能够将已有的知识迁移到新的情境中，做出决策和解决问题的学习。

深度学习是指以学生学习为中心，在教师的指导下，学生自主地、基于理解进行知识建构，基于真实情境主动学习和解决问题。深度学习要求从教师立场、内容立场向学生立场转变，教师要从满堂灌向少而精转变。从学生全面发展的视域来看，实现深度学习是发展核心素养的途径之一。

问题：在《辞海》中这样界定"问题"（来源：辞典简编版）：足以引人研究讨论，或尚待解决的事；也指考试时的题目。本课题研究的是学生在学习中自发提出的问题，即在自主阅读教材或听讲后学生尚想进一步研究讨论或解决的事，这往往是学习者的真问题，也是我们研究深度学习的出发点。

二、文献综述

(一)文献综述

《普通高中历史课程标准》:自2017年高中课标颁布后,历史课程将培养和提高学生的历史学科核心素养作为目标,使学生通过历史课程的学习逐步形成具有历史学科特征的正确价值观念、必备品格与关键能力。

刘月霞、郭华主编的《深度学习:走向核心素养(理论普及读本)》中详细介绍了深度学习与核心素养的关系,指出深入学习是落实立德树人的智慧之旅、深度学习是发展素养的学习、深度学习是理解性学习、深度学习是符合学习科学基本原理的学习。

崔允漷在《学历案与深度学习》中提出,深度学习是学生对核心课程知识的深度理解,以及在真实的问题和情境中应用这种理解的能力。此处的能力有三种:一是认知能力,即深度理解内容知识、批判性思维与复杂的问题解决能力;二是人际能力,即协作与交流;三是内省能力,即学会学习以及学术信念。

郑葳、刘月霞主编的《深度学习:基于核心素养的教学改进》中提到:加拿大著名学者富兰(Fullan,M.)提出的如何在技术富有的社会中实现真实有效教学活动的"新教学论",将目标指向通过深度学习促进学生能力、态度上的改变。富兰指出,真正有价值的学习应是能够学以致用并创新实践的学习。因此,变革教育并不是简单地在传统课堂上添加一些昂贵的技术工具,尝试一些所谓新的学习方式,而是要能看到这些技术和学习方式发挥的作用,看其在教学中真正改变的是什么。

南京一中的尤小平在《学历案与深度学习》一书中介绍了引导学生进行深度学习的一种方式:就是学历案,学历案旨在引导学生成为学习者,给学生提供深度学习机会,关注学生的"真学习",让学习过程"看得见",真正体现学生自主建构知识或经验的过程,要将学习的知识条件化、情景化、结构化,促进学生深度理解和应用的实现,要设计多样化的学习方式,让学生说中学,做中学,教中学,悟中学与常用的听中学、看中学一样在课堂中实现,实现学生的个人化学习。

(二)在这方面研究的其他进展及存在问题

1.进展概括

首先,这方面的研究理清了深度学习对核心素养培育的作用,认为深度学习是培育核心素养的途径之一。

其次,通过研究对于深度学习有了更深的理解,深度学习不在于尝试新的学习方式、添加昂贵的技术工具,而在于教学真正的改变——学历案让我们看到了一种可能:让学生在说中学、做中学、教中学、悟中学,强调了学习的主体是学生,目标是学会学习,促进学生能力、态度上的改变。

再次,近几年的学术论文探讨的热词是"问题"或者"问题意识",反映了教师们普遍关注问题对于课堂教学走向深入的影响,可见学生的问题才是学习路上的真问题,学生问题的解决过程才是真学习、深度学习的过程。

2.存在问题

业界开始认识到学生提出的问题才是增加学习兴趣、拓展学习深度、解决思维困惑的关键,那么,怎么帮助学生提出问题,怎样结合学生问题有的放矢地展开备课、授课,怎样在教学环节回应学生问题、在课后环节拓展学生视野等等,这些领域的研究实践有待加强。

三、理论依据

(一)布鲁纳的"发现学习"理论

学生的学习应是主动发现的过程,而不是被动地接受知识。在教学过程中,学生是学习的积极的探究者,教师的作用是创设适合学生学习探究的情境,而不是提供现成的知识。这就要求我们不仅要让学生"知其然"和"知其所以然",而且要让学生"知其所用"和"知其谁用"

(二)皮亚杰的建构主义学习理论

建构主义学习理论认为:学习不是由教师把知识简单地传递给学生,而是由学生自己建构知识的过程。学生不是简单被动地接收信息,而是主动地建构知识的意义,这种建构无法由他人代替完成。

学生是根据自己的经验背景,对外部信息进行主动地选择、加工和处理,从而获得自己的意义。学习者通过新旧知识经验间反复、双向地相互作用过程而建构自己的认知体系。

(三)维果斯基的"最近发展区"理论

维果斯基认为,学生的发展有两种水平:一种是学生的现有水平,指独立活动时所能达到的解决问题的水平;另一种是学生可能的发展水平,也就是通过教学所获得的潜力。两者之间的差异就是最近发展区。

四、研究意义与目标

研究意义:探究帮助学生提出问题,探究针对学生问题有的放矢地展开备课、授课的方案,探究在教学环节回应学生问题、在课后环节拓展学生视野等等,尝试推进有温度的历史课堂,开展有深度的学习,为培育学生的学科核心素养奠基。

研究目标:本课题旨在研究核心素养背景下,通过引导学生课前预习,提出自己的问题,教师在课堂中引导学生解决问题的方式,探索推进学生对历史的深度学习的课堂教学模式。

五、研究对象与方法

(一)研究对象

基于国内外对于深度学习的现状与存在的问题,课题研究紧紧围绕学生这个主体开展,围绕学生课前、课中、课后提出的问题,展开教学准备和课堂教学。

(二)研究方法

1.文献研究法

对相关资料认真收集、分析、整理,把握同类课题国内外研究动态,借鉴已有的研究成果和经验教训,找出新的生长点,为课题研究提供理论框架和方法论。

2.教育实验法

本课题分为六个实验学校:咸三中、咸五中、双港中学、小站一中、小站实验中学和河北区外国语附属中学。通过比较实验,验证在新的教育理念指导下采用的教学原则、教学方法、教学模式等与教学实践活动相符。

3.经验总结法

在日常教学中,教师认真钻研教材,发现学生问题与学科素养的切合点,通过实验探究如何让问题的提出与解决过程成为学生的学习途径,积极尝试促进学生主动学习的方式。并在实际学习中应用研究,通过观察、调查,及时收集原始资料,进行总结、演绎,上升到理论。

4.案例研究法

通过区级研究课进行教学研讨、相互交流,学生真实问题引导下的课堂教学模式的转变,及时反思总结,吸取教训,不断改进。

六、研究内容

1.什么是有价值的问题？

2.怎样发掘学生内心深处的问题？

3.如何指导学生课前有效预习和提出问题？

4.如何高效的对学生提出的问题进行汇总和分析？

5.学生重点问题和次要问题如何区分？

6.教师如何收集、制作学生课堂学习所需资源？

7.学习资源呈现方式和时间长度、呈现技术的实践研究

8.学生自主学习和合作学习时间分配

9.教师补充或提升的问题如何与学生问题对接？

10.基于学生问题的教学模式

七、研究成果与分析

(一)形成的主要成果

课题组成员总结课例经验,撰写了《核心素养背景下基于学生问题的初中历史深度学习初探》《浅析初中历史教学中如何培养学生自主学习和合作探究能力的研究》《浅谈以学生为主体的初中历史课前问题教学——以农村校初二年级为例》《基于学生问题下的初中历史教学中创设历史情境,打造高效课堂研究》《探讨初中历史教学中培养学生问题意识的措施》《试论心理教育在历史教育中的应用》《疑为思之始——基于学生提问后的历史课堂教学初探》等 7 篇论文,生成了《探索初中历史深度学习之学生问题案例分析——让学习从学会提出问题开始》《基于对学生课堂问题的案例研究》《基于历史学科核心素养化解学生"长城"问题的案例研究》《土地改革》案例分析《美国独立》案例分析、《经济体制改革》等多篇案例分析。

(二)分析

在课题实验过程,教师的探索遇到了如下问题:

学生不会提问题;学生问题多而杂乱,如何分类整理?学生问题在课堂中何时呈现,如何回应?如何化解拖堂问题?怎样与教学重难点相结合?

在课题实践中,课题组成员进行了如下探究。

1.补充学生感兴趣的素材,激发学生问题意识

当下主流课堂仍旧是教师的"一言堂",课堂上的问题大多数也是由教师主导设计,让学生带着问题通过自主学习去解决问题,学生没有自己提出问题的习惯,小站实验中学的李垚老师在《中国境内早期人类代表——北京人》实验中找到了一种激发学生问题的方法。

◇ 课前精心准备、激发问题的提出。

这课重点在北京人特征以及生产生活情况,难点在于让学生理解化石为早期人类历史研究提供重要证据。为了激活学生的思维,在设置学生课前预习的任务时,李老师选择了重要的考古发现,例如:北京人头盖骨化石、北京人复原头像、北京人遗址出土石器、烧骨、灰烬等照片,打印出来发给学生,允许学生自由交换、自发提问。

学生果然在课中提出了大量问题。如,学生提问:"直立行走在人类进化中有什么重要意义?""怎么那么多动物骨头被烧?",如学生在课上质疑:"凭什么断定出土的牙齿化石是古人类而不是古猿?"。

由此可见,学生不是没有问题,而是缺乏主动学习的热情,这就需要我们充分了解学生兴趣点,甚至迎合学生的兴趣点。针对学生好奇心强的心理特点,我们还可以适当引入考古新发现的史学动态、纪录片等内容,激发兴趣、激活思维。

◇ 课上巧设情境,引发共情基础上的质疑。

在讲解《战国时期的社会变化》一课中"商鞅变法"的内容时,李老师引入了商鞅最终被车裂的视频。视频播放完毕还没等老师提问,就有学生脱口提问:"明明商鞅变法使秦国强大起来,为什么要将他残忍杀害?"老师及时就此问题进行了解答,又有学生进行提问:"那商鞅都死了,怎么说商鞅变法成功了?"这两个问题本是教师教学设计中要提问学生的问题,但通过创设情境,学生便将它提了出来。可见在课中创设适合的情境,可以为学生问题意识的培养提供适宜的土壤。

◇ **课后抓住探究点、延伸点,激发学生持久探究兴趣。**

《远古的传说》一课难点是"中华民族的形成",教师在下课前引入考古新发现:在河南濮阳距今 6000 多年的墓葬中,出土的贝壳堆塑的龙是我国目前发现的早期龙的形象。龙是多种动物形象的复合体:角似鹿,头似驼,眼似龟,项似蛇,鳞似鱼,爪似鹰,掌似虎,耳似牛。据说龙身部位的形象来自不同部落的图腾。学生开始提出问题,诸如:"部落图腾和龙之间是什么关系?""龙和中华民族的形成有什么关系?",教师借机推荐书目、纪录片《龙的传人》等,将学生的探究欲望引向深度阅读。

2.基于学生提出问题的汇总、分类技巧

八里台一中王丽娇老师在《拜占庭帝国和查士丁尼法典》的教学实践中,发现学生提出的问题大部分很肤浅,有些甚至能直接在教材找到明显答案,涉及不到重难点内容,缺乏有思维含量的问题。

在课题组研讨中,王老师提出这个问题,经过小组研究,逐渐达成共识:设疑引导,教学生从多角度思考(如一个历史事件要从原因、过程、内容、结果、影响等方面考虑),学生提出了更加有效的问题;激励表扬,鼓励学生提出预习后没有解决的问题,倾吐心中的疑惑;或者自己想要深入了解的任何内容,逐渐营造一种敢于表达、乐于追问的氛围。慢慢的,学生提出的问题中有了较为深刻的问题:如《罗马民法大全》为什么奠定欧洲民法基础?为什么十字军不但不援助拜占庭帝国还要攻打它?

王老师引导学生将问题整理成三类:涉及本课的兴趣类知识问题,涉及一般性知识内容问题,涉及重点知识内容问题,并就相关问题设计成学习预案,通过预案引导,在课堂上组织学生尝试进行自主学习、探究学习、合作学习。学生通过课本知识及教师提供的补充资料(比如关于查士丁尼、十字军、拜占庭帝国遗址现状及分布国家等相关材料介绍)进行自主学习。通过小组合作学习可以解决一部分兴趣类问题和一般性内容问题,但对于重点内容的问题则需要教师提供相应的资料和指导。例如《罗马民法大全》,学生在分析原始法律条文中存在困难,理解不透,这就需要教师发现教学素材与教材的结合点,通过设置问题,使学生有针对性的运用素材,达到有助于理解教材内容的目的。通过有效的问题设置,也可达到创设历史情境,加深对教材理解的作用。

3.基于学生问题凝练课例主题

双桥中学的杨伟老师在讲《美国的独立》一课时,共收集了 20 余种问题,整理成三类问题,有常规知识问题、兴趣引发的探究问题、经过思考理解仍有难度的问题。

如"美国是怎样建立的?""美国为什么使用英语?"这是这节历史课学习的常规知识问题。

"北美人民为什么要独立?为啥其他国家的人要移民北美?"这是针对独立战争的背景、原因提出的问题。"莱克星顿武装村民的枪从哪里来的?最后谁赢了?"这是针对独立战争过程中的事件感兴趣的问题。"华盛顿怎么去世的?他的孩子叫什么?"这是对本节课中的人物感兴趣的问题。

"英国政府为什么要在北美殖民地颁布一系列新税法?为什么天赋人权的享有者不包括黑人和印第安人?为什么种族歧视那么严重?1787宪法不承认妇女、黑人和印第安人具有和白人男子一样的政治权利,在这种状态下为什么他们不反抗?"等,这是对本节课中学生经过思考提出的探究问题。

杨老师的探索成果包括:

首先,探究了对于学生问题的分类归纳的方法及教学回应方案。

杨老师在归纳学生预习初期提出的这一系列问题时发现,学生的问题百分之九十以上是表面问题,她设计了自主学习、同伴互助的环节予以回应;对于学生感兴趣而不是教材重点内容的问题通过补充阅读材料予以回应,这回应拓展了学生视野。学生提出的如天赋人权的享有者为什么不包括黑人和印第安人等深层次问题,则定为本节课的重点难点,通过教师补充资源、精讲释疑予以回应。

其次,是整合学生问题,凝练课例主题。

美国历史是世界近现代历史的重要组成部分,美国人民热爱民主、自由的精神在美国独立战争中体现的最为明显。华盛顿的"三进三退"更是彰显了以华盛顿为代表的新兴的美利坚人民反对王权暴政、主张民主、自由的正义力量。杨老师发现了学生在学习中对历史人物及历史人物与历史事件的联系非常关注,从中受到启发,她将本节课的教学立意确定如下:以美国首任总统华盛顿的一生为明线,以美国法治为暗线,探寻美国建国初期进步人士和新兴的美利坚民族对平等、民主、自由精神的追求。

4.在预习提问中发现学生认知难点

八里台二中的王炫老师通过预习、提问发现学生认知难点。例如学生预习《土地改革》时提出问题"农民为什么没有土地?""新中国为什么要进行土地改革?""为什么要剥夺地主的土地呢?为什么又要分给地主一份土地?"等问题。

学生的问题源自他们的内心,十几岁的城市学生很难理解建国前农民所受的

苦难,难以理解土地改革对于农民意味着什么,更不了解地主土地所有制是封建剥削制度的实质。

土地改革距今已有70多年的历史,如何历史时代的鸿沟,帮助十五岁的孩子理解建国后的土地所有制的变化成为理解土地改革意义的难点。王老师选择了走近生活的方式,以访谈法化解《土地改革》中土地问题理解之难。

他寒假时走访居住于津南区八里台镇南义一位学生的太奶奶,根据其亲身经历,以口述的方式重现,董奶奶提到了当时村庄内的基本成分划分,当时大部分人都靠租种地主的地为生,交租、吃不饱饭、用马鞭抽人等细节,被一一制成录音。

在课堂教学过程中,教师首先呈现第一段录音,安排学生随机记录听到的关键信息加以汇总,再现"交租""打人""吃不饱""二三亩地"等信息,力求为学生提供感性信息。教学中学生眼中闪烁的泪光昭示着学生的感受,而随着课程的进展,再现农民分得土地喜悦的图片时,学生的笑声分外响亮。

由此可见,基于预习的问题有助于了解学生理解的难点,能帮助教师及时准备资源、设计教学环节,化解难点。

八、结论

在课题组的反复实践中,我们认为学生预习后提出的问题推动课堂教学走向深入,使学生更为深入的参与到课堂的学习中来,激活了学生思维能力、表达能力,深化了学生对历史的认识,有助于历史学科核心素养的培育。具体操作如下。

(一)学生问题的提出

1.设计问题收集单

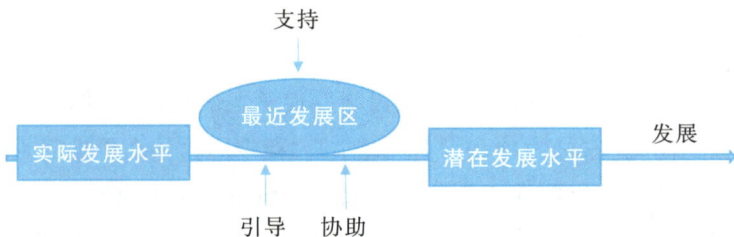

根据维果斯基的"最近发展区"理论,为了学生的发展,在教学中我们需要清楚地了解学生的实际发展水平,明确课程目标要求即学生的潜在发展水平,这之间就是学生的最近发展区。那怎样精准的把握学生的实际发展水平呢?基于大数据的问卷调查是最好的办法,但是目前学校基本禁止学生带手机,所以我们准备了问题收集单,设置了明确的时间和流程。

◇ **问题收集单**

项目	班级	姓名	时间	课题
你想多了解的				
你看不懂的				
其他				

◇ **流程**:中学历史一般安排一周两课时,我们的预习进度是至少提前一周,所以教师提前一周、利用课堂最后的五分钟、安排学生预习教材、填写问题收集单,这样便于教师精准把握学生的兴趣点、理解的难点,依据学情和课标精准备课。当然,也可以将预习、填写问题收集单的任务由学生课下完成。

2.问题归类整理

那么,对于学生预习的问题,我们该如何看待和解决呢?

(1)平等重视。不能因为问题小、问题问的不是教材主干知识而忽视。

(2)归类汇总。我们可以把问题分为几类,如:兴趣类、一般知识类、疑难问题类等。通过归类汇总,把同类问题合并为一个大问题,从而使课堂学习更有针对性。

(二)学习目标的设定

1.针对的对象是学生

学生是学习的主体,教师是学习的辅助者和引导者。所以教师在设定学习目标时,一定要注意学习的主体,注意运用"知道""了解""阅读""观察"等动词,切忌使用"指导""让"等词汇。

2.设定的依据是学生问题和课程标准

学习目标是指这节课学生通过学习能达到的目标,它的设定应以学生问题为

基础,学生的问题反映了学习者的兴趣点、困惑区,是教学难点确立的依据,是拓展资源、设计教学环节的依据;此外,还要关注课程标准中的相关要求,这是学习者普遍要达成的法定要求,这往往是学习的重点。

研究中我们发现,要想引领学生走向深度学习,在体验感悟中建构自己对于历史的认识,就需要结合学情,结合课标要求,设定学习目标,这是落实深度学习的关键一环。因为后续的教学设计都是从目标达成展开的。

(三)教学设计如何回应学生预习产生的问题?

1.学案拓展

我们可以根据学生预习提出的兴趣类问题,准备学案中的阅读案部分,通过一个个简洁的小故事、图片、几个数据,满足学生对于本课深入了解兴趣。我们还可以根据学生预习中提出的一般知识类问题,准备学案中的自主学习部分,引导学生阅读教材、回答问题,在教师导学下研读教材,建构起初步的知识框架,化解预习中的一般性问题。

2.合作学习

学生提出的难点问题往往是教师需要精讲的内容,教师可以提供资源、设置问题等方式引发学生的合作学习,也可以精讲。例如,在上述案例中,学生提问"查士丁尼时期编纂的法典为什么是民法?"我们可以以此为契机,引导学生思考"什么是民法""法典中的条款调解了民之间可能发生的哪些纠纷""查士丁尼法典的适用范围和适用时间"等,当我们把问题分解明确后,通过学生的合作学习,使理解走向深入。

3.课后追踪

课堂容量是有限的,教师对学生课后的关注与追踪,是保障深度学习效果的重要一环。一方面要及时巩固学习成果,不断引导学生深度探究;有些问题需要学生阅读一些文献或著作,教师可以推荐一些书目引导学生深入研读。

(四)基于学生问题的教学准备单

在上述设想基础上,我们设计了基于学生问题的教学准备单,帮助教师有的放矢的提出解决方案和路径。

基于学生问题的教学准备单

内容标准	问题收集	问题归类		学习方案
		知识类		自主学习方案(结合时间轴、大事年表勾勒历史发展脉络,或结合历史地图、表格进行)
		兴趣类		阅读案(供给学生自主阅读)
		困惑类		资源拓展基础上的教师精讲或学生合作探究
		拓展类		制作课上读本,推荐课后读物

(五)基于学生问题的初中历史深度学习教学模式

1.导学明标

这个环节,教师展示学生提出的问题,作出适当的点评和鼓励,了解本课的学习目标。

2.自主学习

(1)结合学生提出的知识性问题、课标及教材内容,汇总成几个学习问题,然后通过填写表格、列出大事年表、结合地图进行初步认知等形式,开展自主学习,目标在于学生初步建构知识体系。

(2)开展兴趣阅读

学生结合阅读案的数据、图片、人物介绍等资源,展开自主学习,阅读资源的选择,需有利于提高学生的思维活跃度。这一环节的设置,也为课堂中学生提出自己的问题奠定了基础。

3.问题初步回应

自主学习的集体反馈环节中,不是由教师提出问题,而是呈现学生提出的知识类问题,由学生尝试解答。

引导学生进一步提出自己的新问题,并在组内、班内尝试解决。

解决不了的做好标注,在合作探究环节予以回应。

4.合作探究

(1)教师将学生预习中提出典型问题设计成合作探究的话题,并提供相应的教学资源,引导学生在合作中,形成对问题的初步认识。

(2)学生尝试解决这个问题或教师精讲。

(3)教师补充的问题。这一环节的设定意在强化重难点,帮助学生建构知识。

(4)回应自主学习中尚未解决的问题。

5.小结提升

学生制作思维导图,结合思维导图向同桌介绍学习收获。

6.拓展及准备

(1)教师向学生介绍与本课相关的一些历史书籍,开展课后的学习。

(2)给出 5 分钟时间,预习并提出自己的问题。

(六)基于学生问题的历史教学实践的功效

综上所述,基于学生问题的课堂教学思路在一定程度上可以推进初中历史深度学习:学生通过课前预习,提出自己感兴趣的问题,教师引导学生对问题进行分类和分析,确立本节学习的重点内容和一般内容,分出哪些是学生阅读可得的,哪些是教师需要提供支持的;学生通过自主学习,尝试同伴互助解决问题,并提交尚未解决的问题;教师提供资源支持学生合作学习,师生、生生在互动中尝试解决问题,并掌握解决问题的路径和方法,培育历史学科核心素养。

参考文献

[1]尤小平.学历案与深度学习[M].上海:华东师范大学出版社,2017.

[2]刘月霞,郭华.深度学习:走向核心素养[M].北京:教育科学出版社,2018.

[3]布鲁纳.教育过程[M].北京:文化教育出版社,1982.

[4](美)罗姆·哈里.他们改变了心理学——50 位杰出的心理学家[M].上海:华东师范大学出版社,2007.

[5]莱斯利.教育中的建构主义[M].上海:华东师范大学出版社,2002.

典型案例及点评

天津市双桥中学的杨伟老师在讲《美国的独立》一课中,课前面向学生进行了问题收集、归纳,并有针对性地进行了教学准备,由此生成了基于学生问题凝练课例主题的教学设计。

国家兴亡,匹夫有责

一、教学背景

教学课时:1课时

教学准备:

1.学生:在教师的安排下,提前一周的时间,在课堂的最后5分钟带着兴趣阅读本课内容,并将阅读中的疑问、感兴趣的点、希望深入了解的问题填入问题收集单,提交给组长,组长汇总后交给老师。

2.教师:安排并指导组长汇总生成学生问题收集单。

项目	班级:双桥中学九年级 1~8 班	姓名:杨伟	时间:2020.11.3—2020.11.5	课题:《美国的独立》
你想多了解的	"美国是怎样建立的?" "北美人为什么要独立?" "为什么其他国家的人要来移民北美?" "华盛顿怎么去世的?他的孩子叫什么?"			
你看不懂的	"美国为什么使用英语?" "莱克星顿武装村民的枪从哪里来的?" "莱克星顿战役最后谁赢了?" "英美军事力量差距较大,为什么最后美国取得胜利?" "美国的军队是正规军吗?" "为什么称民兵?"			
其他	"英国政府为什么要在北美殖民地颁布一系列新税法?目的是什么?""为什么天赋人权的享有者不包括黑人和印第安人?他不是宣布人人生而平等吗?""为什么种族歧视那么严重?""1787宪法不承认妇女、黑人和印第安人具有和白人男子一样的政治权利,在这种状态下为什么不拥有政治权利的人不反抗?"			

教师针对学生提出的问题进行了归类,分为知识类、兴趣类、困惑类、拓展类,结合学情、初中历史课程标准的要求、个人对教材的把握,有针对性进行了教学方案的设计。

基于学生问题的教学准备单

学校——天津市双桥中学　　　　　　　　　　　　　　学科——历史

内容标准	问题归类		学习方案
问题的提出只要是符合学生认知范围,与教学有关即可。学生存在强烈的好奇心,但也要注意把握好正面的引导	知识类	"美国是怎样建立的?" "北美人为什么要独立?为啥其他国家的人要来移民北美?"	自主学习方案(结合时间轴、大事年表勾勒历史发展脉络,或结合历史地图、表格进行)
	兴趣类	"华盛顿怎么去世的?他的孩子叫什么?""为什么称民兵?""美国的军队是正规军吗?"	阅读案(供给学生自主阅读)
	困惑类	"美国为什么使用英语?""莱克星顿武装村民的枪从哪里来的?最后谁赢了?" "英美军事力量差距较大,为什么最后美国取得胜利?"	资源拓展基础上的教师精讲或学生合作探究
	拓展类	"英国政府为什么要在北美殖民地颁布一系列新税法?目的是什么?为什么天赋人权的享有者不包括黑人和印第安人?他不是宣布人人生而平等吗?为什么种族歧视那么严重?1787宪法不承认妇女、黑人和印第安人具有和白人男子一样的政治权利,在这种状态下为什么不拥有政治权利的人不反抗?"	在学习本阶段历史的同时,注重历史的发展脉络,适当地启发引导学生全面、客观地看待历史事件、历史人物。学会用唯物史观评价历史

二、教学目标

(一)知识与能力

1.了解北美独立战争爆发的原因、战争进程、重大事件及其影响。

2.掌握《独立宣言》、"1787年宪法"的重要内容及意义。

3.理解美国独立战争的性质。

(二)过程与方法

1.采用多媒体辅助教学,在教学中进行讨论、分析、归纳、探究,加深学生对知识的理解,并让学生对所学知识进行交流、表达和展示。

2.分析美国独立战争爆发的原因,认识战争过程中发生的重大事件,认识战争所产生的影响,培养学生综合分析历史问题的能力,并提高学生全面客观评价历史问题的能力。

(三)情感态度价值观

通过介绍、评价华盛顿,培养学生的民主意识和高尚的道德情操。

三、教材分析

课标要求:"通过华盛顿、《独立宣言》和1787年宪法,理解美国革命对美国历史发展的影响"。

本节课面对的是九年级学生,通过问题收集单可以看出,学生对于美国的自由女神像、总统山比较熟悉,但对于美国怎样建国的、又是怎样构建民主制度的没有深入了解,对华盛顿的了解停留于个人故事层面。根据课标及学生的问题收集单,我做了针对性的教学准备,并确定了本节课以华盛顿的一生作为线索,分为建国、构建民主制度两个板块,通过华盛顿的军事行动认识美国独立战争爆发的原因、过程、结果,通过华盛顿在制宪会议中的三次发言及全程表现,引导学生了解美国民主制度确立的过程,认识革命对美国历史发展的影响,通过华盛顿等历史人物在美国独立战争中的作用引导学生感悟"国家兴亡,匹夫有责"。

四、教学重难点

(一)教学重点

美国独立战争的起因,美国诞生的过程。

(二)教学难点

理解美国独立战争的性质。

五、教学方法

材料分析法、时间轴学习法、图示法、情景体验法等。

六、教学过程

(一)新课导入

教师展示学生比较熟知的标志物——自由女神像、美国国旗,引导学生说出这是哪国的标志,思考美国这些标志象征意义是什么?思考美国的首都为什么叫华盛顿?与学生一起走进第 18 课《美国的独立》。

【设计意图】激发学生的兴趣,更好开始新课的学习。

(二)新课讲授

1.自主学习

学生通过自学教材内容,采用时间轴形式,归纳整理独立战争的经过。教师详细列出华盛顿的事迹。请同学观察华盛顿与美国独立战争有什么关系,华盛顿在美国历史上扮演了什么角色?

【设计意图】利用 PPT 展示本课的学习内容,让学生心中有目标,提高学习效果。

2.合作探究

第一部分:大种植园园主——大陆军总司令

提出问题:

(1)为什么身为大种植园园主却要投身独立战争?

教师出示图片并讲述:这里是美洲,谁发现的这块新大陆?从 1607—1732 年,英国陆续在北美东海岸建立了 13 个殖民地。弗吉尼亚是英国在北美建立的第一个殖民地。1732 年华盛顿在这里出生。

从殖民地建立开始,殖民地经济就成为了英国经济的一部分。请同学们阅读材料一,看看英国是如何看待北美的?

学生回答:英国国王和贵族把北美看作是英国的原料产地和销售商品的市场。北美人民成了他们敲诈的对象。随着北美农业和商业的发展,北美要求经济独立。双方矛盾突出。英国的殖民统治严重阻碍了北美资本主义的发展。(根本原因)

教师提问:材料二说明了什么?

学生回答:统一的美利坚民族已经形成。英国对北美的殖民压迫与掠夺,使北美与英国之间形成尖锐的民族矛盾。

教师:18世纪中期的大英帝国进入扩张时期,他们先打败了西班牙,又在北美与法国进行了七年战争,连绵不断的战争使大英帝国财政入不敷出,他们是怎样化解财政危机的呢?(阅读材料)

学生思考:面对新税法,北美人民会怎么办呢?(抗税,暴力事件)

【设计意图】一步步追问,培养学生深入思考、分析探究能力。

学生:讲述波士顿倾茶事件:阅读85页相关史事。

教师:这一事件成为了北美殖民地人民独立战争的导火线。

对此,英国当局是如何处置的?

学生阅读后答:英国当局认为波士顿是反叛中心,颁布高压法令,派军队进驻波士顿。

教师:殖民地人民和英王又是做出什么对策呢?各殖民地开始进行起义准备,训练民兵并贮藏军火。华盛顿参加了这次会议,支持抵制英货,并主张不惜以武力抵抗作为最后手段。英王乔治三世态度强硬,他召集群臣,声言"镇压反叛者,没有别的选择"。

教师:战争在什么时候打响的?——1775年4月19日来克星顿的枪声揭开了北美独立战争的序幕。

梳理革命进程:建军、建国。

观看视频《第二届大陆会议》,阅读有关托马斯·潘恩的材料。

"诉诸武力的办法是由英王选择的,北美大陆已经接受了这个挑战。"

——托马斯·潘恩《常识》

分析《独立宣言》材料,指导学生正确看待战争性质,并从美国历史的发展演变分析《独立宣言》的不足之处。

教师:《独立宣言》是谁起草的?华盛顿为什么没有参与?他率领的大陆军在战场上的战绩如何?

第二部分:大陆军总司令——领导独立战争

梳理革命进程:转折——1777年萨拉托加大捷,胜利——1781年约克镇投降,承认——1783年英国承认美国独立。

分析取胜原因。

《独立宣言》发表后,各州先后制定了州宪法。华盛顿解甲归田,回到弗农山

庄。但他仍关心国家的前途与命运。请大家阅读这封信,分析独立初的美国面临什么难题?华盛顿不得不向人们发出警告。

"我们要么在一个首脑的领导下组成联邦,要么成为互相牵制不已的 13 个独立的主权国家。……13 个主权国家,你斗我,我斗你,又一块同联邦首脑斗,必然会很快同归于尽。"

——华盛顿写给詹姆斯·麦迪逊的信

在宣布独立 11 年后的 1787 年,来自各州的代表,终于在费城坐在了一起。在华盛顿的主持下,召开制宪会议。

第三部分:大陆军总司令——制宪会议主席

制宪会议一共开了 116 天,代表们依据孟德斯鸠的三权分立学说,研讨出实行共和制的美利坚合众国宪法。

1787 年美国宪法:结合材料来解读《1787 年宪法》的基本内容,并说明它是世界上第一部资产阶级成文宪法。同时引导学生分析这部宪法的积极一面和不足之处,也可以试着从美国历史发展的角度看待这部宪法的作用。

第四部分:制宪会议主席——首任总统

1789 年 2 月华盛顿以选举人全票当选为美国第一届总统。在他第二任总统任职届满时,发表了《告别辞》。他的二任隐退开创了美国总统任期不得超过两届的先例,为他的后继者们树立了榜样,捍卫了美国的民主。

第五部分:评价华盛顿

华盛顿被昔日的部下称为"同胞心中的第一人",学生思考讨论如何理解这句话。

华盛顿是美国著名的资产阶级政治家军事家,他领导美国人民推翻了英国的殖民统治,实现了国家独立,参与制定 1787 年宪法,开创了民主政治的先河。被美国人尊称为"国父"。

【设计意图】通过对重要历史人物的评价,提高学生全面客观评价历史问题的能力。

3.课堂延伸

再次展示标志物——美国自由女神像、美国国旗以及华盛顿头像,请同学说出他们代表什么?

4.作业设计

引导学生阅读课外资料,探讨华盛顿在美国独立战争的作用,采用小论文、手抄报等形式进一步展开研究。

5.课堂小结

五个一来概括本课内容:一场独立战争,一个传奇人物,一则宣言,一部宪法,一个遗留问题。不管是时势造英雄,还是英雄造时势,这个话题永远也说不完。独立战争既是一场资产阶级革命,又是一次民族解放战争,为美国资本主义的发展开辟了道路,使美利坚民族开始走上兴盛之路。在今天新中国成立71周年之际,我们学习"美国的独立"更加有意义,一个国家走向富强,必须首先要实现民族和国家的独立。

6.板书设计

> 第18课　美国的独立
> 一、独立战争的序幕
> 二、独立战争的过程
> 三、1787年美国宪法

七、教学反思

新课改下的历史课堂教学,既要落实基础知识,又要培养学生的历史学科核心素养。面对新时代对教育发展提出的新艳秋,教师不能墨守成规,要探索新的教学方式。"问题教学"模式,就是教师引发学生主动提出问题、分析问题,进而探索、解决问题。学生的积极思维由问题开始,在解决问题中发展,在发展中生成新的问题,问题意识始终贯穿于整个教学的过程。

(一)问题提出

在讲授本课之前的一周,利用课堂时间,学生进行了预习,在老师的引导下,提出了一系列自己感兴趣的问题。

"美国是怎样建立的?""美国为什么使用英语?"这是这节历史课学习的常识问题。

"北美人为什么要独立?为啥其他国家的人要来移民北美?"这是针对独立战争的背景、原因提出的问题。

"莱克星顿武装村民的枪从哪里来的?最后谁赢了?"这是针对独立战争过程中的事件感兴趣的问题。

"华盛顿怎么去世的?他的孩子叫什么?"这是对本节课中的人物感兴趣的问题。

"英国政府为什么要在北美殖民地颁布一系列新税法?目的是什么?为什么天赋人权的享有者不包括黑人和印第安人?他不是宣布人人生而平等吗?为什么种族歧视那么严重?1787宪法不承认妇女、黑人和印第安人具有和白人男子一样的政治权利,在这种状态下为什么不拥有政治权利的人不反抗?"这是对本节课中学生经过思考提出的探究问题。

(二)备课引领

疑为思之始,学生这些问题的提出,对历史事件、历史人物的思考,都成为我备课的思维引领。美国历史是世界近现代历史的重要组成部分,美国人民热爱民主、自由的精神在美国独立战争中体现的最为明显。华盛顿的三进三退是彰显了美国人民害怕暴政、主张民主、自由的特点。学生对历史人物及历史人物与历史事件的联系的关注,启发了我,将本节课的教学立意确定如下:以美国首任总统华盛顿的一生为明线,以美国法制为暗线,探寻美国的民主、自由精神。

(三)教学解惑

本节课学习的常规知识问题,包括:美国独立战争的背景、原因、经过、影响等,是不可回避的。我在教学中,尊重学生提出的问题,采用以史料为依据,从史料的表述内容、角度代替学生发问,让学生在具体的历史情境中分析、理解。比如在学生阅读《相关史事》中的波士顿倾茶事件后,提出问题:波士顿市民为什么要乔妆成印第安人?学生通过联系以前学过的知识,知道印第安人是土著居民,波士顿市民乔装打扮,是为了表明立场,反抗英国殖民者。

再比如:分析《独立宣言》《1787年宪法》两部文献的时候,采用了文献的原文,以"快问快答"的形式,分层设问,挖掘史实补充知识"断点",寻找历史事件之间的连接点,将部分历史事件的片段、具体的历史知识点搭建起来。通过史料研读,学生形成对文献的进步性、局限性的评判。这样既考量了学生的认知能力,又使得核心素养层次划分有了实践的可操作性。

(四)问题深化

这节课的教学是我在结合学生问题的基础上,努力帮助学生在解决学习问题的同时梳理出思维主线。需要强调的是,我在归纳学生预习初期提出的这一系列问题时发现,学生的问题百分之九十以上是表面问题,而课堂教学中重点、难点的解决则是通过对深层次问题的设计来实现的,这个深层次的问题需要由教师来完成。如何做到学生的积极思维由问题开始,在解决问题中促进师生民主、合作、发展,让问题意识始终贯穿于整个教学的过程,营造一种学必有问、问必带思、思必有辩的课堂氛围,是我们孜孜不倦的追求。

以上是我关于本节课教学设计、教学过程的一些理解和思考,如有不妥,请各位同仁批评指正。

八、专家点评

构建以学生为主体的学习型课堂
天津市津南区教师发展中心 杨艳

在本节课中,老师以历史人物华盛顿为主线,以美国独立战争、确立民主制度为辅线进行教学设计,线索清晰,主题明确,较好地落实了初中课程标准中"通过华盛顿、《独立宣言》和1787年宪法,理解美国革命对美国历史发展的影响。"

主线和辅线相呼应的设计灵感的源头,是基于对学生预习中提出的问题的整合与呼应,如教师通过问题发现学生对华盛顿有一定了解,并存在进一步了解的渴望,所以在教学环节的设计中将华盛顿设为主线,既能体现他在美国革命、建国、确立法制过程中的作用,又便于学生学习辩证看待历史人物对历史的作用,基于学生的兴趣,教师选择了华盛顿的个人经历、不同时期的书信,制作阅读单,既满足学生进一步学习的渴望,又为情感的提升做了适度的铺垫。

基于材料的师生问答式教学方式的选择,是基于对学生预习中提出对的困惑型问题的回应。学生在预习中了解到《独立宣言》中给予所有人的权利和自由,但是在1787年宪法中不承认妇女、黑人和印第安人具有和白人男子一样的政治权利,这一矛盾恰恰是我们教学要落实的点,即在对比中认识美国民主的局限性。

典型案例及点评:在预习提问中发现学生认知难点

例如天津市八里台第二中学的王炫老师在讲《土地改革》一课中,课前面向学生进行了问题收集、归纳,并针对性进行了教学准备,由此生成了在预习提问中发现学生认知难点的教学设计。

一、教学准备

教学课时:1 课时

1.学生:在教师的安排下,提前一周的时间,在课堂的最后 5 分钟带着兴趣阅读《土地改革》教材,并将阅读中的疑问、感兴趣的点、希望深入了解的问题写在纸条上,提交给组长,组长汇总后交给老师。

2.教师:将问题收集单与教学准备单合并为一个表格,并进行问题归纳、分析和学习方案设计。

基于学生问题的教学准备单

内容标准	问题收集		问题归类	学习方案
	1.为什么要在《中华人民共和国土地改革法》中,规定废除地主阶级封建土地所有制?	知识类	《中华人民共和国土地改革法》推行的时间等	教师提供预习的方法,明确知识类的问题一般情况下如何处理,再提供自主学习方案
	2.土地改革前广大贫农贫雇农面临的问题?	兴趣类		
	3.土地改革给农民带来的变化			
	4. 农民为什么还是很穷?	困惑类	1.农民为什么还是很穷?	围绕课程标准,设计相应的教学流程,创设对应的历史场景,运用多种手段,合理呈现历史场景
	5.《中华人民共和国土地改革法》受到广大农民拥护的原因?		2.《中华人民共和国土地改革法》受到广大农民拥护的原因?	
	6.土地改革对地主阶层有什么影响?		3. 土地改革给农民带来了什么?	

(续表)

内容标准	问题收集		问题归类	学习方案
	7.土地改革给农民带来了什么？ 8.土地改革的意义？ 9.土地改革的时间是？ 10.地主的存在对我国社会发展和农村经济的影响	拓展类	地主的存在对我国社会发展和农村经济的影响	师生探讨

二、教学目标

1.知道《中华人民共和国土地改革法》，了解土地改革的基本过程；理解土地改革顺利完成的原因和重要意义。

2.归纳中国历史上有关土地问题的史实，理解基本国情是国家制定政策的依据，认识到了解我国基本国情的重要性。

3.增强热爱中国共产党、热爱祖国的情感，增强历史责任感。

三、教材分析

《土地改革》一课主要介绍了新中国建立初期进行的废除封建土地所有制、实行农民的土地所有制的改革，这是近代以来中国人民反封建斗争的伟大胜利。本节课面对的是八年级学生，边远农村校的学生对于土地并不陌生，但对于土地改革这一历史事件知道的极少，对土地改革的背景和意义略作了解的凤毛麟角。故以土地改革亲身经历者的口述作为线索，引导学生感悟新中国成立之初那段岁月的片段，理解中国共产党领导广大人民改变旧貌的艰辛，深化对于中国共产党的认同。

四、教学重难点

1.【教学重点】《中华人民共和国土地改革法》。

2.【教学难点】土地改革的背景、土地改革的意义。

五、教学方法

讲授法、访谈法、材料分析法、小组讨论法等。

六、教学过程

(一)新课导入

教师:首先我们听一段录音,注意把你认为重要的关键词记录下来,并且思考他的身份是什么?

学生:(毛驴,二三亩地,打人等)。

教师:这位老人家住南义,今年83岁的董老太奶奶。老人家时代都是农民。农民在哪里劳动呢?(PPT配合)

学生:(地里)。

教师:农民千百年在土地里劳动,到此时又会出现什么故事,这节课一起学习。

【设计意图】正式上课之前已经安排学生进行预习,并且收集了相应问题例如"土地改革时,地主在干什么?""农民为什么还是很穷?""有人反对土地改革吗?他们出于什么目的?"等问题,开篇点题,结合学生对于土地并不陌生这一背景,在抓住学生注意力的同时,为之后突破学生已有的心理预期打下基础。

(二)新课讲授

1.在访谈中了解土地改革的背景

教师:回顾七年级所学,还记得这个人吗?(PPT出示商鞅)和他相关的历史事件是什么?

学生:商鞅变法

【设计意图】复习七年级以及相关旧知,串联有关土地的知识。

教师:在这场变法中,"废井田,开阡陌",允许土地买卖,确定了土地私有制,形成了封建土地制度。这一制度后来成为中国封建社会最基本的经济制度,延续2000多年,直到新中国成立后通过土地改革被废除。

中国历史上的封建土地制度的实质是地主土地所有制,地主阶级占据绝对优势,经常兼并和掠夺农民土地,"富者田连阡陌,贫者亡立锥之地"。从李自成提出

"均田免粮"到洪秀全颁布《天朝田亩制度》,再到近代孙中山提出平均地权,"耕者有其田"成为广大农民的最大追求。但是由于历史的局限和阶级的局限,都没有实现。中国共产党领导反帝反封的中国革命,通过土地革命和土地改革废除封建土地制度,真正实现了"耕者有其田"。

教师:(PPT展示解放前农村人口比例和占有土地比例的饼状图)农民和地主谁占有土地多?

学生:地主。

教师:围绕着土地的分配,一场改革出现——土地改革。

PPT出示地图《土地改革进程图》

教师:在1949年三月前紫色区域标志已经完成土改的地区,伴随新中国成立,广大地区急需解决土地问题。音频中的董奶奶就生活在土地改革较晚的天津。

2.访谈中了解土地改革的过程

教师:我们来听第二段音频,记录关键词。(录音)

学生:认真听、记录。

教师:我们把不雇人、家里土地不多、劳动工具很少的农民称为贫农。除了贫农外,还有哪些人? 我们一起从视频中找寻答案。

多媒体播放:夜半鸡叫(动画视频)

教师:视频中"老头子"的身份是什么? 他半夜学鸡叫的目的是什么?

学生:地主,想让农民多干活。

教师:通过学鸡叫,因为有契约规定,鸡叫要干活。而我们把这种农民称之为——"雇农"。

教师:播放音频。让同学仔细听,教师通过引导和启发,与学生进行互动交流,让学生更加准确的了解农村阶级结构,概括出根据占有土地的情况把农民分为富农、中农、贫雇农等。

【设计意图】以录音的方式,当事人口述解决学生的困惑,"土地改革前广大贫农贫雇农面临的问题?""土地改革对地主阶级有什么影响?",尽力解决困惑类以及拓展类的问题。

教师:(PPT出示相应图片)介绍新中国成立初期进行土地改革和颁布《中华人民共和国土地改革法》的背景和主要内容。

【设计意图】逐层深入,了解土地所有制决定其性质,为理解土地改革的性质奠定基础。

教师:PPT出示土地改革的历史场景。

这场土地改革有哪些历史意义?根据手中的材料,大家小组讨论。

(三)合作探究中探究土地改革的意义

材料一:辽宁一位农民在土地改革后写给主席的信(节选)

敬爱的毛主席:

做梦也在想着有一天自己能有三亩、五亩的地,能在自己的土地上耕种,那有多高兴啊! 现在经过土改,这个梦想实现了。

过去在别人地里出力,现在在自己土地里出力劳动;过去是一个肩给地主扛着饭碗,现在劳动成果完全自己所得,这样我们生产的劲头怎能不大呢?

土改前俺的房子不如地主家牲口棚,出门要弯腰,进门要低头,现在搬进土改时分到的新房子。

村民王明连说:"土改前我家四条腿是小板凳,带毛的是耗子,现在呢,牲口棚里拴着一头牛、一头驴,全是有毛的四条腿。

教师:农民为什么要给毛主席写信? 他要表达什么?

学生:告诉毛主席自己分到了地;告诉毛主席农民的生产积极性提高了;告诉毛主席农民的生活水平提高了;表达对共产党毛主席的感激之情。

材料二:据统计,1952年全国农业生产总值比1949年增长48.3%,粮食产量增长44.8%,棉花增长193.4%,油料增长168.1%。

结合材料一、二以及所学知识,分析土地改革的意义。

教师:通过谈话法进行教学,帮助学生总结概括得出结论:消灭了封建土地制度,广大农民获得土地,生产积极性提高,农业生产发展,促进工业发展,巩固新兴的人民政权。注意引导学生从材料中寻找信息,帮助学生理解翻身解放当家作主的广大农民的幸福感和对新中国对共产党对毛主席的感激之情。同时指出,共产党是人民利益的忠实代表,始终坚持人民立场,为人民服务,把人民翻身得解放、把人民对美好生活的向往作为奋斗目标,实践证明没有共产党就没有新中国,就没有广大农民的翻身解放。

【设计意图】以对话逐层推进,完成教学。根据课前之前对于学生的了解,

（四）小结

师：出示PPT，不同的几位同学朗读农民的困境：

张老汉说：我家连买种子的钱还没凑齐呢！李二狗说是能借我钱，但是要高利息，怎么办呢？

王老汉说：我家没分到干活的牲口，孩子去参加抗美援朝了，也没个壮劳力，这地怎么种？

李老汉说：我家地周围没有水渠，平时浇地全靠挑，要是雨水少，我也是白忙活。

师：农民有了自己的土地，本是高兴事，对于国民经济的恢复也有重要作用，但小农经济的脆弱性逐渐显露，要怎样解决农民遇到的各种困难，我们下节课，再来一起学习。

【设计意图】埋下伏笔，激发兴趣，为三大改造打下基础。

七、板书设计

土地改革（1950—1952）

一、土地改革的背景
二、土地改革的过程
三、土地改革的意义

```
                    ┌─────┐
                    │ 农民 │
                    └─────┘
┌──────────────┐    ┌─────┐
│ 解放生产力：   │    │ 土地 │
└──────────────┘    └─────┘
                    ┌─────┐
                    │ 工具 │
                    └─────┘
```

八、教学反思

打造通俗易懂的历史课堂初探

与部分学生交流后，发现多停留于历史的识记层次。笔者认为，这是由于过分拘泥于课本的顺序，取材于教学参考用书等材料，没有调动学生的生活经验，帮助学生更好地感受历史。

天津市八里台第二中学作为边远农村校，学生的长辈多为新中国的见证者，于是我想到了口述历史，课前准备时与学生一起走访老人，录下了几个片段，老人讲述自己经历的土地改革前后的农村、农民的变化，并应用于课堂，就整体课堂效果而言，充满乡土气息的祖母口述，牢牢地吸引了所有学生的注意力，起到了帮助学生了解、理解历史的作用。学生从祖母口述中理解了土地对农民的重要性，在教师问题引导下，逐渐理解历史，并开始树立论从史出的意识，史料实证与唯物史观这两个核心素养，得到一定程度的发展。

存在的问题分析：

1.导入部分，在实际操作中，过于冗长，备课中，仍缺乏足够的方法与开阔的思路，将此环节更加简明清晰地呈现。

2.过于注重某一家一户的土地改革情况，缺少从全国层面的大数据支撑，家国情怀落实仍需进一步深化。

3.本课鼓励学生在阅读教材后，自主进行提问，以此鼓励学生对于历史课的兴趣，部分学生提出的问题在课堂中加以解决，但是有的问题，例如"地主的存在对我国社会发展和农村经济的影响""地主会不会联合反对"等，我这次选择了课上回避、课下沟通的方式，以后还需进一步探索，鼓励学生通过进一步阅读来解决自己的问题。

以上是我关于本节课教学设计、教学过程的一些理解和思考，作为青年教师，本次尝试，着实是面对初中学生如何将课讲的更让其听得到、听得懂这类问题的拙见，如有不妥，请各位同仁批评指正。

九、专家点评

基于学生问题、改进教学方式的有益探索

天津市津南区教师发展中心　杨艳

王老师通过对学生预习提出的问题展开分析，看出学生对于农村改革原因的理解存在困难，如"土地改革前的贫雇农存在什么问题？农民为什么很穷？"教师敏锐地认识到这一问题源自学生阅历不足、缺乏体验。于是带领学生去深入农村，走近祖母，聆听亲历者的讲述，然后将录音带入课堂。走访中，学生从老人的人生经

历中触摸了历史,开始理解建国前农民经历的困难。这一设计实现了很大的突破,在理解知识的同时,提高了学习兴趣,帮助学生认识了了解历史的又一途径——口述史。

从这一案例可知,关注学生预习产生的问题,能够发现学生学习的难点,有助于教师有针对性的提出解决方案、融入教学设计,有助于推进学生的深度学习,有助于打造"基于学生"的课堂。

实践 **2**

开设历史学科特色课程培养学生学科素养的实践研究

——学科素养引领下初中历史特色课程开发初探

天津大学附属中学　田炜

摘　要：历史学科素养对学科学习方式及教育策略的研究、教学研究方向的设计都具有极强的指导意义。本研究通过对笔者所开设的初中学段历史学科特色课程知识框架与学习内容的举例，说明初中历史特色课程的开发是基于历史学科素养基础上的理论实践与应用，并尝试分析解读如何在特色课程开发过程中，科学引入学科素养的理论精髓，将其合理应用于特色课程的实施过程。

关键词：历史学科素养　学科特色课程　价值引领

一、研究背景

　　天津市从 2017 年秋季新高一年级起，实施高考招生制度改革及与之相适应的高中课程改革，并颁布了《天津市普通高中学科特色课程建设方案》，改革增加了学生课程学习的选择权，并给予学校在课程建设与实施中更大的自主权。

在初中阶段,历史学科特色课程的开发尚处在探索阶段。笔者所在学校始终遵循"挖掘学生潜能,让每一名学生获得成功"的办学理念,重视根据学科发展水平、学生发展需求、校园文化发展需要等情况开展教育教学工作。近几年,学校紧跟新一轮课程改革步伐,不断在校本课程的开发和实践方面进行探索和创新,已开发多门校本课程,逐步构建起国家、地方和学校的三级课程体系。其中,初中历史学科一直力求以常规历史学科教学内容为依托,以历史学科素养为培养目标,深入研究并进一步开发调动学习兴趣、引发学生思考、拓展学科思维、体现学科精神的校本课程,为初中学生培养学科素养,实现学习能力、思维能力的提升与发展服务。从而达到推进教育体制改革,促进学生健康发展,推动教师专业成长的目标。

本研究运用斯宾塞核心教育理念和皮亚杰建构主义思想等理论为支撑,在历史学科特色课程开发与实践的过程中,注重拓宽学科基础,在重视初中历史学习内容、基本概念、基本理论、基本方法的基础上,实施宽口径的培养方案,确立学科特色课程的切入点,开发具有学校及学科代表性、适合初中阶段学生学习需要的历史学科特色课程,发挥其实效性、科学性、创新性功能。

结合初中历史学科特点和我校学生发展需要、学习基础与能力水平,科学有效地开发初中历史学科特色课程,并分析和探究历史学科特色课程的实践效果是本研究的重点内容。通过初中历史学科特色课程的开发与实践,渗透和展示历史学科素养的理论精髓,促进学生学科素养和历史思维能力的提升。初中历史特色课程开发过程中,既要考虑贴合教材内容、满足学生身心特点和学生发展需要,也要针对不同班情、学情所产生的具体实践问题,尝试找到解决途径和方法。

二、研究意义

(一)从理论价值层面看

(1)围绕初中历史学科课程改革的理论与实践需要,遵循学校办学理念及学生学习发展需要,进行初中历史学科特色课程的开发和实践。

(2)结合历史学科素养的内容与培养要求,从创新性、实效性、分层化、个性化角度探索初中历史学科特色课程的开发思路与实践方向。

(3)开发具有学校特色、学科特点的初中历史学科特色课程和校本课程资源。

(二)从实践价值层面看

(1)培养学生历史学科素养,增强实践能力和创新精神。

(2)提高学生学习历史的主动性、积极性;提升学困生学习历史的热情,增强学习动力。

(3)提升学生尝试用马克思辩证唯物主义和历史唯物主义去分析问题和解决问题的能力,学会辩证分析历史事件及历史人物,从中得出启示、经验与教训。

三、初中历史学科特色课程设计案例

基于历史学科素养下的特色课程开发与实践需要与国家课程所设置的历史课学习内容相联系,从中挖掘可深入学习与思考的问题点,从而积累资料、开展实践,形成一门具有学科特色及发展空间的校本课程。现以笔者在初中学段历史教学过程中已成功开设的特色课程为例进行说明。

课例:七年级历史学科特色课程——"丝路风情"

(一)开发背景

初中历史教学中已初步介绍辩证分析问题、全面综合地评价历史事件的技能与方法。七年级上册历史教材的第三单元讲述了统一国家的建立,引导学生学习并理解统一多民族国家的建立是历史发展的必然趋势。其中,第14课"沟通中外文明的'丝绸之路'"一课的教学目标意在让学生理解加强对外经济文化交往,是国家维护统一,实现发展的主要方式。在本课学习过程中,学生了解到"丝绸之路"开通的过程,探讨并理解了丝绸之路在古代中外交流中发挥的作用。同时,结合新时期提出"一带一路"战略部署的新背景,探究出现代中国加强区域合作、互利共赢的战略意义。

(二)课程介绍

以七年级上册中国古代秦汉历史内容，特别是第14课丝绸之路的学习内容为依托，笔者设计开发了"丝路风情"特色课程。该课程涉及四大板块，分别为：丝路上的古代王国、丝路上的传统美食、丝路上的文化艺术、丝路上的科技成果等。四大板块学习内容的设置，体现出历史特色课程开发的实用性、拓展性等原则。本课既可作为历史教材学习内容的拓展与补充，又贴近新时代发展需要，开拓学生学习眼界，激发学生学习丝绸之路历史知识的兴趣。依据学生的学习基础和学习需要，笔者设计"丝路风情"校本课程的提纲如下。

历史学科特色课程：丝路风情

单元一：丝路上的古代王国

(1)神秘消失的国度——鄯善国(楼兰古城)

(2)这里的苹果大又甜——跋禄迦国(新疆阿克苏)

(3)东方的"庞培城"——尼雅国(精绝古国)

(4)拥有"第二个敦煌莫高窟"的古城——龟兹国

单元二：丝路上的传统美食

(1)阿克苏苹果与吐鲁番葡萄

(2)古老的喀什，古老的馕

(3)大漠黄沙大盘鸡

(4)西北豪情羊肉泡馍

单元三：丝路上的文化艺术

(1)西域乐器

(2)西域舞蹈

(3)石窟艺术

(4)佛教的传入

单元四：丝路上的科技成果

(1)玻璃制造

(2)金银器加工

(3)雕塑技艺

(三)学科特色课程培育学科素养的实践分析

在介绍"丝路风情"不同板块过程中,笔者充分借助对古地图的观察研究和对历史资料的学习探讨等多种学习方式,体现出对历史学科素养中时空观念与史料实证等素养进行培养与提升的意识。

1.时空观念

在"丝路风情"特色课程教学过程中,引入陆上丝绸之路古地图,通过对陆上丝绸之路沿途各国的地理方位、地形地貌的展示,让学生对丝绸之路所处区域的自然环境有进一步的了解,从而使学生对中国古代人民开通和经营丝绸之路的艰辛有更深刻地理解,激发其对古代与丝绸之路的发展有关的重要历史人物产生崇敬与爱戴之情,体会丝绸之路的开通对东西文明的交流合作产生的重要意义。

【课堂实录】

教师:大屏幕上呈现出的这幅图是"陆上丝绸之路古地图",它和我们之前在课本中学习的 14 课"沟通中外文明的'丝绸之路'"有着密切联系。请同学们结合地图信息回忆丝绸之路开通之初的主要史实。

学生:结合地图回忆历史史实,如张骞通西域、丝绸之路上的商旅往来等⋯⋯

教师:如同学们回忆所说,古丝绸之路见证了陆上"使者相望于道,商旅不绝于途"的盛况,也见证了海上"舶交海中,不知其数"的繁华。古丝绸之路创造了地区大发展大繁荣。那么,我们现在通过一段视频,再来了解一下现今中国"一带一路"发展倡议提出后,中国与世界各国的发展联系情况⋯⋯

【设计意图】本教学环节使学生进一步理解丝绸之路的开通在我国中西方文化交流史上发挥出的重要作用,在对开通丝绸之路的重要人物张骞的个人品质进行叙述的过程中,加强对学生的情感态度和价值观教育,使学生对优秀人物及其事迹产生情感认同。

【课例分析】该教学片断体现出教师对培育学生史料实证历史学科素养的重视。教学中,教师通过阅读图片与分析问题的教学过程,使学生从历史角度了解到古丝绸之路的发展历程,并在与现今"一带一路"发展战略的联系下,促使学生形成民族自豪感和自信心,产生用自身努力报效祖国,使祖国不断实现富强、繁荣的时代使命感与责任感,对学生确立积极进取的人生态度、树立自强不息的个人成长目标都有一定的促进作用。

2.史料实证

史料实证也是学生需培养并掌握的历史学科素养之一。在"丝路风情"特色课程中,充分运用历史资料为学生呈现出丝绸之路上古王国的风土人情、自然地理环境及人文发展特色,在让学生对已获取的史料进行分析辨别的过程中,训练其运用可信的史料重现历史真实情况的态度和方法。让历史长河中重要的人物、事件、国家等信息以史料分类、史料辨析、史料运用、观点论证的形式进行呈现,综合培养学生学习历史的素养与能力。

【课堂实录】

教师:丝绸之路上曾有一个国家叫鄯善国,大家知道它的另一个名字吗?

学生:充满疑问,猜测古老国家的别称。

教师:大家跟随老师,阅读一段史料,来了解鄯善古国更多的故事吧。

学生:阅读《汉书》史料,从材料中找到古国别称,说出是"楼兰古国"。

("鄯善国,本名楼兰,王治扞泥城,去阳关千六百里,去长安六千一百里。户千五百七十,口四万四千一百。"——《汉书·西域传》)

教师:下面就请同学们和老师一起走进玄奘法师曾见到的楼兰古国,体会大漠之中古老城市的神秘之美。

教师展示《大唐西域记》中对楼兰古国的描述性史料,讲述古国基本情况。

("复此东行千余里,至纳缚波故国,即楼兰地也。推表山川,考采境壤,详国俗之刚柔,系水土之风气。动静无常,取舍不同,事难穷验,非可仰说。随所游至,略书梗概,举其闻见,记诸慕化。斯固日入以来,咸沐惠泽,风行所及,皆仰至德。混同天下,一之宇内,岂徒单车出使,通驿万里者哉!"——《大唐西域记》卷十二 二十二国)

【课例分析】

在对丝绸之路古王国的史料研读分析过程中,特别是介绍"丝路上的古代王国"古今名称变化时,所呈现出的对历史发展变化过程的追踪、分析、研究,渗透了史料实证的基本方法和技巧,体现出笔者对历史学科素养中史料实证层面的进一步挖掘与实践。在此过程中,培养学生以史料为依据,以历史理解为基础,对历史事物进行理性分析和科学客观评判的态度、能力与方法。从而在对历史材料的整

理、解读过程中,促使学生形成追溯起源、探讨因果、说明影响等形式的学习意识与能力。

四、现存问题及研究设想

目前,将历史学科素养应用于历史特色课程的研发与实践,只处在刚刚起步阶段。在探索过程中,如何在体现初高中有效衔接的基础上把历史学科核心素养思想科学合理的运用到初中教材内容处理和教学环节设计以及校本课程研发中,仍是笔者将进一步研究和解决的问题。同时,对于唯物史观的进一步挖掘和探讨,如何把握理论研究的深度和广度,在深度教学理论指导下,全面落实历史学科立德树人的根本任务,开展更贴近学生学习需要的教学改革实践,更是当前存在的主要问题。在今后的理论研究与教学实践中,笔者将进一步以此为重点开展实践与探索。

参考文献

[1]崔文峰.核心素养怎么看怎么办(第 1 版)[M].天津:天津教育出版社,2019.

[2]兰保民.教师科研能力的养成(第 2 版)[M].长春:东北师范大学出版社,2018.

[3]万伟.课程的力量——学校课程规划、设计与实施(第 6 版)[M].上海:华东师范大学出版社,2018.

[4]张汉林.初中历史有效学习评价(第 1 版)[M].北京:北京师范大学出版社,2015.

[5]孟万金,官群.教育科研——创新的途径和方法(第 4 版)[M].上海:华东师范大学出版社,2010.

[6]曾建辉.基于中学生核心素养培育的特色课程创新与实践[J].现代中小学教育,2019,35(08):15-18.

[7]王耀.整合抗战历史资源开发特色校本课程——以武汉市历史校本课程的开发案例为中心[J].人文论谭,2017(00):461-472.

[8]陆虎.广州特色义务教育阶段历史课程研究[J].亚太教育,2016(18):278-279.

[9]中共中央国务院.国家中长期教育改革和发展规划纲要(2010—2020 年),2010.

[10]中华人民共和国教育部.义务教育历史课程标准(2011 年版)[S].北京:北京师范大学出版社,2012.

基于问卷调查的开设地方史校本课程可行性分析

天津大学附属中学 田炜

摘 要:笔者在教育教学过程中,力求以常规历史学科教学内容为依托,以历史学科素养为培养目标,深入研究并进一步开发调动学习兴趣、引发学生思考、拓展学科思维、体现学科精神的校本课程,为初中学生培养核心素养,实现学习能力、思维能力的提升与发展服务。地方史教育是激发学生爱国主义情感、培育家国情怀的一个重要切入点,也是笔者在初中开展学科特色课程的重要组成部分。组织问卷调查,对开设天津地方史校本课程进行可行性分析,将对更好地开展地方史校本课程予以理论和实践支撑。

关键词:地方史校本 课程学科素养 家国情怀

一、问卷调查背景

对于历史学科而言,弘扬民族精神,贯彻爱国主义精神,培育家国情怀是学科教学的内在要求和价值定位,而地方史教育是激发学生爱国主义情感、培育家国情怀的一个重要切入点。这就对历史课堂教学提出了更高的要求,历史课堂除了为学生介绍人文知识,了解古今常识外,更要完成对学生地方史、家乡史的培养和教育,让历史课为加深学生对祖国和家乡的热爱,对培养其形成正确的世界观、人生观、价值观发挥着重要作用。

二、问卷调查目的

2021年5月,笔者选取所在学校七年级3个班共120名学生进行了有关"天津地方史"方面的问卷调查。开展该问卷调查的目的在于通过调查天津学生对于天津历史文化的了解程度和兴趣点,分析并规划地方史历史学科特色课程的开设方向和教学重点。

三、问卷调查结果分析

从3个班学生的调查结果能够发现,笔者所教班级的学生绝大多数都出生在

天津,至今已有十二、三年在津生活的经历。这一数据的获取,有力地说明开展天津地方史校本课程拥有一定的学生基础。而从数据中,笔者发现有超过半数的学生认为其对天津地方史并没有太多的了解,仅有不到11%的学生认为自己非常了解家乡史,甚至有1.7%的学生认为自己对天津历史文化丝毫没有了解,对于家乡史文化了解的缺失这一问题的存在凸显出开展天津地方史教育的必要性和重要性。

在调查学生对天津最感兴趣的方面有哪些时,绝大多数的同学选择了天津的历史文化、特色小吃、自然风光、特色建筑等极具地方特征、天津韵味的信息点。从这一侧面可以反映出,初中生对于自身的家乡史还是非常关注的,拥有对家乡饱满的感情和愿意更多地了解家乡史的积极性,这就给开设天津地方史校本课程打下了坚实的现实基础。爱家乡是爱祖国的起点,爱祖国的情感是从爱家乡的情感中萌发并得以升华的。

调查学生目前了解哪些天津的历史文化遗迹时,超过20%的学生选择了"意大利风情区"这一具有旅游观光特质的现代化天津历史文化坐标。这说明学生对天津现代化文化景观有一定的了解和关注。相应的,却对具有悠久历史积淀,能更直观反映近代天津发展历程的"静园""张学良故居""大沽口炮台""庆王府"等历史文化遗迹选择甚少。这说明学生对于天津在600多年的发展历程中,特别是对近代所发生的重大历史事件以及所涌现出的名人、大事和遗址了解甚少。这一现实问题为开设天津地方史校本课程提供了在教学重点内容选择上的落脚点。

在提问学生曾经通过哪些途径了解天津历史文化时,26.5%的学生选择了实地了解,也就是旅游观光的形式。在此选项之后,占比较多的分别是通过网络和电视学习、听家人讲述学习;仅有17.4%的学生表明曾在课堂学习中了解过天津历史文化。该题目的数据分析可以表明,在日常的课堂学习中,特别是历史、地理、语文学科学习中,学生较少了解到天津地方史的相应内容。而在提问学生希望通过哪些途径更多地了解天津文化时,除旅游休闲活动这一方式外,占比较多的选项便是学生希望能在学校学习中了解地方文化。学生的需求便是学校开展学科特色课程的最主要推动力,这一调查结果又为开设天津地方史校本课程提供了重要的依据,这就是学校和教师要担负起对学生进行家乡史教育的重要责任。特别是在笔者所教授的历史学科教学中,有很多课程都能和天津地方史紧密联系。如果教师能够有意识地对学科进行探索,充分结合学科教学特点和学科内容,将教材内容进行有效拓展和延伸,在满足学生学习需求和发展需要的基础上,开设地方史学科特色课程便具有极具现实意义和实践价值的教育活动。现就笔者结合八年级中国近代史教学内容,尝试开展的天津地方史校本课程基本情况列举如下,试分析地方史校本课程研究和实践的基本方向。

四、地方史校本课程设计案例

天津是一个拥有六百多年历史的文化名城,利用天津地方史中贴近学生生活经验、学生熟悉与了解的内容展开校本课程资源的开发,可以提高学生学习历史知识的兴趣,提升学生的历史学习能力,体现多方位历史教学手段的使用。甚至可以将历史课堂移出教室、移向户外,通过学生喜闻乐见的活动方式在对学生进行爱国主义教育方面产生独特的魅力和作用。

笔者以天津市 600 余年的历史文化背景为基础,以学生学习需求和学习特点为原动力,拟定开设"走近近代天津"校本课程,分四个章节予以呈现。力争从学科素养的培养、价值观的形成、学习兴趣的提升、学习能力的培养等方面对学生进行培养与教育。

课程框架

单元一:"近代天津名人"

1."中国奥运第一人"——教育家张伯苓

2."巨龙觉醒"——武术宗师霍元甲

3.遗世独立的高僧——弘一法师李叔同

单元二:"近代天津名楼"

1.铁路交通枢纽——老龙头火车站

2.劝业场——不到劝业场,枉来天津卫

3.近代天津的见证——望海楼教堂

单元三:"近代天津名巷"

1.万国建筑博物馆——五大道

2.老租界新意街——意式风情街

3.东方华尔街——解放北路

单元四:"近代天津名桥"

1.三岔河口永乐桥

2.气势如虹金刚桥

3.中西合璧北安桥

五、下一步研究设想

在地方史校本课程开发和实践过程中,教师将引导学生通过互联网搜集整理天津地方史资料、阅读天津史书籍、走访参观天津近代遗迹等方式深入了解天津近代历史。在资料的搜集、整理过程中,让学生发现新问题,激发学习兴趣和学习主动性,为上好"走近近代天津"校本课程打下坚实基础。

此外,笔者将结合以上设计思路,搜集整理"走近近代天津"地方史校本课程资源,力争形成一门满足学生需要,利于天津学生更多更好地了解家乡历史文化的校本课程资源,为广大初中学生培育历史学科素养、增强爱国主义情怀、增进热爱家乡的情感做出积极努力。

附录

天津地方史调查问卷

1.你是否是天津本地人?

A.是(95.8%)　　　　　　　B.否(4.2%)

2.你已经在天津生活了多长时间?

A.从小生活在天津(87.5%)　B.从小学开始在天津两三年(10%)

C.一两年(2.5%)

3.你对天津的历史文化了解多少?

A.十分多(10.8%)　　　　　B.比较多(35.8%)

C.不太多(51.7%)　　　　　D.丝毫不了解(1.7%)

4.你认为天津最吸引你的地方是什么?(多选)

A.历史文化(21%)　　　　B.风土人情(18.1%)　　　　C.特色小吃(19.9%)

D.文化艺术(15.2%)　　　　E.经济发展(8.8%)　　　　F.特色建筑(17%)

5.你了解天津哪些历史文化遗迹?(多选)

A.意大利风情街(20.3%)　　B.静园(7.8%)　　　　　C.天后宫(12.7%)

D.独乐寺(10.8%)　　　　　E.张学良故居(11.3%)　　F.大悲禅寺(13.4%)

G.大沽口炮台遗址(13.4%)　H.庆王府(10.3%)

6.你觉得最能代表天津历史的是什么?（多选）

A.海河景观(34.3%)　　　　B.传统民居(11.8%)　　　C.市井街巷(7.5%)

D.名人故居(21.3%)　　　　E.租界"老房子"(25.1%)

7.你觉得天津的历史文化资源保护的怎么样?

A.保护的很好(56.7%)　　　B.还需要进一步保护(40.8%)

C.还不够(2.5%)

8.你主要通过什么途径了解天津历史文化?(多选)

A.课堂学习(17.4%)　　　　B.家人讲述(20.4%)

C.网络或电视(21.8%)　　　D.图书、报纸(13.9%)　　E.实地了解(26.5%)

9.你希望通过哪些途径更多地了解天津文化?（多选）

A.学校学习(25.1%)　　　　B.网络媒体(21.3)

C.旅游等休闲活动(29.1%)　D.家人讲述(17.5%)　　　E.自我学习(7%)

10.你认为在义务教育中,对于城市文化的教育充足吗?

A.充足(50.8%)　　　　　　B.一般(42.5%)　　　　　C 缺乏(6.7%)

典型案例及点评

<h3 style="text-align:center">"沟通中外文明的'丝绸之路'"教案及评析</h3>

天津大学附属中学　田炜

一、教学背景

教学课时:1课时

教学准备:

1.学生:预习教材内容,利用互联网搜集与"张骞通西域""丝绸之路"有关的资料;通过访谈的方式,从父母、长辈那里了解天津在"一带一路"合作倡议实施过程中参与或开展的主要活动。

2.教师:利用互联网搜集、整理与本课教学相关的资料,如"张骞人物生平""丝绸之路上中西文化的交流""'一带一路'合作发展倡议"等,设计相应的问题。剪辑"一带一路"高峰论坛上的发言词音频,以及中国诗词大会上有关丝绸之路主题的片段。在教学过程中,引入音、视频资源,丰富学生的学习内容,吸引并提升学生的学习兴趣,以备在课堂中组织学生开展合作探究或精讲精练。

二、教学目标

1.了解张骞出使西域,丝绸之路的开辟,西汉对西域的管理等史实,识记丝绸之路路线,培养学生时空史观和史料实证能力。

2.识读《张骞出使西域路线图》《丝绸之路路线图》等,获得有效历史信息,并结合学生生活经验进行活动探究,认识丝绸之路在中外交流中发挥的作用,培养学生唯物史观和历史解释能力,发展学生发散性思维、辩证思维与创新思维。

3.通过讲述张骞出使西域的艰苦历程,学习张骞不畏艰辛、克服困难的精神和坚强意志。联系现实,通过介绍"一带一路"战略部署,结合对家乡天津经济发展的了解,激发学生家国情怀和对国家建设的参与意识。

三、教材分析

七年级上册第三单元讲述统一国家的建立,意在让学生理解统一多民族国家的建立是历史发展的必然趋势。本课教学内容即建立在此基础上,引导学生深入理解中央政府对少数民族地区的管理有益于国家统一形势的巩固。同时,加强对外经济文化交往,也成为了国家维护统一,实现发展的主要方式。

初中学生对历史学习拥有浓厚兴趣,但其储备的史学知识相对较少。课堂上,学生乐于思考,参与课堂活动较为活跃,能够积极探究问题并表达自身观点;初步具备了辩证思维的能力,但尚不成熟,可塑性强。本课教学中,教师将历史与现实相结合,有利于学生更好地理解历史事件,并分析其现实意义。

四、教学重难点

1.教学重点:张骞出使西域、丝绸之路。

2.教学难点:了解张骞出使西域的原因,正确认识丝绸之路的文化内涵及其在中西方交流史上的重要地位。

五、教学方法

1.运用史料分析法,组织学生对张骞通西域和丝绸之路的开通进行分析,探究丝绸之路开通后发挥的历史与现实作用。

2.提供丰富的地图、图片等资料,在识图过程中,使学生了解并掌握丝绸之路的基本路线。

3.运用情境教学法,播放音、视频资料,使学生多感官接触本课学习的重点内容,通过多种教学方式的应用,提高学生学习兴趣和学习积极性。

六、教学过程

(一)创设情境,情感促学

1.同学们,在2018年春节晚会中,老师发现一个很特别的节目,它和今天我们要学习的内容有着密切联系。

(播放2018年春晚"国家宝藏"视频节选)

2.补充介绍《丝路山水地图》反映了中国在丝绸之路沿途展开各项贸易往来和文化交流的盛况,点示学习主题。

(书写板书课题:第14课沟通中外文明的"丝绸之路")

(二)问题导学,精讲传授

1.张骞通西域

(1)展示习近平总书记在"一带一路"高峰论坛上发言的照片,创设情境开展本课内容的学习。

(3)学习历史,需要通过分析和研究史料解决问题,现在我们试着运用史料分析法解决本课的第一个重点问题。

(播放习近平总书记在高峰论坛上的发言节选,幻灯片中呈现出发言内容。)

(4)提问:文中提到一位汉代重要的历史人物,他是谁?追问:张骞奉命去往哪里?西域在哪里?张骞被哪位皇帝派遣去西域的?汉武帝为什么派张骞出使西域?

【设计意图】创设问题导学线,联系已学知识,落实对本课基础史实的学习。

(5)前几课的学习中我们了解到秦汉时期,中原地区都和匈奴民族有很多接触。哪位同学能够帮助大家回忆这段史实?追问:汉武帝时期具备了怎样的条件,使他能够下令派张骞出使西域,联合其他民族攻打匈奴呢?

(在连续设问中,学生加深对张骞通西域时代背景的理解。)

(6)总结:由此我们可以看出,国力强盛就能让我们在处理与外界关系时多一种选择,多一份底气。

(7)展示张骞出使西域的壁画,设想张骞此次出使西域会遭遇哪些艰难险阻?思考:从张骞身上能看到哪些优秀品质?

【设计意图】通过描述张骞所遇困难及个人品质,进行情感态度价值观教育,使学生对优秀人物及其事迹产生情感认同。

2.丝绸之路

(1)为什么把沟通东西方文明的道路叫丝绸之路呢?

(学生结合教材内容及个人理解进行分析)

(2)小组合作:请同学结合地图内容及教材文字介绍,在学案上描绘丝绸之路上的重要地点名称。

(3)合作探究:有哪些物产经丝绸之路从我国传向了西方世界,又有哪些西方文化传入了我国呢?

(播放习总书记发言词节选,学生开展小组合作,依据教师给出的信息提示和教材相关内容,列举丝绸之路上东西方交流的主要物产。)

【设计意图】通过组织学生分组说出东西方物产的交流情况,体会丝绸之路的文化内涵。使学生认识到丝绸之路的开通在我国中西方文化交流史上所发挥的重要作用,培养唯物史观学科素养。

(4)师生互动答题,及时检测学生新知掌握情况。

(播放"中国诗词大会"节选)

3.对西域的管理

(1)请同学举例说明:张骞通西域后,汉朝如何加强对西域的管理?

(2)西汉末年至东汉,还有哪些著名人物和西域有关联?

【设计意图】使学生认识到我国自古以来都秉承着开放、包容的民族性情,培养学生用发展的眼光看待问题。

(三)拓展延伸,交流互动

1.党的十八大以来,我国政府创造性地提出了一项世界性的合作发展倡议,从而为合作、交流、发展的丝路精神赋予了新的内涵与活力,大家知道这是哪一项合作倡议吗?

2.合作探究:同学们,你能结合近几年所了解到的情况,举例说出天津在"一带一路"战略背景下,都有哪些新的项目或工程相继出现,改变着我们的生活,加速天津的发展与进步吗?

【设计意图】联系"一带一路"合作倡议,了解家乡天津现今的发展情况。使学生更加深刻认识到要为国家建设贡献力量,对学生进行爱国主义教育,增强家国情怀。

(四)练习反馈,巩固提升

1.完成张骞出使西域表格填空及丝绸之路填图。

2.总结:历史是最好的老师。正如总书记所说,丝绸之路、"一带一路"这段历史表明,无论相隔多远,只要我们勇敢迈出第一步,坚持相向而行,就能走出一条相遇相知、共同发展之路,走向幸福安宁和谐美好的远方。

七、教学反思

部编版历史七上第14课是教材中的重点课程,它是在讲述汉初休养生息恢复民力和汉武帝治国实现大一统治国的基础上,进一步展现出西汉武帝时期国力

强盛,不断加强与西域各国经济文化交流的大国气象。在本课教学过程中,运用"两线三环"课堂教学模式,以春晚国宝节目引入课程,创设学习情境,联系学生生活实际,吸引学生对课程内容的关注,起到情感促学的目的。

此后,联系习总书记在"一带一路"高峰论坛上发言词节选,以"张骞出使西域""丝绸之路""对西域的管理"三个篇目为节点,分别插入地图、图片、史料等内容,通过逐层增加难度的问题,引导学生开展对本课基础史实的学习,渗透了对学生史料实证、历史解释、时空史观等学科素养的培养。在连续的提问和回答中,学生既能清晰地了解本课的学习重点,也能让老师更准确地把握学生对知识点的理解与掌握情况,实现问题导学线应有的学习引领作用。

在精讲传授环节完成后,教师提出对"一带一路"合作倡议的理解与现实生活中实践这一倡议的家乡发展变化,引发学生开展交流互动,充分将历史知识与现实生活有机结合,起到历史课堂对现实生活的指导与启发。交流过程中,学生充分发表各自观点,谈论自己对于时代发展的关注及设想,体现出学生对时政的理解分析能力,突出了历史学科对学生唯物史观和家国情怀的培养。最后运用表格归纳法,检测学生对本课知识的掌握情况,既起到及时练习反馈的效果,又渗透学法指导,完成本课整体学习目标,充分发挥"两线三环"课堂教学模式,对培养学生历史学科素养做出科学实践。

八、专家点评

在新课程改革背景下,运用高效课堂教学模式组织历史课堂教学实践,培养学生历史学科素养具有鲜明理论意义和实践意义。授课教师在教学过程中,紧紧把握"好课标准",突出情感对于智慧的开启作用,突出学生问题意识和创新精神的培养,依据其所在学校创设的"两线三环"课堂教学模式开展课堂教学。整堂课突出了撷取精要,以线贯穿,提纲挈领,尊重差异的教学特点。

教师教学过程中,精心设计教学内容、科学开展教学活动,使古代史教学内容紧贴时政热点,做到古今结合、学古通今。教师注重运用"问题导学""情感促学"的教学方法,引导学生在史料分析、填图答题、合作探究等环节中,开展丰富多样的学习活动,调动学生的学习主动性和积极性。学法指导贯穿整个课堂,运用巧妙设问训练学生思维,培养学生历史学科素养。

实践 **3**

创新历史教学评价机制促进农村学生有效学习策略研究

天津市宝坻第二中学　陈子良

摘　要： 农村中学历史课堂教学长期以来沉淀下来传统观念及教学模式，已不适应新课改的要求。基于农村中学历史课堂教学实际，重视"课堂教学评价"问题，掌握"课堂教学评价"的策略和方法，对课堂有效教学进行正确的评价和诊断，通过评价结果所提供的信息，不仅可以使教师了解到教与学的优势和问题所在，有针对性的建构一系列有助于提高学生学习效率、激发学生学习兴趣、培养学生创新精神和自主学习能力的有效教学策略，在高质量完成文化知识的传承和基本技能的训练任务的同时，实现学生综合素质的全面提高，还可以使教师来反思自己的课堂教学活动，促使教师不断的调整教学观念，调整教学行为，完善和提高自身的教学素质，探求符合农村初中历史教学现状的课堂有效教学模式。

关键词： 历史教学　教学评价　有效学习

新课程标准基本理念突出体现了义务教育的基础性、普及性和发展性，提出了面向全体学生，强调学习方式和教学方式的转变，通过实施有效的课堂教学，让每个学生的才能在各自原有的基础上有所发展，为学生进入和适应社会打下基础。有效的课堂教学需要与之相适应的教学评价体系，历史教学评价是历史教学过程的重要组成部分，贯穿于历史教学活动的全过程。可新课改进行这么多年，农

村中学历史进行评价仍停留在"一考定终身"的传统考试方式上,过于关注学生成绩,过于重视纸笔测试,忽视了对学习过程的考查,忽视了学生本身的发展。

一、农村中学历史课堂教学评价的现状

目前,虽然大部分教师已经意识到教学评价在课堂教学中的导向和激励功能,开始积极尝试在课堂教学中运用激励性评价促进学生的学习,但仍存在不少问题。

(一)泛滥成灾的鼓励性评价

有的教师认为既然课程标准要求教师关注学生在教学活动中所表现出的情感与态度,帮助学生认识自我,建立信心,提倡鼓励,反对批评,那么我就干脆多表扬、不批评,结果由于鼓励太多太滥,每个学生都很容易地得到老师的表扬,结果反而使教师的评价贬值,失去了应有的激励作用。

(二)缺乏情感交流的形式性评价

教学应该是师生之间教与学的双向交流,而有些教师由于深受"师道尊严"束缚,往往放不下架子,课堂教学中表情严肃、呆板,教学评价平淡而缺乏真情,为评价而评价。由于实施评价时,缺乏感情的投入,造成评价流于形式,无法引导师生之间的情感交流,达不到及时评价应有的激励作用。

(三)简单粗暴的单向性评价

由于有些教师习惯于过去"一言堂"式的教学,思维形成定势,造成教学评价的途径和方法单一,把评价当作自己的特权,对学生的学习行为和学习结果,往往迫不及待地做出肯定或否定的口头性评价,课堂教学中不能激起"师生、生生"之间的多向交流和情感碰撞,最终难以实现及时评价应有的激励功能。

二、农村中学历史课堂教学评价的原则

(一)以肯定、激励和赞扬为主

教学评价的目的在于"激励学生的学习,帮助学生认识自我,建立信心"。因此,教师在教学过程中应不失时机地给不同层次的学生以充分的肯定、激励和赞扬,使其在心理上获得自信和成功的体验,激发其学习动机,诱发其学习兴趣,进而积极主动地学习。

(二)要能调控学生情绪,促进学生发展

教学评价的作用在于调动学生积极学习的情绪,促进学生的学习,不能对学生的学习行为只做简单的好坏之分,应更注重于发挥它调控学习情绪、促进学生发展的作用。

(三)评价要客观、公正

教师对学生的学习行为的评价必须是符合事实的、客观的、令人信服的,过分的褒奖会引起其他学生学习的消极情绪,恶意的贬低更会使学生产生逆反心理,从而阻碍学生的学习。

(四)要就事论事,对事不对人

教学评价的目的是为了调动学生学习的积极性,进一步引发学生产生积极的学习行为。课堂教学评价,应尽可能做到就事论事,对事不对人。不应就学生某一学习行为的优劣来判断该学生的优劣,更不能把学生在课堂上的某一消极的学习行为作为攻击、讽刺学生的依据。因此,应对学生积极地学习行为本身加以肯定或褒奖,对消极学习行为的转移或终止。

(五)语言要简明扼要

教学评价贯穿于整个课堂教学中,应与课堂教学本身有机结合在一起。这就

要求教师必须采用简明扼要的语言,适时的、简洁的对学生某一学习行为或学习结果表明自己的态度。

三、农村中学历史课堂教学评价的策略与方法

(一)利用小测验的优势广泛评价

小测验评价是一种常用的方法,可以在短时间内考查全体学生对课堂教学重点内容的掌握情况,以评价教学效果。题型要灵活多样,不能单调乏味;要具有启发性和创造性,不能死记硬背、呆板重现。

(二)变革课堂作业形式创新评价

布置作业也是一种常用的评价方法,通过写、做和批改来考察全体学生对课堂教学内容的掌握情况,获取教学反馈信息,调控教学活动。它具有简便易行、参与评价对象多、了解信息全等特点。但要改变老一套题量多、单调呆板、学生抄袭严重的情况,就必须变革课堂作业形式,创新课堂教学评价。一是布置开放性作业题,以考察学生知识的掌握程度和学习行为表现(态度、书面表达、应用能力等)。二是自编作业,拓宽课堂教学评价思路。自编作业是一种融知识理解,巩固和教学评价于一体的创造性作业。教师可以要求学生去编写基础知识巩固的再现性习题和综合归纳或理解分析的应用性习题。

(三)设计历史活动课评价学生学习过程

传统的课程评价,往往只重结果而忽视过程,难以充分发挥促进学生发展的功能,新课改要求对学生的评价不仅关注结果,更要关注学生的成长过程。为了适应这种需要,教师在教学过程中应注意:一是关注学生的课堂表现;二是关注学生的作业表现;三是关注学生在活动中的表现。在教学过程中,通过有目的、有计划地运用录音机、录像机、摄像机等现代化教育设备观察学生在日常学习中的表现,记录学生在知识、技能、行为和情感等方面的变化,从而对学生历史学习的成效做出较为全面的评价。

(四)在对话中适时适当评价

与学生进行对话是教师与学生进行交流、沟通的重要方式。进行对话评价应注意:一是对话时要以肯定、鼓励、激励学生为主,少批评与指责,切忌对学生进行讽刺、挖苦;二是对话前要了解学生的情况(如问题存在原因、学生的闪光点等),以寻找对话策略;三是对话时教师的表情应和蔼,语言有亲和力,让学生体到教师的真诚与关爱。

对话评价不仅可以在课堂教学过程中进行,还可以在教师上完课后,请不同层次的学生来座谈。其主内容可以是在尊重学生个性心理特征的情况下,设计有关问题调查了解;也可以是提问本节课内容简单问题或略有发挥思维的创新开放题;还可以请学生谈谈本堂课的感想和启发,令人难忘之处或不成功之处等等。总之,要发挥学生的个性特长,畅所欲言,尽情地剖析本堂课。同时教师要做好记录,并给以学生当面或书面评语。过后,教师还要认真总结经验教训,查漏补缺,改进课堂教学。总之,教师通过与学生进行各种形式的对话获得学生思想品德发展状况的信息,据此对学生进行引导与评价。

另外,还可以与教师对话,重现课堂,全面评价。实录课堂或请教师听课,再请教师座谈交流,听取该教师的真实评价,看是否按课标要求去实施了教学,是否体现了以学生发展为本,是否到达了教学目的等等。有时教师还可以自己观看录像或听录音做个如实评价,及时得出建设性的结论,以调控和改进教学活动。

四、农村中学历史课堂教学评价的应注意的问题

课堂评价对调控教学、激励学生起到调节与导向的作用,学生能够从教师的评价当中受到启发,明确今后的努力方向,这也正是教学评价最大的价值所在。作为教师应该善于观察、善于倾听,敏捷快速地捕捉教学过程中各种信息,灵活果断地采取恰当有效的策略与措施,推进教学发展的进程。

(一)要多表扬、鼓励,少批评、指责

在课堂上,教师要把学生当作一个平等的朋友来对待,对于学生回答的问题进行评价时,要尽量不用指令性语言、批评性的语言,最大限度地去挖掘学生的优点进行激励评价。但少批评、指责并不等同于不可以使用否定性评价,教学实践告诉我们,正面的肯定性评价有利于促进学生的发展,但实际上有很多时候,我们又不得不从反面做出否定的评价。如果处理不当,就会挫伤学生的积极性,影响学生的后续学习,但只要处理巧妙,一样能取得较好的效果。

(二)要尊重差异,发展个性

每一名学生的学习背景、学习能力等是不一样的,要注重对学生的全面考察,关注学生的个性差异和学习潜能,重视个性化的心智活动过程,以促进每个学生的发展为目标,对不同的学生提出不同要求,发展学生的探求能力和独创精神,允许学生在解读文本的过程中,建构生成不同的、然而却是合理的认识、思想和新的知识,尤其当学生正在交流讨论时,教师不要立即给予肯定或否定的评价,要给予学生充分的探索新知、获取新知的时间,充分显示学生的个性。

(三)要实现评价指标的多元化,综合评价学生

新课程理念在课堂评价方法上要求打破教师一统天下、主宰课堂、垄断评价的现状,提倡开展学生自评、生生互评、师生互评相结合的多向性即时评价。教学中,不仅要关注学生的学业成绩,更要关注学生个体发展的其他方面,如积极的学习态度、创新精神、分析与解决问题的能力以及正确的人生观、价值观等,从评价学生学到了什么,到评价学生是否学会学习、学会生存、学会合作、学会做人。

总之,教学评价是以促进学生发展和达到教学目的为中心的评价,它能有效地促进教与学双方的互动相长,对学生的主动发展、教师教学水平的提高大有益处。这样才能使农村中学历史课堂教学具有发展性,充满生命力。

参考文献

[1]陈照星,陈金缺.十年磨一剑 福建省南安市实验中学教师论文选[M].北京:语文出版社,2009.

[2]沈林.历史与社会课程的教学实践研究[M].广州:世界图书出版广东有限公司,2014.

[3]秦焱.数学教学中的课堂评价引发的思考[J].现代交际,2013(4):150.

[4]倪春华.高中历史教学对学生学习潜能开发的策略研究[J].中学历史教学研究,2014(1).

[5]张佳佳.吹尽黄沙始到金—浅谈小学数学课堂教学中的即时评价[J].文理导航,2017(12).

[6]崔燕.以学生发展为本创新语文课堂教学评价[J].信息教研周刊,2011(7).

[7]薛炳群.小学语文有效教学评价[M].济南:齐鲁书社,2007.

[8]吴金开.基于校本的学生评价体系的构建与实践[J].教育艺术,2019(9).

实践 **4**

"学案导学"双主互动式课堂教学模式研究

天津市宁河区芦台第三中学　肖俊江

摘　要："学案导学"双主互动式课堂教学模式是通过教师的指导作用的发挥,使学生的自主学习贯穿于课堂学习的全过程的一种行之有效的教学模式。学生的自主学习与教师的指导同步对应发展,使师生的积极性展现于课堂教学之中,形成教育教学合力,促进学生的终身发展。模式的实施流程包括:启发诱导,自主参与——点拨授法,自主尝试——鼓励释疑,合作探究——拓展升华,自主发展——检测评价,自主反馈。"学案导学"双主互动式教学模式的各个环节是相互作用、相互促进的。各环节既有独立性,又相互联系。模式的实施对改变学生被动的学习状态,使学生主动发展具有很好的促进作用。

关键词:学案导学　双主互动　自主　合作

对于学习者而言,知识不只是通过教师传授而得到的,更多的是学习者在一定情境中,运用已有的学习经验,并通过与他人(包括教师和学习伙伴)协作主动构建而获得的。具有不同智力水平、知识结构、思维方式、认知风格的成员,在集体学习中可以互补、互进。同时,学生围绕适宜的任务所进行的互助活动,能促进他们对重要概念的理解、掌握与运用。

"学案导学"双主互动式课堂教学模式是通过教师的指导作用的发挥,使学生的自主学习贯穿于课堂学习的全过程的一种行之有效的教学模式。学生的自主学习与教师的指导同步对应发展,使师生的积极性展现于课堂教学之中,形成教育教学合力,促进学生的终身发展。

模式的实施流程如下。

一、启发诱导　自主参与

在教学过程中,教师创设不同的情境对学生进行启发诱导,使其焕发出强烈的求知欲望和主动参与意识,顺利完成新旧知识的衔接。同时,将这种欲望和意识保持于整个课堂学习之中。这种参与包括情感参与、思维参与、动作参与。教师的启发诱导应贯穿于教学的全过程。其操作策略有创境、设疑、启思、引导等。(此环节教学流程也可以用"温故知新、创设情境、激趣导入、创境交流、激趣提问等"替代。)

二、点拨授法　自主尝试

在教学过程中,学生在教师的点拨下,明确学习目标。学生根据学习目标,阅读文本,填写学案内容,并在文中做标注,自主尝试感知本课学习内容,并初步尝试解决问题,完成某项活动,培养他们主动学习的精神。活动中教师进行巡查,关注学困生,注意传授学习方法,使学生将这些方法用于实践并变为自己的学习经验去解决新的问题。这一环节要充分使用学案助学。学案助学是教师用以帮助学生掌握教材内容,沟通学与教的桥梁,也能更好地引导学生在复习和巩固知识过程中学会自主学习和总结知识点。(此环节教学流程也可以用"指导阅读、自主感知、信息互换、互动平台等"替代。)

三、鼓励释疑　合作探究

　　课堂教学的精髓在于师生的交流。从初中学生学习历史的现状来看:学生能读懂教材内容但不会应用,能听懂老师的讲解但不会独立理解,自己不会创设新方法灵活解决问题。因此,在教学过程中,教师应鼓励学生,大胆尝试围绕教学重点、难点,主动提出质疑,小组间通过各种思考、讨论,相互问答,自主探究,解决问题。通过总结汇报的形式,发展学生比较、分析、概括、独立探究的能力。教师应穿插学生中间,结合学情补充史料,给予适当的点拨(包括搭桥、铺路、垫底等)。教师还可以让学生变换角度、联系已知、对照比较等,引导学生思考。对学生中存在的共性问题,教师进行总结、归纳、点拨释疑,从而让学生获得更多的知识和能力。(此环节教学流程也可以用"关注焦点、观点交流、合作探究、质疑释疑、挑战自我等"替代。)

四、拓展升华　自主发展

　　在教学过程中,给学生自我表现的空间,激发他们的创造欲望。让他们学会基本的求异思维方法,能独立思考问题,敢于发表不同的见解,使他们对知识的学习和理解一步步加深,也促使他们产生更多的感悟,从而不断提高他们自主学习能力和自我发展的能力。学生在讨论、质疑问难、师生民主讨论的基础上,教师应根据教学内容,不失时机地总结归纳概括成完整的知识结构,并巧妙地转化为板书提纲,使学生对本节课的内容有一个整体的、系统的、有序的认识,形成知识(点)—知识链(线)—知识板块(面)。(此环节教学流程也可以用"拓展创新、知识拓展、达成共识、课堂小结、学有所用、创意设计等"替代。)

五、检测评价 自主反馈

在教学过程中,学生通过检测评价,自主反馈学习成果,检测课堂学习目标达成情况。知识部分评价:以试题的形式出现,且考虑到全体学生发展的不平衡性,在难易程度上要有区别。情感态度、价值观的评价:因其抽象性,故而应以谈感想、写随笔等形式表达出学史过程中的主观体验。如:本节课我学到了什么?有什么体会?我对本节课的学习经历有什么感受?本节课的问题解决主要采取了什么方法?还有别的方法吗?本节课的学习对我的生活有什么影响?

总之,运用课堂教学模式进行课堂教学是实现有效教学的一种实操做法。其中运用"学案导学"教学模式进行师生互动是一直以来比较实用常用的教学模式之一。这需要教师根据新课标的教育目标,利用学案,将学生引入教育实践的情景中,通过师生、生生之间的多向互动、平等对话和积极研讨等形式,形成学生对问题的见解或解决方案,激活学生的创造性思维,培养学生创新意识和实践能力的一种课堂教学方式,那么在现实教学活动中我们是如何进行实际操作的呢?通过实践研究,结合自身实际教学,总结如下。

(一)以学案为依托,在合作交流中提高课堂效率

学案导学课堂模式,改变传统的师生授受关系,突出了学生的主体地位,让学生成了课堂上真正的主人。学生在课堂上动眼看、动脑思、动手做、动耳听、动口议,通过五官并用,增加了学生授受新知的高效性。通过应用学案,学生明确教材内容、知识结构与教师的课堂流程设计,使学生思路清晰,便于掌握知识,这样改变了课堂单调乏味死气沉沉的氛围,使课堂变的活跃热烈。

例如:教师在讲授历史课《文艺复兴运动》一课时,学生在完成"识记、自主学习"步骤后,组织学生进行讨论交流,这个环节体现了"兵教兵"。通过兵教兵这种方式,达到互相学习,取长补短,兵兵受益,共同进步的目的。教师对交流中暴露出的问题,先让学生在小组内讨论解决,对小组内解决不了的,在组织学生开展小组间的交流,全班学生都解决不了的问题教师就要及时搜集起来,为下一步的精讲

点拨做准备。

在学生开展小组合作交流学习的过程中，教师对学生进行合作技巧的指导，注意观察学生是否真的在讨论，讨论得是否有意义，讨论的内容是否偏离主题太远。当小组的合作交流学习遇到困难时，教师及时适时地加以指导，提供必要的帮助。让学生学会多角度，多渠道思考问题、解决问题，培养了学生的创新精神和实践能力，提高课堂教学的有效性。针对学生达标训练中出现的问题，教师及时矫正，最后还即时补充练习题，给学生内化整理的机会。讲评时还把重点放在学生学习的难点上，根据练习的情况即时调整教学进度、教学方法、做到有的放矢。为下面的进一步学习活动提供依据。

(二)扩大师生互动交流的实践和空间,学生各方面综合、创新能力得到提高

学案导学教学模式的操作过程突破了45分钟的教学局限，在课内外教学组织被强化的同时，也为师生提供了更为理想的互动交流的平台。课内外教学组织管理的强化是建立在充分调动学生学习积极性和兴趣性的基础上，满足当代中学生的学习心理需求。同时使学生在探究、合作学习问题过程中，不断提高学生善于发现、分析、解决问题的能力，而且不断培养学生用所学知识解决实际生活中的问题能力，即综合和创新能力不断提高。

例如：在讲授历史课《阿拉伯帝国》一课导学案中，专门设计成小组的合作探究完成一些问题：

◇ 叙述伊斯兰教的创立背景。

◇ 穆罕默德的主要传教活动。

◇ 谈谈你对伊斯兰教创立的感悟。

◇ 伊斯兰教在阿拉伯帝国形成中起到了什么作用？

这些问题和实验探究，由小组长组织，积极认真开展讨论，教师积极参与其中，了解他们遇到的困难，及时为他们指明一下正确方向，鼓励他们继续发挥集体的智慧提出解决问题的最佳的一种方案。通过学案导学的合作探究模式，学生的自学能力和合作探究能力得到了大大的提高。增强学生主动参与意识。通过本课题的研究能让每一个学生积极参与到课堂教学的每一个环节中，让学生的创新精

神和实践能力得到了培养,动手能力得到最大的发展,为学生的未来发展打下坚实的基础。

(三)运用学案联系生活实际,创新意识得到加强,实践能力明显提高

运用学案将课堂知识与生活紧密联系起来,让课堂生活化,让学生置身于逼真的问题情境中,让学生去探索、去思考、去创新,以培养学生实际问题的能力。

例如:老师在教授历史七年级上册第10课《思想的活跃与百家争鸣》时,学案中知识的延伸讨论,遏制校园"破坏公物"不良行为,运用已学的儒家、法家、道家思想观点如何处理这件事?他们争先恐后地回答:

"罚款、罚站。惩罚最有效。"

"我主张说服教育,学生犯错误时难免的,应教育改正。"

"学生犯错是无意识的,顺应自然,等学生自我觉悟。"

学生在小组内激烈地讨论,通过合作探讨设计出了解决的方案。这样把枯燥无味的历史课变成了一堂激发学生兴趣的探究课。这样通过大胆改革课堂教学,注重了学生实践能力的训练和培养,在探究和交流中展开创新型实践活动,让学生动手动脑,培养学生的创新意识。不仅了关注学生活动的结果,更关注了学生活动的过程,看学生是否有正确的态度,学生的方法是否掌握,学生创新精神和实践能力发展怎样,始终以"支持者"的角色去接纳和尊重学生的不同想法。

(四)运用学案布置不同形式的习题,全方位提高学生创新能力

历史作为文科科目,其课程安排不仅要满足学生的知识需求,而且要在一定程度上培养学生科学合理的思维方式,从古代人物和历史故事中吸取经验,总结教训,从而帮助学生更好的学习和生活。因此,教师在历史课堂教学过程中,学案问题的设计一定要做到理论知识和实践教学的有机结合,帮助学生做到历史知识的熟练掌握和灵活运用,从而提高学生历史知识学习水平和其文学素养。

例如:在学习《明清小说》的相关内容时,以《红楼梦》为例,教师运用学案给学生布置课堂题目进行练习,帮助学生更好的理解当时的时代背景和作者思想。老师以《红楼梦》的故事情节,以及《红楼梦》中所蕴含的哲理,在学案上为学生设置了相关材料和题目。结合学案材料、问题进行讨论:《红楼梦》中袭人与贾宝玉关系那么密切,那么受到贾府主子喜爱,为什么却只是列名于《金陵十二钗又副册》,不

但次于《正册》,而且次于《副册》? 这源于当时的什么制度? 学生在讨论的基础上、总结归纳后。教师结合学案材料内容以及故事情节,为学生进行具体讲解,提高了学生对于《红楼梦》的理解深度,引导学生进行课堂知识的拓展和延伸,提高学生历史知识学习的宽度和广度,从而创新能力也得到培养。

"学案导学"双主互动式教学模式的各个环节是相互作用、相互促进的。各环节既有独立性,又相互联系。模式的实施对改变学生被动的学习状态,使学生主动发展具有很好的促进作用。

参考文献

[1]周卫勇.怎样上好课[M].北京:首都师范大学出版社,2009.

[2]黄胜利.什么是学案[J].新课程(教师),2010(01):113.

[3]郭涛.浅谈"导学案"的编写与使用[J].试题与研究·教学论坛,2011(03):49.

典型案例及点评

第二次工业革命

天津市宁河区芦台第三中学　肖俊江

一、教学背景

让学生通过电的利用,内燃机与汽车、飞机的诞生等史实,了解第二次工业革命。了解历史的时序,初步学会在具体的时空条件下对历史事物进行考察,从历史发展的进程中认识本课中历史人物、历史事件的地位和作用。通过第二次工业革命的文献材料、图片等,提高历史的阅读能力和观察能力,形成符合当时历史条件的一定的历史情景想象。逐步提高对历史的理解能力,初步学会分析和解决历史问题。认识科学技术的发展对人类历史进步的推动作用,逐步形成尊重科学、崇尚科学的意识,树立求真、求实和创新的科学态度、历史进步意识。

二、教学目标

1.知识与能力:掌握第二次工业革命的时间、含义、背景和成就。

2.过程与方法:通过观看视频分析资料了解第二次工业革命的背景、成就和影响。

3.情感态度价值观:理解"科学技术是第一生产力"的著名论断;激励学生崇尚科学、勇于创新,并为中华民族伟大复兴而努力学习! 树立保护环境的意识。

三、教材分析

《第二次工业革命》是部编人教版初中九年级下册世界历史第二单元《第二次工业革命和近代科学文化》的第1课。今天,我们用电话联得远方的亲期好友,在电灯下学习,坐汽车去上班,乘飞机出行……这一切使生活、学习和工作越来越便利。本课主要介绍了这些东西是何时出现的及出现的历史背景。本课由"电的应用"、"内燃机和新的交通工具"和"化学工业和新材料"三部分构成。通过教学让学生了解第二次工业革命。

四、重点与难点

(一)重点:第二次工业革命的背景和成就

在教材的处理上,通过对前面所学知识的复习和对材料的解读,分析第二次工业革命爆发的背景和特点,突出了重点,在培养学生自主阅读能力和独立思考能力的同时,培养学生从整体上把握教材的能力和历史知识网络的构建能力,以及从材料中提取知识点的能力和运用所学知识解决问题的能力。

(二)难点:第二次工业革命的影响

突破措施:对比探究是历史学习的重要方法之一。利用图示、图片和一些史料进行讲述,通过两次工业革命的对比,使这一内容更加简单、清晰,有助于学生的学习,锻炼学生总结和归纳的能力。从而突破难点。

五、教学方法

启发式、史料分析法、自主探究、小组合作等。

六、教学过程

(一)导入新课

1850年,马克思预言"自然科学正准备一次新的革命,蒸汽大王在前一个世纪中翻转了整个世界,现在他的统治已经到了末日;另外一种更大得无比的革命力量——电力的火花将取而代之。"(威廉·李卜克内西《忆马克思》)。马克思的预言中"另外一种更大得无比的革命力量——电力的火花"指的就是第二次工业革命。今天我们就要来学习有关第二次工业革命的内容。

【设计意图】温故而知新,通过复习第一次工业革命的主要知识点引出本课内容,学生容易理解两次工业革命之间的关系,为新课教学中第一、二次工业革命的比较作铺垫。

(二)新课教学

1.第二次工业革命兴起的背景和特点

指导学生阅读教科书正文第一段,找出第二次工业革命的基本信息:开始时间、特点、背景,并在教科书上做好标注。

预设:第二次工业革命开始的时间(19世纪六七十年代)和特点(科学研究同工业生产紧密结合)教科书上非常明确学生应该可以准确作出标注。对第二次工业革命兴起背景的概括有一定的难度,教师可以提示学生从政治、经济和文化三方面考虑,而19世纪六七十年代这个时间就是解决问题的切入点。

在学生回答的基础上教师总结第二次工业革命的背景:

政治上:通过资产阶级革命和改革,资本主义制度在欧美进一步巩固和扩大。

经济上:19世纪,随着工业革命的展开,欧美主要资本主义国家的经济迅速发展。

文化上:自然科学研究取得重大进步,为工业革命提供了理论基础。

【设计意图】通过对前面所学知识的复习和对材料的解读,分析第二次工业革命爆发的背景和特点,培养学生从材料中提取知识点的能力和运用所学知识解决问题的能力。

过渡:19世纪下半叶到20世纪初,随着第二次工业革命的浪潮兴起,科学技术突飞猛进,在能源、交通和通信等领域引起了一系列重大变革。创新是推动历史发展的不竭动力。下面同学们以四人小组为单位为电灯、汽车、炸药等重大发明写一段解说词。

教师对学生的解说词简单评价后,以这三个重大发明为核心补充相关材料讲述第二次工业革命的显著成就。

【设计意图】这是一个学生通过阅读教科书,小组合作就能完成的任务,不仅增强了学生的学习兴趣,而且也培养学生语言组织表述以及合作探究的能力。

2.第二次工业革命的显著成就

(1)一盏"灯"照亮了世界

①电灯的问世教师出示图片并提问:这盏"灯"指的是什么?

预设:学生应该可以答出是电灯

过渡:电力的运用是当时最新技术成就的代表。

教师讲述:19世纪70年代,实际可用的发电机问世。与此同时,电动机也被制造出来。不久,出现了集中供电的发电厂输变电技术也日益完善…电灯、电车、电话、电影放映机等机电产品纷纷涌现,改变了人们的生产和生活。

【设计意图】通过图文资料的分析展开,培养学生运用史料解释历史的能力。另外,通过讲述爱迪生的故事,培养学生认真学习、努力奋斗的精神,使德育贯穿于历史课堂教学之中。

②爱迪生的贡献教师(出示爱迪生的履历表)。

19 世纪 60 年代,电气开发热席卷美国。爱迪生在得到法拉第的电学著作后,很快投入到这股开发热潮中 1876 年,爱迪生发明了留声机。

1878 年,爱迪生转到电灯研制。据说,他为了寻找灯丝验证了多种理论,使用了 1600 余种材料,但都没有成功。1879 年 10 月爱迪生受到"英国工程师斯旺用碳丝制了白炽灯"的启发,终于试制成功第一盏完善而实用的电灯。于是,他开始大量生产这种方泡,并且为此专门建设直流电站、架设电网。在电灯的带动下,供电系统以及开关、灯座、灯具、电线、配电盘等电力用料陆续取得市场

1894 年,他用电灯光和电动机制成了世界上第一台电影放映机。

讲述:爱迪生在研制灯泡的过程中,发现电灯通电时的灯丝与灯泡内的金属板之间有电流流过。后人称之为"爱迪生效应",英国物理学家弗莱明利用"爱迪生效应"发明了电子二极管,而电子管的出现引起了另一次技术革命。

提问:请概括爱迪生能够成功发明电灯的原因。

预设:爱迪生的钻研精神,吸取前人的科学成果。如学生有困难,教师可指导学生从材料中找出关键词或关键句,如"研制""使用了 1600 余种材料""受到英国工程师斯旺用碳丝制成了白炽灯的启发"等。

提问:请简要分析爱迪生对社会进步做出的贡献。

预设:电气产品的发明,改善和丰富了人们的生活,促进了电力产业发展;爱迪生的科学发现为新科技发明创造了条件;爱迪生的科学创新精神鼓励着后人提问:概括说明爱迪生的事迹如何体现了"科"与"技"的结合。

预设:如学生有困难,教师可指导学生从材料中找出关键句:"爱迪生在得到法拉第的电学著作后,很快投入到这股开发热潮中。""为此专门建设直流电站、架设电网。"

通过合作探究得出结论:注重理论成果与实验研究的结合,如将法拉第的电学理论与电气实验研究相结合;注重科技成果的转化。如实用电灯研制成功后,迅速大批量生产这种灯泡,并且为此建设直流电站、架设电网。

讲述:1900年,电力工业开始成为美国现代体系中的重要部门。1910年,美国电话增加到700万台,出现了无线电广播,无线电发展到电子管时代。20世纪初,美国出现了最早的电影院。

提问:1900年前后美国的工业生产中出现了什么新动力?人类社会从什么时代又进入了什么新时代?

预设:学生应该可以答出:电力;从"蒸汽时代"进"电气时代"。

过渡:统一后的德国,在19世纪后半期,出现了德国历史上最引人注目和最令人惊异的经济转变。在大约30年时间内,德国完成了英国用100多年才完成的工业革命,将个农业占优势的落后国家转变为一个现代高效率的工业技术国家。

提问:第二次工业革命期间德国有什么重大发明?

预设:指导学生阅读教科书第19页的内容,学生应该可以得出答案:内燃机、汽车等发明。

(1)一辆"车"加速了世界

过渡:19世纪早期,人们还尝试制造与铁路用车相匹敌的蒸汽动力公路用车,但是给这些机车加燃料实在是太麻烦了,有钱买蒸汽机车的人根本不想去铲煤。19世纪80年代,世界交通领域里的一场革命源于一种新动力的发明。

①内燃机的发明——技术上的一项重大突破讲述。

19世纪60年代内燃机被发明出来,80年代经德国人加以改进并广泛应用,带动了相应的新兴工业的发展,汽车、轮船、飞机、拖拉机等陆续出现,为人们的生产和生活带来了极大的便利。(可以出示相关图片)

②新的交通工具——汽车、飞机。

1886年德国人卡尔·本茨设计的由内燃机推进的世界第一辆实验汽车在幕尼黑的街道上行驶。法国人勒瓦瑟生产了近代汽车的锥形。20世纪初汽车就被普遍使用了。1913年美国人福特使用流水线生产汽车,带来了汽车制造业的革命,汽车价格大为下降,流水线生产的汽车价格为265美元,是当时福特汽车厂工人两个月的工资。汽车开始成为中等收入家庭的交通工具。福特被尊称为"为世界装上轮子"的人。他是世界上第一位使用流水线大批量生产汽车的人。

过渡:20世纪交通业的另一个重大转变,就是航空旅行的兴起。第一次重于空气的飞行一不以天然气或热空气为动力,是菜特兄弟共同努力的结果。(可以出

示相关图片)讲解:在1903年莱特兄弟给第一架飞机"飞行者一号"配备汽油发动机和自制螺旋桨之前,也就是1899—1902年,他们一直尝试着滑翔飞行。1903年12月17日,奥维尔·莱特(Orville Wright,)第一次尝试飞机试飞,他在12秒内飞行了120英尺。飞行所花费的时间,比阅读这段文字需要的时间还要短。可无论如何,这是20世纪最重要的12秒。十年期间,莱特兄弟一直是飞机研发的先行者,他们多次冒着生命危险去测试和改进飞行器的稳定性。到1905年底,他们已经可以飞行24英里了。到1908年底,他们甚至搭载了一位乘客。

过渡:内燃机使用液体燃料,需要大量石油。1859年在美国宾西法尼亚州发现了石油并钻出了第一口油井,后来在俄国、中东、拉美其他国家也发现了石油,需求量和生产量都大增,推动石油开采业的发展,加速了石油化学工业的产生。(可以出示相关图片)

【设计意图】这部分内容教科书叙述简单,所以在教学中教师运用可信的史料、具体的数字努力重现历史的真实,不仅符合初中学生的认识水平,而且很好地展现了发明家们不懈努力的精神。

(2)现代化学工业和炸药

①现代化学工业的产生。

讲述:化学工业的建立也是19世纪末技术上的一个重大成就。不仅采用化学方法进行原料加工,例如从煤中提炼氨、苯、人造染料等化学产品,而且采用化学方法合成物质。1869年,美国人海厄特发明了赛璐珞,现代塑料工业由此诞生;188年,法国人夏尔多内发明了人造纤维,开辟新的纺织生产领域。夏尔多内模仿蚕的吐丝过程,用人工的方法得到一种类似蚕丝的纺织材料,这是人类最早生产的化学纤维,被西方誉为"人造丝工业之父"。

②诺贝尔的贡献(可以出示相关图片)。

讲解:1867年,瑞典化学家诺贝尔发明了黄色炸药,其后又改良了无烟火药的技术并在军事上得到广泛应用,改变了当时的世界,也给他带来了丰厚的回报。1886年诺贝尔逝世时,就用这笔巨款设立了诺贝尔奖,以分别表彰在文学、化学、物理学、医学以及和平领域有突出贡献的人。现在诺贝尔奖已经成为这几个领域最权威的奖项。

提问:诺贝尔奖是世界上最权威的几大奖项之一,同学们知道我国有谁获得过诺贝尔奖吗?

预设:有莫言、屠呦呦等。其中屠呦呦是 2015 年诺贝尔医学奖的获得者,她也是第一位获得诺贝尔科学类奖项的中国本土科学家,也是中国医学界迄今为止获得的最高奖项。她发现的青蒿素,可以降低疟疾发病后的死亡率,为世界医学发展做出了重大贡献。

【设计意图】联系八年级下册涉及的诺贝尔奖获得者莫言、屠呦呦,帮助学生认识到中国科学家、文学家在人类文明发展的进程中起到的推动作用。

3.第二次工业革命的影响

18 世纪 80 年代间,生产力确实有了惊人的进展,或者,如现在的经济学家所认为的生产有了"一个进入自驱动发展的起飞"。更明确地说,当时产生了一个机械化工厂体系,它以迅速降低的成本极大量地生产商品,以致它不再是依靠原有的需要,而是创造出其自己的需求。

——[美]斯塔夫里阿诺斯著,吴象婴等译《全球通史》

不管你身在何处读着这本书,19 世纪的发明就在你的身边。如果你恰好坐着火车或者地铁,这种运输方式就来自 19 世纪。自然,公共汽车也是如此:到 1830 年,巴黎、柏林、纽约、伦敦和曼彻斯特都有了第一条公交线路。如果你恰好开着小汽车,听着这本书的有声版,请注意,汽车内燃机和录音技术就是源自 19 世纪晚期。如果你刚好躺在床上或者坐在飞机上,那么你很有可能是借着灯光读着这本书,而这种灯光就是来自 19 世纪 70 年代。如果你恰巧悠闲地躺在浴缸里看着书,请注意,浴缸的塞子源自 19 世纪。洗手间亦是如此。顺便说一下,1851 年的世界博览会已经展出了第一批可批量生产的抽水马桶。

——[英]伊恩莫蒂默著,李荣庆等译《欧罗巴一千年:打破边界的历史》

随着技术的发展,组织形式也发生了变化。到 19 世纪末,工厂生产极大地促进了新的劳动分,流水作业线使大批量的生产成为工业社会的特征。对日益昂贵的机器进行投资的需要刺激了大公司的形成:到 19 世纪中期许多巨型的公司联合起来成为托拉斯或卡特尔,垄断某一行业。

——[美]杰里·本特利、赫伯特·齐格勒著,魏风莲译《新全球史》

提问:第二次工业革命涌现了这么多的发明造向们对我们的世界会有什么重大改变呢?

预设1:第二次工业革命促进了生产力的飞速发展,使欧美资本主义国家成为工业强国。

预设2:第二次工业革命极大改善了人们的生活。

预设3:出现了垄断组织,主要资本主义国家进入垄断资本主义阶段,即帝国主义阶段。

教师过渡:通过对以上材料的分析我们可以看到第二次工业革命给人类社会在政治、经济等方面带来的改变,除此之外,还会有其他方面的改变吗?

预设:学生回答环境污染的可能性较大。

提问:第二次工业革命对世界的改变给我们带来什么

预设1:科技的确改变世界,但也是一把双刃剑。发展还需趋利避害,以人为本,走可持续发展道路!

预设2:科学技术是第一生产,是促进经济发展的决定性因素。

预设3:科学技术是推动社会进步的重要动力。

过渡:我们已经学习过两次工业革命,下面让我们通过表格来再次认识它们。

类别	第一次工业革命	第二次工业革命
开始时间	18世纪60年代	19世纪六七十年代
发源国	英国	英国、美国、德国等发达国家同步进行
主要特点	大多发明来源于工匠的实践经验	科学研究与工业生产紧密结合
主要发明	珍妮机、改良蒸汽机、火车机车、汽船	发电机、发动机、点灯、内燃机、汽车、飞机、电话、电报、化学工业和新材料
进入时代	"蒸汽时代"	"电气时代"
新能源	煤炭	石油、电力
影响	工业革命使生产力获得惊人发展,社会面貌发生翻天覆地的辩护啊。它为资本主义战胜封建制度,进一步扩大以西方资本主义国家为核心的世界市场奠定了物质基础	第二次业革命进一步促进了生产力的发展,极大地改善了人们的生活,使主要资本主义国家取得了跨越式的发展,成为工业化强国。在经济发展的基础上,主要资本主义国家出现了垄断组织。随之而来的资本主义对外扩张的增强,对世界产生了深远影响

(续表)

类别	第一次工业革命	第二次工业革命
对中国的影响	(1)军事上：随着工业革命的完成,列强发动了两次鸦片战争。 (2)政治上:中国开始为半殖民地半封建社会。 (3)经济上:中国被卷入资本主义世界市场体系,中国的自然经济开始解体,近代工业产生。 (4)思想上:萌发了向西方学习的新思潮,并开始近代化探索;林则徐、魏源和洋务派都是这一时期的代表	(1)军事上:帝国主义列强对中国的侵略加剧,先后发动了甲午中日战争、八国联军侵华战争,并掀起瓜分中国狂潮。 (2)政治上:中国完全沦为半殖民地半封建社会。 (3)经济上:中国民族资本主义发展。 (4)思想上:由向西方学习技术转为学习治制度,中国救亡图存运动高涨,掀起了维新变法、义和团运动和辛亥革命
相同点	(1)都受到本国政府的重视。 (2)都引起社会关系的巨变。工业革命导致两大对立阶级—工业资产阶级和无产阶级(1)都受到本国政府的重视的出现;第二次工业革命导致垄断资本主义的形成,国家机构开始和垄断组织结合。 (3)都对世界格局产生巨大影响。 (4)从经济上看,都加速了资本主义世界经济的发展。 (5)都在推动社会进步的同时也带来了一系列社会问题,如环境污染、人口问题等	

【设计意图】对比探究是历史学习的重要方法之一。通过两次工业革命的对比,使这一内容更加简单、清晰,有助于学生的学习,锻炼学生总结和归纳的能力。

(三)课堂小结

教师小结:伴随着资本主义对封建制度取得的胜利和经济的发展以及科学理论的突破19世纪下半叶到20世纪初一场新的工业革命狂飙席卷世界,电力的广泛使用,改善了人们的生产生活条件;汽车和飞机的问世,提高了社会生产能力,扩大了人们的活动范围……所有这一切都说明了科学技术推动了社会的进步。

(四)课堂练习

1.19世纪下半期,西方主要资本主义国家又开始了一场新的技术革命,这次

革命是(B)

A.以蒸汽为核心的革命　　　　　　B.以电力为核心的革命

C.以核能为核心的革命　　　　　　D.以内燃机为核心的革命

2.第二次工业革命的突出特点(A)

A.科学技术的发展同工业生产紧密结合　B.生产和资本日益集中

C.世界经济、政治和文化联系的加强　　D.与第一次工业革命交叉进行

3.有这样一段广告词："一个苹果让牛顿吸引了世界,一壶沸水让瓦特转动了世界,一个元素让爱迪生点燃了世界……"。"爱迪生点燃了世界"是指(C)

A.发现万有引力定律　　　　　　　B.发明内燃机

C.研制成功耐用碳丝灯泡　　　　　D.改良蒸汽机

4.世界上第一辆使用汽油发动机的汽车的发明者是(B)

A.莱特兄弟　　　B.卡尔·本茨　　　C.福特　　　D.爱迪生

5.某历史学家认为"19世纪80年代,世界交通领域里的一场革命源于一种新动力的发明"。这里所说的"一种新动力的发明"是指(D)

A.蒸汽机的发明和使用　　　　　　B.电动机的发明和使用

C.发电机的发明和使用　　　　　　D.内燃机的发明和使用

七、板书设计

第 5 课　第二次工业革命

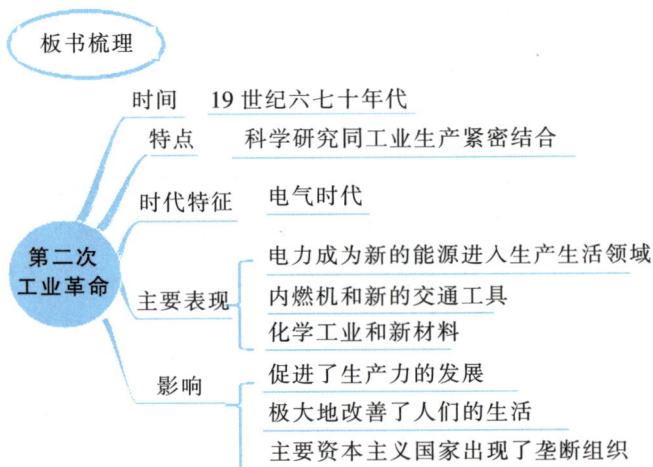

板书梳理

- 时间　19世纪六七十年代
- 特点　科学研究同工业生产紧密结合
- 时代特征　电气时代

第二次工业革命

- 主要表现
  - 电力成为新的能源进入生产生活领域
  - 内燃机和新的交通工具
  - 化学工业和新材料
- 影响
  - 促进了生产力的发展
  - 极大地改善了人们的生活
  - 主要资本主义国家出现了垄断组织

八、教学反思

这堂课总体来说重点突出、紧抓教材,但是学生的参与度不够,课堂气氛略显沉闷。总之,作为历史教师我们应积极投身于教育教学实践中,不断地去尝试去探索,才会有所收益,从而增强历史课的魅力。

九、专家点评

关于第二次工业革命的内容,学生在上册已经学过第一次工业革命,对发明人物及重大发明和事件起因、影响的基础有所了解。课前,教师要求学生充分预习,细读课文,完成学案配套练习,编写教材提纲,掌握知识体系,总之,学生有了一定的知识储备。

依据课标要求,"通过电的利用,内燃机与飞机、汽车的诞生等史实,了解第二次工业革命",教师通过史料实证,让学生能归纳出第二次工业革命的成就,认识到科学技术的进步与生产力发展的关系。通过读图思析,说出近代科学家、文学巨匠等个人的成就,体会他们刻苦钻研的品质。随后对比分析:两次工业革命的异同比较。教师以列举表格的形式,让学生对所涉及到的两次工业革命内容进行知识上的总结,明白科学技术是第一生产力。

实践 5

初中历史"深度学习之红色主题"教学探究

天津市第二南开学校　刘文

一、课题提出背景

　　以红色主题历史教育为着力点，加强社会主义核心价值观的影响力和后续力；从中国梦角度，红色主题教学与中国梦具有辩证统一的内在逻辑关系，这体现在中国梦使红色历史文化蓬勃发展，红色历史文化的发展也为实现中国梦提供精神支撑。本课题旨在通过红色主题教学系统研读学习马克思主义经典著作，贯彻落实习近平总书记系列重要讲话精神，引导学生把远大理想和现实追求有机结合起来，不断加强对党史和国史的学习，避免学生陷入历史虚无主义的泥潭。传承红色经典，让孩子们铭记党的苦难辉煌历程，感悟老一辈无产阶级革命家的高尚情怀和魅力风范。

二、理论依据

（1）布卢姆的目标教学论：有效的教学始于准确地知道希望达到的目标是什么。

（2）维果茨基的最近发展区理论：学生的发展存在两个不同的区域：现有发展区和最近发展区。在最近发展区内的教学，是促进学生发展的最佳教学。

（3）诱思导学理论：思维和探究是获取知识和能力的主渠道，思维永远从问题开始，认知冲突是思维的起爆点。

（4）学案导学理论：以学案为载体，"先学后教，问题教学，导学导练"，让学生直接参与、亲身体验和感悟知识的形成过程，探索发现问题、解决问题、形成结论、创新知识的程序和方式、方法。

（5）系统论：系统论认为，整体性是系统论最基本的属性。为了掌握系统的整体属性，系统的研究方法采取综合—分析—综合的研究方式。

（6）沙塔洛夫的"纲要信号图表法"：沙塔洛夫的"纲要信号图表法"，为我们提供了构建知识整体，揭示单元知识内在联系的理论根据和技术手段。

（7）布卢纳的结构教学理论：布卢纳认为"获得的知识如果没有完整的结构把它联在一起，那是一种多半会遗忘的知识。一连串不连贯的知识在记忆中仅有短的可怜的寿命。"单元复习课全力提倡结构、讲过程，提倡"发现法"，调动学生的认知积极性。

（8）控制论：控制是系统获得信息、处理信息，并利用信息来调节自己行为以实现系统所追求的目的的过程。单元（或章）检测后的反馈控制，对于实现单元（或章）达标具有决定性的意义。

三、选题意义及研究价值

青少年时期是人生观、价值观、世界观形成的关键阶段，是人生的重要"拔节

孕穗期"。持续深化历史课改革创新,切实增强思想性、理论性和亲和力、针对性,解决好培养什么人、怎样培养人、为谁培养人这个根本问题。增强中学生对中国特色社会主义道路自信、理论自信、制度自信和文化自信。

然而,初中历史教学长期以来形成机械训练的应试教学,即仅仅对知识做表层处理,知识理解缺乏必要的广度和深度。没有新知识的背景教学、逻辑教学和经验教学,最终必然导致学生对新知识的理解断层。而当下中学历史课堂教学又大多像压缩饼干,去知识背景、去证据教学、去思维过程的教学,热衷于课堂教学形式上的改变,只会将课堂导向表层学习的泥潭,课堂没有文化包容性和文化敏感度,最终贻误的是学生的学科核心素养和关键能力的发展。而天津历史科目全分纳入天津中考,对于初中历史教学的内涵提出了更高的要求。

而深度学习是当前学科核心素养发展的基本路径。本课题以深度学习为背景研讨红色主题教学的有效途径,旨在培育更为"聚焦"、更为"整合"的课堂和更有"内涵"的、更有"活性"的课堂。有利于对教师实施触及学生的心灵深处,深入学科本质,让学生从知识获得到实践全过程参与的新型课堂的探索。

四、国内研究概况

我国的"深度学习"教学改进项目对深度学习的理解更为全面、更有实践性。深度学习是指在教师指导下,学生围绕具有挑战性的学习主题,通过积极地探究实践,深刻地掌握学科核心知识,并运用该知识解决实际问题。针对挑战性红色主题教学研究更是层见迭出,门类众多。但是如果将这些研究成果进行时间和主题性的总结时,就会发现历史上的红色主题研究具有鲜明的时代主旋律特点,主题也具有明显的类聚效应。

(1)侧重于"革命性"的红色主题教学研究(中华人民共和国成立前)。

(2)侧重于"阶级性"的红色主题教学研究(改革开放前 1949—1978 年)。

(3)红色文主题教学的"历史经验和精神"研究(1980—2000 年)。

(4)红色主题教学的"艺术性"的研究(2000—2005 年)。

(5)红色主题的"文化性""经济性""政治性"的研究(2005年至今)。

从现状来看,当前对红色主题教育的研究多集中于社会教育层面,对中学历史相关主题的研究尚显不足。本研究旨在以红色主题历史教育为着力点,加强社会主义核心价值观的影响力和后续力;从中国梦角度,红色主题教学与中国梦具有辩证统一的内在逻辑关系。相信伴随中国梦使红色历史文化蓬勃发展,中学有效落实红色历史文化教育也将为实现中国梦提供精神支撑。

五、预期创新点

研究资料上:比同类课题研究的资料范围广、深、新。此刻不仅仅要研究课堂教学的一般规律,更要研究全面实施素质教育下课堂教学改革的新动向、新精神、新经验以及新问题,从而考量课堂教学实效性的提升问题。那里涉及到了课堂教学改革的理念和在大小课堂教学中的实施,以及从教学资料到教学方式、学习方式、检测评价方式的全过程的相关问题。既要思考到素质教育与课堂教学的关系,又要注意到两者最终的实效性的问题。

研究思路方法上,本研究采用实证归纳的方法和行动研究的方法,自下而上、从操作层面筛选、验证课堂教学过程中的方法、策略、模式等。区别与以往对课堂教学实践的研究采用主观思辨和逻辑推论的方法,自上而下地探讨课堂教学的方法、策略、模式的宏观结构。本研究将对超多的典型的课堂教学进行客观量化的观察分析,突破以往凭主观印象评价课堂教学的评课模式,从而提高评价课堂教学实践的有效性。在对课堂教学实践进行深入分析的过程中,还将探究课堂教学时间的分配,师生的言语行为,人际关系,学生的有效学习时间等与实效性的问题,这将有助于揭示课堂教学的本质,促进课堂教学质量与效益的提高。

此外,从中学一线教师的特点出发,本课题的研究以实践应用主要特征,能够边研究边实践边推广。

六、攻坚目标

深度的学，源于深度的教，未来的教育必然走向深度教育。想让学生深度地学，必须有老师深度地教。以初中历史课堂教学为阵地，立足于教材，深抓三个维度：即获取高质量知识；深度缝合新知识；输出成果去教授。充分挖掘和利用红色主题教学，通过红色主题教学推动学生深度学习的教学模式；通过红色主题教学的推广带引学生深度思考的教学策略；通过红色主题教学最终培养学生学科素养的教学实践。即以一个红色主题切入教材，把相关的历史知识重新整合，构建一个新的知识专题，达到巩固知识，提高学生思维能力，以期推进学生的深度学习党史国史，铭记初心之源；坚定理想信念，筑牢信仰之基；厚植爱国情怀，笃行报国之志，进一步为历史学科核心素养的习得奠定基础。

七、课题研究的主要内容

要教会学生坚持运用唯物史观准确认识和把握历史，引导学生学会历史思维，通过利用红色主题课堂学习党史、国史，让学生在丰富的史料中真切体会和亲身感悟到中国共产党为什么"能"、马克思主义为什么"行"、中国特色社会主义为什么"好"等重大问题的精神密码之所在，更好地理解中国共产党人"为中国人民谋幸福，为中华民族谋复兴"的初心和使命，从而在实现中华民族伟大复兴的新征程中，不断增强守初心、担使命的思想自觉和行动自觉，勇做走在时代前列的奋进者、开拓者和奉献者。

八、研究方法、思路、技术路线和实施步骤

(一)研究方法

本课题主要采用文献资料研究法、教学实验法、经验总结法和教学案例示范法等研究方法。

1.文献资料研究法,研究国内外有关历史学科素养的文件和文献。

2.教学实验法:利用教学实验来探究有助于学科素养习得的教学策略、教学模式,推动学生的深度学习。

3.教学案例示范法,在各子课题实验过程中,教学研究者整理经典教学案例,在示范交流互相借鉴。

4.经验总结法:利用经验总结来建构推进学生深度学习、助力学科素养习得的教学模式或策略。

(二)研究思路

1.立足教材,挖掘红色主题,有效渗透红色文化教育。

2.运用多媒体,呈现红色资源,实现历史场景再现。

3.实践体验,整合红色资源,开展多样化教学活动。

红色主题教学资源是指中国在革命战争年代和社会主义现代化建设时期形成的革命历史、革命文化、革命事迹和革命精神的总和,它集思想性、文化性和现实性等特点于一体,有着深厚的文化素养蕴涵和丰富的教育意蕴。在历史教学中巧妙地借助红色主题资源深度教学,有助于深化和充实教学内容,革新教育方式,提高教学实效,学生不断从中获得教益,受到启迪,增加正能量。

要教会学生坚持运用唯物史观准确认识和把握历史,引导学生学会历史思维,培养历史眼光,增强历史担当,学会全面、客观、历史、辩证地看待历史人物。通过利用红色主题课堂学习党史、国史,让学生在丰富的史料中真切体会和亲身感悟到中国共产党为什么"能"、马克思主义为什么"行"、中国特色社会主义为什么"好"等重大问题的精神密码之所在,更好地理解中国共产党人"为中国人民谋幸

福,为中华民族谋复兴"的初心和使命,从而在实现中华民族伟大复兴的新征程中,不断增强守初心、担使命的思想自觉和行动自觉,勇做走在时代前列的奋进者、开拓者和奉献者。

(三)技术路线和实施步骤

1.调整课本顺序的内容整合,突出重点的问题整合,释疑解惑的知识整合,对教材各方面的整合实现了"跳出课本看课本",让教学设计更加新颖、课堂教学更加系统化。

2.精心打造"问题链",突出问题导向,增强教学的理论逻辑性和现实针对性。

主题教学团队教师通过仔细研究教材,根据教学目的和目标,把教材中的重点和难点转化成一系列的问题;教师在课堂教学中向学生征集问题,学生从生活实践出发,结合课程学习,提出感兴趣或有疑惑的问题,教师对这些问题进行选择和分门别类的梳理;通过研究教材所提出的问题对接,整合形成围绕教学主题的内容相关、层次分明、逻辑递进的问题链条。有利于学生创新精神的培养和学科素养的提升。

为切实提升红色主题教学改革成效,我们精心设计和搭建了"主课堂+拓展课堂"的立体化教学改革体系。主课堂教学改革主要围绕"教学内容的深度研究"和"教学方法的创新改革"两方面展开;拓展课堂主要在实践教学、网络阵地和人文通识课堂三个领域展开。围绕实践教学,我们不断完善和创新"行走的课堂"实践教学模式,结合教师特点打造红色主题教学的特色课堂,让同课异构教学成为常态。围绕网络阵地,我们一是积极推动"马克思主义在中国"课程视频公开课的录制,二是录制完成教学辅助片,三是积极推动"成长氧吧"等网络平台建设;围绕人文通识课堂,.推进红色主题教学的课堂实验,打造多样态的魅力课堂。

(四)主要解决的问题

1.通过红色主题教学推动学生深度学习的教学模式。

2.通过红色主题教学的推广带引学生深度思考的教学策略。

3.通过红色主题教学最终培养学生学科素养的教学实践。要教会学生坚持运用唯物史观准确认识和把握历史,引导学生学会历史思维,通过利用红色主题课堂学习党史、国史,让学生在丰富的史料中真切体会和亲身感悟到中国共产党为什么"能"、马克思主义为什么"行"、中国特色社会主义为什么"好"等重大问题的精神密码之所在。

典型课例及点评:部编九年级上册第七单元

第21课 马克思主义的诞生和国际共产主义运动的兴起

天津市第二南开学校 刘文

一、教学目标

1.知道马克思主义诞生的时间、标志及影响,使学生能用史实说出马克思、恩格斯的革命活动,了解马克思主义诞生对国际工人运动的影响。

2.简述《共产党宣言》的主要内容,使学生认识马克思主义产生的重大意义。

3.了解巴黎公社革命的主要史实,使学生认识其在建立无产阶级政权上的经验教训。培养学生历史分析归纳概括能力和探究问题的能力。

4.使学生学习马克思、恩格斯的革命精神,培养学生爱国情操,坚定共产主义的理想信念。

二、学情分析

九年级学生对于马克思主义相关史事可谓既熟悉又陌生,熟悉在于学生对马克思、恩格斯、社会主义、共产主义等人名和专有名词耳熟能详;陌生在于大多数学生没有深入了解过马克思主义诞生的社会背景、理论内容、历史影响等。

三、教学重难点

(一)教学重点:《共产党宣言》的内容、意义

充分利用教材提供的材料,引用《共产党宣言》原文,概况了马克思主义诞生的标志——《共产党宣言》的主要内容。

老师引领学生仔细阅读,划出重点语句,通过详读,找出规律、现状、方法,使学生了解到资产阶级、无产阶级、阶级斗争、共产主义社会、共产党、无产阶级革命等理论概念,加深对马克思主义的理解,同时知晓工人阶级斗争亟需的科学理论已经诞生,并将指导斗争的进一步发展。

(二)教学难点:马克思主义的诞生对工人运动的影响

通过必要的材料补充,使学生明白《共产党宣言》问世的理论和现实意义。拉近历史与现实的距离,聚焦马克思主义的世界意义,升华对新时代中国特色社会主义思想的认同。培养学生史论结合、论从史出的能力。

四、教学准备

1.电脑、投影仪。

2.相关的文字、图片资料。

3.相关的音像制品及设备。

五、教学过程

导入新课:

教师:各位同学大家好,欢迎来到二南开历史课堂。今天我们学习的主题是部编九年级历史上册第七单元第21课《马克思主义的诞生和国际共产主义运动的兴起》。

本课既是本单元最后一课,也是本册书最后一课。在世界近代史中具有承上启下的作用,上承欧美资本主义制度的确立,下启下册书第二次工业革命、资本主义世界体系最终确立。同时,本课所述的马克思主义指导下的国际共产主义运动对世界近现代历史的影响也极为深远。

【设计意图】学生开门见山明了本节课在本册书和整个世界近代史中的地位。

教师:出示马克思诞辰200周年中国赠送的马克思雕像。

2018年5月5日马克思诞辰200周年的日子在马克思的故乡——德国的特里尔市,收到一份来自中国特殊的纪念礼物:一座中国赠送的行进姿态的马克思雕像。该雕像总高5.5米,与马克思的生日相契合,额头高耸、目光深邃,他是一位聪慧的智者,手中拿着书,他是一位博学学者,大衣迎风飘动,从容地向前走着,他是一位筚路蓝缕的行者。

马克思是谁? 这个人对人类做了什么贡献? 他对我们今天的生活有什么意义? 我们为什么要永远纪念他?

【设计意图】教师环环相扣提出三个问题,这三个问题具有层层递进的逻辑关系,让学生带着问题学习,把教师讲授变成学生在课堂上解谜,增强学生的探究兴趣。拉近历史与现实的距离,引生入胜创设情境。

讲授新课:

(一)目标导学一:马克思、恩格斯其人其事

教师:1.搜集整理,归纳总结材料能力是我们历史能力提高的重要一环,请同学们自主学习,阅读教材图文资料,概述马克思与恩格斯的主要革命活动。并把活动列在时间轴上。

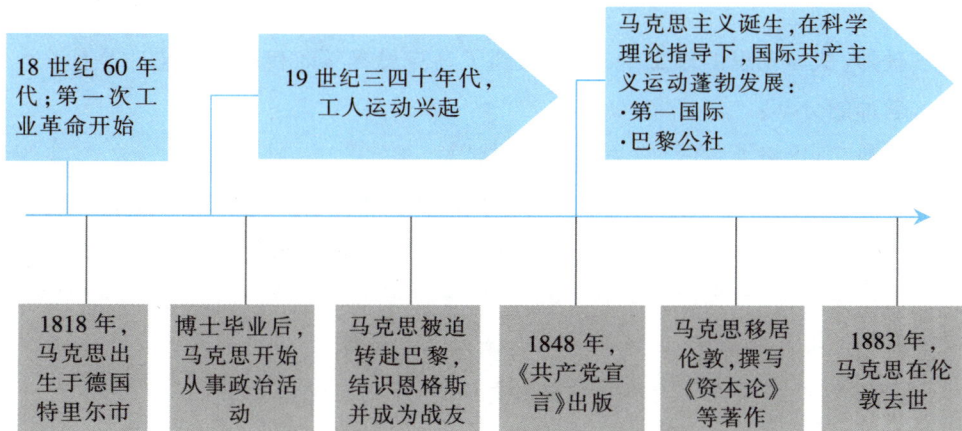

【设计意图】依据时间把事情排序,时间空间不再是障碍,提高同学们时空理解能力,是我们历史学习的法宝。马克思、恩格斯的生平与国际共产主义运动发展的过程列在同一条时间轴上。这样能让我们了解到马克思、恩格斯的个人经历、革命理论探索、革命实践是与时代大背景想呼应的。这个时间轴入手,明白马克思主义不是凭空臆想出来的,它是特定时代背景的产物,其诞生有必然性,它的理论内容顺应了时代发展的需要,又促进了之后国际共产主义运动的发展。马克思主义的产生也不是一蹴而就的,它是马克思、恩格斯等革命家经过多年探索的产物,需要在实践中不断完善自己。

教师:2.自主学习:讲一讲-你对马克思恩格斯印象最深刻的一件事情与全班同学共享。

同学的分享:

材料一:17岁的马克思

如果一个人只为自己劳动,他也许能够成为著名的学者、大哲人、卓越诗人,然而他永远不能成为完美无疵的伟大人物。如果我们选择了最能为人类福利而劳动的职业,那么,重担就不能把我们压倒,因为这是为大家而献身;那时我们所感到的就不是可怜的、有限的、自私的乐趣,我们的幸福将属于千百万人,我们的事业将默默地、但是永恒发挥作用地存在下去,面对我们的骨灰,高尚的人们将洒下热泪。

——马克思《青年在选择职业时的考虑》

教师:从马克思的作文中,你们看到了马克思青年时代的人生志向是什么?

老师的分享:

材料二:恩格斯《在马克思墓前的讲话》

相比于死后的殊荣,马克思可谓生前落魄,尽管有亲密战友恩格斯资助和稿酬,马克思的小家庭入不敷出,颠沛流离,成为无国籍人士,爱子、爱女,妻子皆因贫困先他而去,做为有钱的犹太律师的儿子,普鲁士贵族女婿,柏林大学博士,走上窘况并非先天条件的缘故,而是他主动选择为众人报薪,为自由开路的人生道路。他本人充分自觉,长期在大英博物馆里过着书斋生活,自觉指导社会主义运动。

——恩格斯《在马克思墓前的讲话》

教师:从马克思的苦难经历中,你们看到了马克思不改初心是什么?

结论:初心是为众人报薪,为自由开路,为人类而工作。

教师:恩格斯也是如此,有趣的灵魂总会相遇,相差17岁两个人因为人类而工作的志向而成为终身挚友,这叫志趣相投,最亲密的朋友,最信任的战友,结成了最牢不可破的令人羡慕称颂的革命友谊。他们一起讨论各种理论和工人运动,是思想和事业上志同道合的战友;恩格斯对马克思无偿的经济资助;他们经常深入到工人群体中去,了解工人的疾苦和需求。

[设计意图]师生共享材料,培养同学们语言表达能力和共享能力、共情能力。

(二)目标导学二:马克思主义诞生

1.马克思主义诞生背景

教师:任何一个理论都有他诞生的时代背景,马克思主义也不例外。

第一次工业革命完成以后,资本主义发展走向成熟并且充分暴露矛盾的时代,资本主义制度弊端进一步释放,我们以革命家的视角带走进历史情境,融入其中。

材料三:19世纪初期的工作条件:

在棉纺工厂,每天工作14小时,平均温度为82℃。厂房卫生通风条件极差,车轮转动的声音震耳欲聋,低矮、拥挤、点着煤气灯的车间,充斥着令人厌恶的煤气毒臭,还有尘埃及棉飞毛等东西,人们吸进去导致严重的肺结核。这种工厂被称为"人间地狱"。住房条件更差,又污秽又缺少家具。他们睡觉的地方常常是用麻袋、一堆棉屑或一捆麦秸铺成的。1844年,一位曼彻斯特的工人家庭主妇说:除了土豆,他们从来没有尝过其他蔬菜。

——吴于廑 齐世荣《世界史·近代史编》

【设计意图】深刻认识到资本主义制度的弊端。工人每天工作需要14小时,还有甚至18小时、20小时,一天也不过24小时,野蛮用工,工人没有基本福利,工人地位低下,这一问题充分暴露,马克思、恩格斯就生活在那个时代,对资本主义弊端有了充分的了解。令人发指童工的悲惨遭遇使同学们直观地感受到第一个工业革命后工人们的劳动与生活境遇恶劣。培养培养学生搜集整理,归纳总结材料能力,训练史论结合、论从史出的能力。

教师:列举19世纪三四十年代欧洲工人运动,分析失败原因。

哪里有压迫哪里就有反抗,19世纪三四十年代,工人运动在欧洲蓬勃兴起,19世纪三四十年代,法国里昂工人起义,德意志(德国还没有统一,还没有进入第二帝国时代)西里西亚纺织工人起义,前后20年的宪章运动,工人提出缩短工时,还没敢8小时工作日,提出10小时,12小时,工人有休息的权利,有投票选举的权利,你资产阶级革命提出天赋人权,人人平等吗,现在翻脸不认人,资产阶级得了权利就不给工人权利,但最后的结果是–对,都失败了。从工人运动角度出发,迫切需要理论指导,从理论发展角度也需要解释这些现象。社会主义思潮不是19世纪马克思突发奇想产生的,欧洲工人运动需要革命理论指导,理论需要巨人诞生。

【设计意图】使学生认识到工人运动理论指导的迫切性。师生共享材料,培养培养学生搜集整理,归纳总结材料能力。训练史论结合、论从史出的能力。

2.《共产党宣言》的发表

教师:这一内容是本课学习的重点

(1)指导学生充分利用教材提供的材料,引用《共产党宣言》原文,概述马克思主义诞生的标志——《共产党宣言》的主要内容。

资产阶级在它的不到一百年的阶级统治中所创造的生产力,比过去一切世代创造的全部生产力还要多,还要大。

全世界无产者,联合起来!号召工人阶级组织起来,建立无产阶级自己的政党,即共产党,用暴力推翻资产阶级统治,进行无产阶级革命。资本主义社会必将被没有剥削和压迫的共产主义社会所取代。

让统治阶级在共产主义者面前发抖吧。无产者在这个革命中失去的只是锁链。他们获得的将是整个世界。

——《共产党宣言》

(2)教师:引领学生仔细阅读课本,划出重点语句,通过详读,找出规律、现状、方法。

规律:资本主义社会必将被共产主义社会取代。

现状:资产阶级在历史上起到非常革命的作用,工人阶级创造巨大财富,但他们相对日益贫困。

方法:号召工人阶级用暴力推翻资产阶级统治,进行无产阶级革命。

(3)教师:通过课外材料补充,使学生明白《共产党宣言》问世的理论和现实意义。

提问:对中国革命的影响

(1)马克思主义是什么时候传入中国的?(新文化运动时期)

(2)马克思主义诞生后对世界历史发展有着重要的影响,你能举出一些例子吗?(巴黎公社出现、俄国十月革命、中国走上社会主义道路)

【设计意图】用《共产党宣言》原文,概况了马克思主义诞生的标志——《共产党宣言》的主要内容,同学们仔细阅读,划出重点语句,通过详读,找出规律、现状、方法,同学们可以了解到资产阶级、无产阶级、阶级斗争、共产主义社会、共产党、无产阶级革命等理论概念,加深对马克思主义的理解,同时知晓工人阶级斗争亟需的科学理论已经诞生,并将指导斗争的进一步发展。

最后,通过材料训练明白《共产党宣言》问世的理论和现实意义。拉近历史与现实的距离,聚焦马克思主义的世界意义,升华对新时代中国特色社会主义思想的认同。培养学生史论结合、论从史出的能力。

(三)目标导学三:自主学习 第一国际和巴黎公社

(是本课的重点,也是难点。)

教师:

1.教师讲授引导学生思考:应注意握第一国际是马克思主义指导下成立的第一个国际性工人组织,作为一个整体力量与资产阶级进行斗争,明确从实际出发进行经济斗争的目标,为日后的政治斗争奠定了基础。

2.同唱《国际歌》。感同身受并理解《国际歌》是全世界无产阶级的战歌。

3.提供历史阅读材料,帮助学生分析马克思在《法兰西内战》等著作中对巴黎公社的反思。分析巴黎公社失败的原因。

同学们应注意把握第一国际是马克思主义指导下成立的第一个国际性工人组织,作为一个整体力量与资产阶级进行斗争,明确从实际出发进行经济斗争的目标,为日后的政治斗争奠定了基础。

1870年,法国在普法战争中失败,社会矛盾激化。巴黎公社的实践得到了第一国际的支持,建立了世界上第一个无产阶级政权,留下了传唱至今的《国际歌》。这首气壮山河的《国际歌》是一座以巴黎无产阶级鲜血谱写成的纪念碑。一个世纪以来,它以气势磅礴、雄伟庄严的旋律,把无产阶级革命真理传遍全球,成了全世界无产阶级的战歌。

【设计意图】屏显材料,培养培养学生搜集整理,归纳总结材料能力。

1.培养学生分析问题能力,训练史论结合、论从史出的能力。

2.音响的震撼性撞击学生的心灵,更深刻理解马克思主义奏响无产阶级的战歌。

阅读教材:马克思在《法兰西内战》等著作中对巴黎公社的反思。分析巴黎公社失败的原因。

教师:敌人力量强大,世界资本主义正处于上升时期,大的政治环境不允许巴黎公社的无产阶级政权存在下去。内部出了奸细,无产阶级自身尚未完全成熟,虽能建立政权,却还缺乏巩固政权的经验。

马克思主义理论诞生后,即被投入指导国际共产主义运动中,同时马克思、恩格斯等革命家还注重从革命实践中汲取经验与教训,不断完善、丰富马克思主义的理论内涵,用以指导新的革命活动。

1883年,卡尔·马克思在伦敦逝世,他的墓碑上刻着"哲学家们只是用不同的方式解释世界,而问题在于改变世界。"

马克思提供的不是现成的教条,而是进一步研究的出发点和供这种研究使用的方法。马克思主义是不断发展的开放的理论,始终站在时代前沿。

课堂小结

工业革命后的社会状况 —促使→ 欧洲工人的觉醒 —代表→ 英国宪章运动等

欧洲工人的觉醒 —斗争→ 科学社会主义理论创立 —— 马克思 / 恩格斯

科学社会主义理论创立 ⇓ 马克思主义诞生 —标志→《共产党宣言》的发表

马克思主义诞生 ⇓ 马克思主义实践 —— 成立第一国际(1864年) / 建立巴黎公社(1871年)

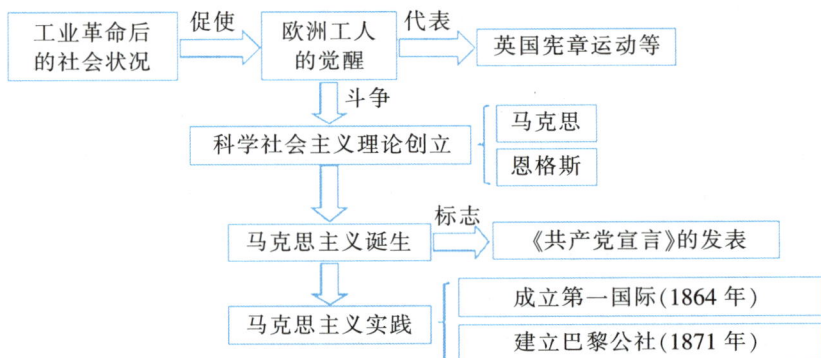

教师:马克思一生倾力于人类解放事业的不懈奋斗,革命之路上既需要理论研究、探索,也需要实践、团结和战斗。

通过本节课学习,围绕大多数同学心中的困扰:学习为了什么? 是不是有了答案。

相信同学们会同马克思一样,成为为人类解放而奋斗终生智者、学者和行者!

[设计意图]教师与学生一起归纳总结,落实笔记;共同探究,情感升华

六、板书提纲

(一)马克思与恩格斯

1.政治活动。

2.马克思主义理论。

(二)《共产党宣言》

1.共产党宣言的发表。

2.内容。

3.意义。

(三)第一国际

1.第一国际。

2.巴黎公社。

七、教学反思

在本课教学中,本节课做得比较成功的地方是:

1.对教材灵活处理。缩小课堂容量,集中时间去解决重难点,更加突出该节课的学习目标。

2.教学方法有效。本节课主要采用问题探究式的教学方法,设置两个探究性的问题,以突出学生的主体地位。

3.强调"论从史出,史论结合"。列出材料,让学生根据材料找出结论。这样就很好地培养学生分析材料、解决问题的能力。

4.注重历史与现实的联系,培养学生的人文素养。

5.讲练结合,及时反馈。锻炼学生的表达能力。激发学生的主动性和参与性。学生都能积极投入到学习探究之中,在合作与分享中获得了知识,升华了情感。

本节课的不足之处:

1.面向全体学生,尤其学困生不足。

2.调动学生对理论学习的热情不足?

八、专家点评

此次学区公开课展示,为了更加突出历史学科思政主题,在做课的九年级采用了思政主题式授课方式。做课主题为:《马克思主义的诞生和国际共产主义运动的兴起》。

习近平总书记指出:"宣传思想工作创新,重点要抓好理论创新,手段创新。"因此我区历史老师在教学中要勇于打破陈规观念束缚和传统思维定式,马克思主

义理论和思想政治教育必须面向现实,增强学生的困惑,增强学生的理论认同、政治认同,情感认同。

这节课成功将马克思主义科学原理遵循学生心理成长规律,从学生思想实际和关注问题入手,以活生生的实例和具体详实的数据去分析、探讨、阐述,让学生从学习中发现马克思主义不是高大上的,而是具体、鲜活的,从而把马克思主义基本原理内化,使学生充分了解到了中国共产党领导下的民主革命和社会主义建设,是马克思主义科学理论与中国国情相结合,不断与时俱进、自我发展完善。进一步增强了学生和与会历史教师的中国特色社会主义道路自信、理论自信、制度自信和文化自信,效果很好。

(点评专家:天津市和平区教研员　管靖)

红色主题是历史学科的优势,更是学科思政的核心内容之一。选题聚焦学科立德树人,体现学科特点和优势,前期研究工作比较有效,能够按照计划推进。后期该课题研究要进一步加强行动研究,注意与教学实际工作的有机结合,注意发挥团队协作优势,注意学生深度学习的有效体验,注意相关资料的收集整理。同时要加强科研理论写学习,注意及时总结研究成果。

(点评专家:天津市海河中学书记 中学历史特级教师　卞永海)

典型课例与点评

初中8年级(下)第9课"改革开放"的教学设计

管靖(执笔)刘文(执教)罗金永(指导)

一、设计思路

本课内容是1978年以来40年中国改革开放走过的历程。我们使用的人教版教科书将这段历史分解为"家庭联产承包责任制""深圳等经济特区的建立""国有企业的改革"三个部分。假如从政策变化的角度切入学习,难免形成自上而下的视角,脱离学生的经验和生活。按照教科书平铺直叙,则平淡无味。这段历史距离现在很近,但是,八年级学生大多十四、五岁,出生于20世纪初,他们享受到改革开放的成果,对改革开放前的生活状况只是有所耳闻。这个年龄段的学生心理发展具有半成熟、半幼稚的过渡特点,对于鲜活生动的感性事物有兴趣、能积极主动地接受学习;思想也比较敏感,自尊心、独立意识明显增强,生活中和社会上的种种变化常常会引起他们的快速反映。因此,这节课首先应当让他们感知历史的变迁,对这种变迁发生兴趣,在此基础上提出适当的问题,激发他们的思考兴趣,然后再回到政策层面,认识改革开放的正确性。

本课教学设计立足于由近及远的原则,从学生身边的历史出发,视野从身边扩展到全方位。这样,对教科书的内容就要进行大胆取舍,首先要精选鲜活、易懂并贴近学生生活的图文信息,增强学生的感性体验,然后教师再提出问题,引导学生思考,让学生自己去领会改革开放带来的社会生机,领悟中国经济发展的大战略。在充分了解历史事实的基础上,最后解决理论与概念问题。

鉴于本课只有1课时的教学时间,考虑到此前的学习内容及其与下节课"建设有中国特色的社会主义"的链接关系,我们将本课的思维主线:比较改革开放前的社会主义与改革开放后有中国特色的社会主义,渗透在基本史实之中,从而引导学生认识什么是中国特色的社会主义、怎样建设社会主义的基本问题。

二、相关说明

本课设计源于天津市教研室举行的历史学科课堂教学专场活动。在市教学研究室戴羽明和罗金永两位老师的直接指导下,刘文老师搜集了大量资料,先后在她自己的学校和市重点天津一中进行了示范教学。《历史教学》杂志主编任世江老师两次听课,对该课教学提出了具体建议。在此基础上,由和平区教研员管靖老师执笔,重新修改定稿。至于采用这个文本可以达到什么水平的教学目标,还要考虑教师的素质和学生的认知水平。

三、教学过程实录

导入:用幻灯展示天津第一中学的旧照片(见图1)。

图1　一中往昔画面

教师:人物背后是一中原来的大门,可惜我们找不到一中全貌的老照片。

图2　今日一中新景

师:同学们,认识图2这组照片吗?是你们现在的学习环境。

意图:学校是学生最熟悉的生活环境之一。通过学校今昔对比,让学生感受自己的身边的变化,拉近历史与学生生活的距离。

接着打出:天津市中心海河一带今昔对比的照片(图3、图4)。

 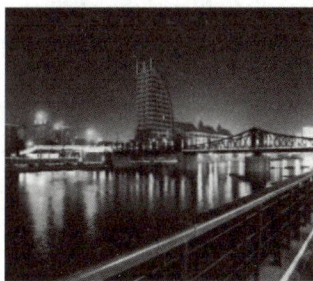

图3　海河旧貌　　　　　　　　　　　　　图4　海河新景

意图:从学校扩大到城市,让学生直观对比家乡的巨大变化,逐步开阔视野。

教师:(出示一张皮尔·卡丹在北京的照片)这张照片的核心人物叫皮尔·卡丹。你看,30年前他走在北京街头上,留下了这幅场景。一是围观的人多,为什么呀?二是我们穿的服装和鞋与他的差别是不是很明显啊?今天一个外国人走在大街上还会出现这样的场面吗?

意图:通过这张照片让学生感受改革开放初期的情景。因为很少见到外国人,才会有围观、尾随的情景。那时,人们的服装、款式和色彩基本都是一样的,现在我们的物质生活很丰盈,外国人见多了,不足为奇。利用图片,加上简单的解说,使学生感受刚刚对外开放时的中国,进一步扩大学生的视野。

教师:(出示票证时代的粮票、布票等票证,以及当时人们抢购鸡蛋的照片)图中的抢购场景是那个年代人们常见的抢购鸡蛋的画面,当年每户每月只供应1斤半鸡蛋,有多少个呢?大的8个,小的9个。现在,你早点要吃煎饼果子一般是放几个鸡蛋?票证的照片反映了什么?注意每张照片上的单位数量,你想到了什么?

意图:票证中,布票的单位到"三厘米",食油票、粮票的单位从"半两""一两"到"贰市两",引导学生细致观察,结合抢购场景,将衣食极度匮乏的程度形象化。学生非常熟悉今天的超市景象。他们能够发现细节,在读图中得出结论。但是,仅

仅停留在照片上,学生只是知道了历史而已,历史学更要追寻为什么。

教师:(继续出示现在超市中的食品展柜与超市中的购物景象照片)从上述图片中,我们知道了 30 年来,我们的学校、城市、国家发生了巨大变化,我们的生活变得越来越富裕。但是,改革开放以前为什么物质如此短缺?那时我们不是也叫社会主义吗?为什么改革开放以后我们的经济发展这么快?这就是我们这节课要探讨的内容:改革开放。

意图:本课潜在的主题是改革不适应生产力的生产关系、改革不适应经济基础的上层建筑。在经济方面,改革就是改变斯大林模式的社会主义,走出一条有中国特色的社会主义道路。初中学生对社会主义这个名词并不陌生,但是他们还不明白什么是中国特色的社会主义、怎样建设社会主义。本节课的思维定位为下节课做充分的铺垫,也是完成本单元命题的教育要求。

(板书)对内改革。

教师:从刚才的图片中我们知道,1978 年前后,我国的粮食仍然短缺。俗话说"民以食为天"。现在我们已经不是吃饱的问题,而是要吃好、还要吃出健康。为什么以前连肚子都吃不饱呢?党的十一届三中全会已经确定了以经济建设为中心,百业待兴,那么,哪个行业最重要?首先要解决什么问题呢?

待学生回答后,展示材料 1。

材料 1 1978 年 12 月陈云在一次中央工作会议上说:"我们不能到处都紧张,要先把农民这一头安稳下来。农民有了粮食、棉花、副食品、油、糖和其他经济作物就都好解决了。摆稳这一头,就摆稳了大多数,七亿多人口就稳定了,天下就大定了。"

意图:实践证明,材料前的提问学生很容易想到农业问题。再用材料 1 来帮助学生加深理解农村改革先行的必要性。同时佐证学生分析和表达的正确性,从而激发学生持续学习的兴趣和热情。

(板书)农村改革。

教师:现在我国人口有多少?13 亿。全国人民温饱有问题吗?没有问题。那么材料中说当时农业人口有多少?7 亿多。据统计,是 7.9 亿人口,那时全国大约有 10 亿人口。当时农民吃饭有问题吗?有问题。很多农民吃饭都成问题,那又是一个怎样的情景呢?

教师:(出示旧日的乡村照片)这就是过去农村常见的景象。荒凉的院子,破旧的土坯房。再看看当时了解到的具体数字情况。

展示材料2。

材料2 1977年万里同志被中央任命为中共安徽省委第一书记。他了解到农业生产从20世纪60年代以来长期处于停滞和徘徊状态。当时的安徽省农民人均年收入大约只有50元,农村人均消费0.33元。他还了解到当时全国有2.5亿人吃不饱肚子,温饱问题严重。

教师:注意,当时一年的人均收入才50元啊。平均一个月收入4.16元,因此,农民人均消费3毛3分钱。那时的50元,相当于现在的500元。你们现在每人每月的零花钱是多少?可以想象,那时农民的生活多么拮据啊。粮食是农民生产出来的。农民自己的粮食也不够吃。那时的耕地面积比现在还要多呢,现在城市化、工业化和建设交通网络占用了很多农田。那个时候耕地多,但不能多生产粮食,为什么?

意图:要充分挖掘材料中的信息,结合学生的生活经验,此处虽然不必要求学生回答,但要调动学生的思维,让他们开动脑筋想。引导他们想象当时的历史局面。同时不断地运用比较的手法,带领他们去学会思考。

展示材料3。

材料3 头遍哨子不买账,二遍哨子伸头望,三遍哨子慢慢晃。

——人民公社时期流行于农村的顺口溜

意图:选择这个材料,一是易懂,二是从现象入手考虑问题,三是"顺口溜"往往反映民情。目的是学生直观认识农村贫穷的原因,感同身受,体会改革势在必行!

教师:请大家仔细品味材料。吹哨子干什么?对,召集人干活;哨子响后,农民为什么"不买账""伸头望""慢慢晃"?对,农民不愿意干活儿,没有生产积极性。这样的生产状况,怎么可能多打粮食?那么,农民为什么没有生产积极性呢?

意图:在两次教学实践中,学生都能够想到生产积极性,达到了运用材料的目的。对初中学生应当由浅入深,由表及里,由现象到本质,层层剥茧地帮助他们认识农村改革的关键点在于激发农民的生产积极性。改革则涉及政治体制。

教师:看本课第39页:"农村改革前,农村人民公社实行政社合一,在计划

经济下,统一经营,集中劳动,统一分配,吃大锅饭。农民缺少生产自主权,辛辛苦苦干一年活,到年终结算,收入不多,因此生产积极性不高。"什么叫"政社合一"?

意图:"政社合一"与国有企业"政企不分"是相同的问题,也是改革经济体制要解决的重点。这种体制在过去被认为是社会主义的。本课以此为思维线索,在比较中逐渐显现中国特色社会主义。这个问题学生如果回答不准确,教师可作通俗的解释:政社合一就是政府的行政权与生产的经营权合二为一,在这样的体制下,什么都是统一安排,所以农民生产积极性不高。

教师:还记得人民公社化运动是哪一年搞起来的吗?对,1958年。20多年了,吃饭问题都解决不了,想一想,这个顺口溜反映的实质问题是什么?

意图:农民的生产积极性是表面问题,人民公社是体制问题。人民公社打击了农民的生产积极性,束缚了生产力。要引导学生思考到这个层面。

教师:农民愿意饿肚子吗?不愿意。于是,他们按照自己的意愿偷偷地搞了另外一种办法,这种办法后来得到肯定,并被推广到全国。这就是——

家庭联产承包责任制(板书,同时出示"全国第一份分田到户协议书"图片)。

引导学生看图后,展示材料4。

材料4 "我们分田到户,每户户主签字盖章,如以后能干,每户保证完成每户的全年上交和公粮,不在(再)向国家伸手要钱要粮,如不成,我们干部作(坐)牢割头也干(甘)心,大家社员也保证我们的小孩养活到十八岁。"

——全国第一份分田到户协议书(节选)

教师:你们看,这份协议中居然有"坐牢割头也心甘",假如有人被杀头了,他的小孩大家要养活到18岁,好像很冒险。保证上交国家的公粮,自负盈亏,不再向国家伸手要钱要粮,这不是件好事吗?怎么搞得那么悲壮呢?这是为什么?

意图:要尽可能地让学生体验改革的阻力在于冲破原来的模式。我们曾经认为只有公有化才是社会主义。这个问题给学生讨论的时间,然后教师再作总结。

教师:此前我们学习过三大改造、人民公社化运动,那时我们认为只有公有化才是社会主义,分田到户是搞资本主义。社会主义要发展生产力,人民公社没有促进生产,反而搞得没饭吃。邓小平同志说:贫穷不是社会主义。要使农民脱贫致富,就必须冲破原来的社会主义模式。农民创造的家庭联产承包责任制是不是符合中国国情呢？我们再看一个顺口溜。

展示材料5。

材料5"大包干，大包干，直来直去不拐弯，保证国家的，留足集体的，剩下都是自己的。"

——十一届三中全会后流传于农村的顺口溜

教师：这个顺口溜反映了农民拥护包产到户的心声。农村改革的春风由安徽凤阳小岗村吹遍了全国，家庭联产承包责任制的全面实行，很快就解决了中国的温饱问题。人民公社时期北方的亩产量只有400斤左右，长江以南大约是800斤，现在华北地区亩产量接近2000斤已不足为奇。现在我国农业的高产不都是实行承包制结果，还有哪些因素？留下这个问题以后回答。

意图：教科书提供了凤阳县农业生产1980、1981、1982年连续三年增长的数字。这些数字是改革后的结果，不如用改革前后的数字进行比较。现在农业的高产还有科技的含量，第17课介绍袁隆平时再作回应。

教师：农民有了生产自主权，农业就上去了。农民由温饱开始追求富裕。农业的专业化、商品化就是根据市场进行生产。但是，农产品价格低。1斤土豆7毛钱，一盒薯片7块钱。将土豆加工成薯片，将棉花织成布匹，就要办工厂。农民不仅想到将加工农产品，他们还根据城市的需要、工业的需要、市场的需要办企业，离土不离乡的乡镇企业迅速发展起来了，一大批农民首先富裕起来。

意图：乡镇企业的发展不作重点，只能点到为止。从导入到农业改革，控制使用约20多分钟时间。考虑到农村改革直接推动了城市国有企业的改革，改革都涉及改变单一的公有制，因此，将国有企业改革作为第二部分内容。

（板书）国有企业改革

教师：国有企业是国家经济的支柱，为什么也要改革？我们来看两个真实存在的故事。

展示材料6。

材料6 上海的天气很热，企业为了不影响生产，采取降温措施。当时的降温措施比较简单，主要是风扇、鼓风机，但是企业即使采取这样的措施也没有主动权，要经过层层报批，当时经过11个部门的审批，要盖11个图章，等最后的图章盖

完,夏天已经过去了。"

——《广州日报》2008-09-06

教师:一个企业买降温设备要经过11个部门审批,有必要吗?问题出在哪里?我们再来看看发生在洛阳和沈阳的企业中的两个故事。

展示材料7。

材料7 洛阳当时要建一个拖拉机厂,于是从长春千里调配施工队到洛阳,同城也有一个纺织厂要建,又由纺织部从各地派施工队到洛阳,却没有考虑由城市统一调配施工队伍共享资源。"

当时沈阳有个冶炼厂和机械厂,两个厂之间只有一墙之隔,冶炼厂生产铜,机械厂生产电缆需要铜。但是,冶炼厂属于冶金部,机械厂属于第一机械工业部,长期都是冶炼厂生产的铜被调往外地,而机械厂则由一机部负责从外地买进铜。由于工厂都是按指令完成生产计划,并不考虑成本,一墙之隔的两个企业从未想过相互交易。

教师:洛阳拖拉机厂和纺织厂建厂房分别要从长春和其他省市调配施工队来建设。沈阳两个相邻厂,一个是铜厂,一个是电缆厂。铜厂生产的铜是电缆厂必不可缺的原料。可是电缆厂却不得不舍近求远。这些问题都出在哪儿呢?

意图:给学生时间议论。用这两个材料引导学生理解国企改革的重点仍在体制。体制不改,企业就没有经营自主权。改之前也是社会主义,但是单一的公有制,政府什么都管。

教师:问题在政府管得太多,企业的生产由国家计划安排,企业由政府经营,政府有很多部门,各部门都要管,企业的婆婆太多了。为什么国家都要管起来呢?因为,改革之前我们实行单一的公有制,公有制就是国家的,政府管起来理所当然。那时我们认为只有公有制才是社会主义。这同在农村建立人民公社,在指导思想上是一致的。农民没有生产积极性,工人呢?

同学们知道海尔电器吧?!这个知名企业在20世纪80年代初的状态,人们是这样描绘的。

展示材料8。

材料8 "上班八点钟来,九点钟走人,十点钟时,随便往厂区大院里扔一个手榴弹也炸不死人。"

教师：为什么工人出工不出力？因为分配吃大锅饭，企业吃国家的大锅饭，工人吃企业的大锅饭。旧体制就像一条捆绑企业发展的"绳子"。农村改革的巨大成功，有力地冲击了城市的国有企业。农村责任制改掉了一个"哨子"，国有企业改革就应该解开捆绑企业发展的"绳子"——高度集权，政企不分。企业生产不考虑市场需要，政府什么都管，企业没有主动性。政府应该管什么呢？服务嘛。政府应该为企业服务，为老百姓服务。政府管理城市就是为市民服务。企业要发展就要按市场规律办事。因此，我们现在实行的是社会主义市场经济体制。

意图：政企分开不只是扩大企业的经营自主权，明确政府的职能才能真正做到彻底分离，这是国企改革长期得不到解决的问题。让初中学生回答这个问题可能有困难，因此不必等学生回答。社会主义市场经济体制的问题比较复杂，提出概念即可。教科书有公司制、股份制的内容，需要介绍相关的专业知识，如果展开要占较多时间，初中学生理解也比较困难，因此舍弃。多种所有制是很现实的问题，学生可以理解。

教师：社会主义就是要极大地发展生产力。所以，不仅要给国有企业经营自主权，还要允许私营经济发展。改革前，连小商铺、小饭馆都不允许私人经营。知道天津的"狗不理"包子吧？！原来也是国营企业，也要国家管起来，有必要吗？主导经济的关键部门国家应该管，一个包子铺实在没有必要实行公有制。"狗不理"改制后发展很快，远远超过了改革前的 20 多年。所以，多种所有制经济适应了社会经济生活的各种需要。多种所有制经济共同发展，这是有中国特色社会主义的一个特点。

意图：发挥教师的主导作用在历史课程中非常重要。有些问题必须由教师做由浅入深的解释，完全靠学生去领悟，是一厢情愿。尤其是初中学生，他们的经验和学识还达不到那个程度。类似这样理论性比较强的课程内容，教师必须讲解。课程标准要求"知道国有企业改革的主要内容"。我们把握的程度，一是知道主要改变政企不分，二是发展多种所有制经济。

教师：在多种所有制经济中，中外合资、外商独资是两种非常普遍的形式。从新中国建立后，到改革开放前，中国大陆已经没有外国企业了，为什么改革开放又出现中外合资、外国独资的企业呢？这是我国经济改革的另一大特征：

(板书)对外开放的新局面

先看几幅深圳过去与现在的照片(出示图片)。

教师:同学们知道深圳吗?看地图它的位置。过去的一个沿海小镇,仅仅用了几年时间就变成了现代化的大都市。深圳的发展得益于改革开放。深圳是第一批被划为经济特区的。在第一批的4个地点(深圳、珠海、汕头、厦门)中,深圳发展最快。当初为什么选这个地方办经济特区?特区"特"在哪里?深圳为什么发展最快?

意图:这部分的重点放在深圳,认识的问题是引进外资、技术、管理,目的在于加快现代化建设。在刘文老师的两次教学中,学生回答这个问题的情况不同,需要教师解释。教师点到为止,留下问题下节课解决。

教师:深圳离香港最近,当时香港还在英国手里,香港在当时具有很多经济优势。在引进外资方面特区享有特殊政策。而深圳借助地理条件,成为对外开放的"窗口"。引进外资现在已经不是什么问题,但当时面临思想阻力很大。"深圳的发展和经验证明,我们建立经济特区的政策是正确的。"这是邓小平的总结。(看课本邓小平的题词)

有了特区实践的成果,我国加快了对外开放的步伐。

展示"早期对外开放地区示意图"。

教师:14个沿海开放城市,由南到北,由开放城市辐射形成沿海经济开放区,由东部沿海开放深入到内地,经济特区起到带动作用。这是一个由点到线,全方位、多层次的对外开放格局。这其中影响最大的是浦东开发区(出示今日上海的照片)。

教师:我们天津也是沿海开放城市之一。这是滨海新区的风貌(出示天津滨海新区的照片)。

意图:通过图片让学生直观感受改革开放的成就,大致了解特区的作用和影响即可。天津是我们的家乡,展示天津的飞速发展和巨大成就,可以进一步学生激发热爱家乡、报效家乡之情。

教师:课本上说,对外开放还是宽领域的。什么叫"宽领域"?你们应该有直接的感受。我们来看下面一组图片(出示国外品牌的饮食、汽车、电器的照片,以及邓丽君、摇滚乐的照片):都不陌生吧?这些图片反映的事物是什么?能说说他们来自哪里吗?

意图:这个时段的课堂,学生易疲劳,如何保持学生的兴趣并进一步调动学生的学习热情呢?这一组图片来源于学生的身边,来源于学生的生活,是学生最熟悉的,最津津乐道的,也是最有发言权的。但是,最后的问题也应当使学生印象深刻。

教师:洋快餐来了,宝马、奔驰来了,松下也来了,这些对我们的生活产生了什么影响?邓丽君、摇滚音乐等文化产品在中国流行,说明什么问题?

意图:肯德基、麦当劳的卫生,宝马、奔驰、松下的先进技术,丰富了我们的物质生活。港台歌星、流行歌曲及摇滚音乐进入我们的文化生活,说明我们对人类多元文化的宽容态度。设置这个问题在于认识各个领域开放的积极方面,如果发现其他认识问题,教师要有思想准备,要善于应队和引导。

教师:2021 年是我们祖国 72 岁生日。我们怎样庆祝呢?请同学们课后以报道改革开放 40 余年的伟大成就为主题,做一份手抄报,然后展示出来,好吗?

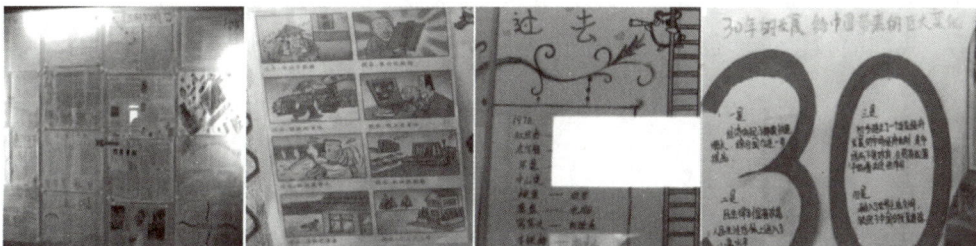

图 5　学生的手抄报

四、总结与反思

(一)教学改革永无止境

当我们把这节课的过程变成文字稿时,发现两次教学实践有很多的遗憾,于是又作了若干修改、完善。如果按照这个设计再次进行教学,肯定还会有很多需要完善的地方,还会生成很多修改意见。初中教学面对的是年纪较小的学生,也正因如此,才能充分考验教师的教学智慧。如何让学生喜欢上历史课,又喜欢思考历史问题,进而形成历史思维,是我们进行教学研究的长久的大课题。

(二)巧作取舍,体现课标要求

初中历史课程标准在"建设有中国特色社会主义"的学习主题下,开列了6条标准,其中3条与本节课有关:"(2)知道家庭联产承包责任制的主要内容,了解生产关系一定要适应生产力发展的基本原则。(3)以深圳等经济特区的建立为例,探讨经济特区在社会主义现代化建设中的作用和影响。(4)知道国有企业改革的主要内容。"一节课学习这么多内容,首先要考虑怎样取舍、精简。人教版教科书将这单元分为3课,我们认为,本节课要充分考虑第10课的教学目标,这样在本单元学习后,学生基本了解什么是有中国特色的社会主义,就是成功的。

(三)减轻学生的课业负担在于增强课堂教学的实际效果

学生对这节课的学习内容能够形成深刻印象,就达到了教学的有效性。要使学生印象深刻,必须让他们有所思考。没有思考的历史课也不能说是成功的。针对教学对象的年龄特征,设计适当的问题,这样的问题既不能太深,也不能太浅,这就是教学要研究的重点。

我们的教学设计也不尽完美,但是我们追求完美。

第二章

带引学生深度思考的教学策略

浅谈核心素养导向的初中历史深度学习策略

天津市鉴开中学 李惠媛

　　思维导图(mind map)又称脑图、心智地图等,是表达发散性思维的有效图形思维工具,它简单却又很有效,是一种实用性的思维工具。思维导图能够图文并重,把各级主题的关系用相互隶属与相关的层级图表现出来,把主题关键词与图像、颜色等建立记忆链接。思维导图充分运用左右脑的机能,利用记忆、阅读、思维的规律,协助人们在科学与艺术、逻辑与想象之间平衡发展,从而开启人类大脑的无限潜能。利用思维导图的形式,开展自主性学习,使学生通过自学、思考、绘制的过程,明白各个历史事件、历史人物之间的逻辑关系,是在集体学习的基础之上,深层次的再学习、再提升的过程,有助于学生对历史知识的理解。七年级的学生刚刚接触历史学习,零基础,如何培养学生良好的学习习惯,从思想上重视历史学科,教师就要抓住历史学科特点,培养学生的时空观念。从第一节课开始,引领学生利用图表的形式表述历史,帮助学生构建知识之间的关系。教师每节课要引领学生绘制思维导图,从简单到复杂,从一个知识子目的思维导图训练开始,到一节课的思维导图,再到一个单元思维导图,最后能够逐步制作出一个历史朝代、一本书的思维导图(如图1至图3)。这样循序渐进地渗透,层层深入地训练,学生在不断的训练中,将学习到的知识立体化,将知识点穿成线、织成网,在学生的大脑中,以图表的形式立体化呈现,便于学生随时提取和应用。

例1

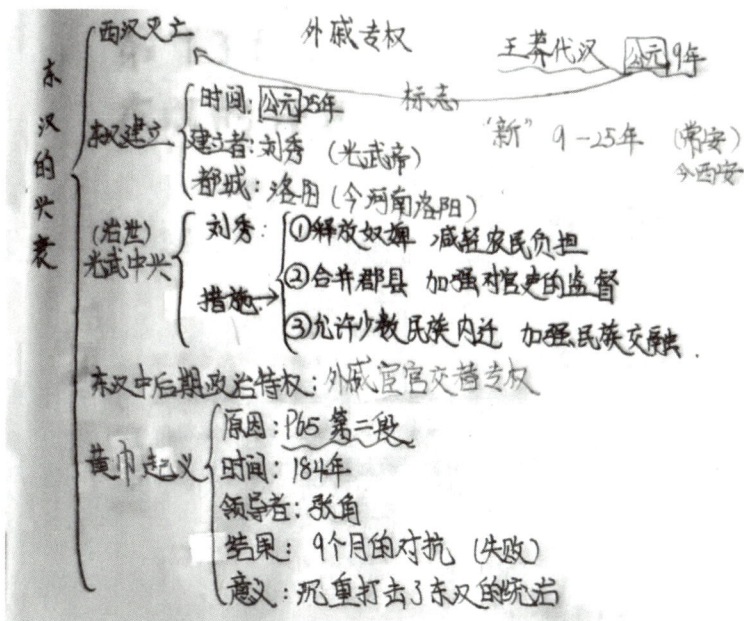

图1

例2

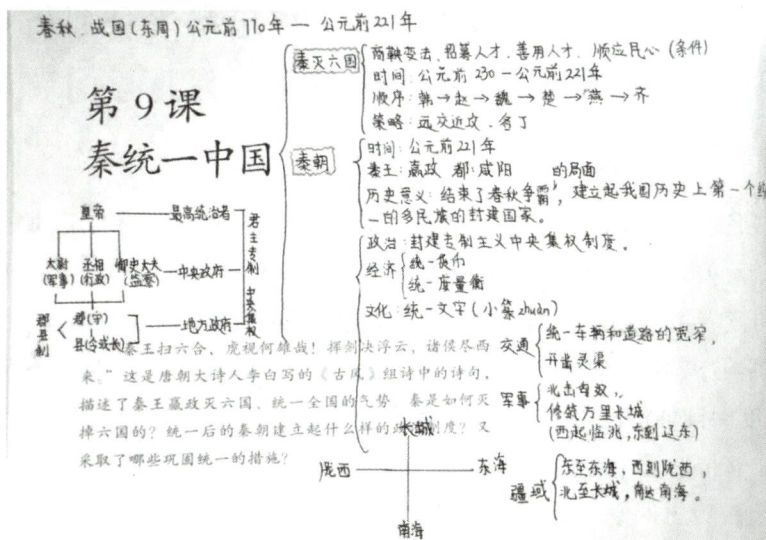

图2

例 3

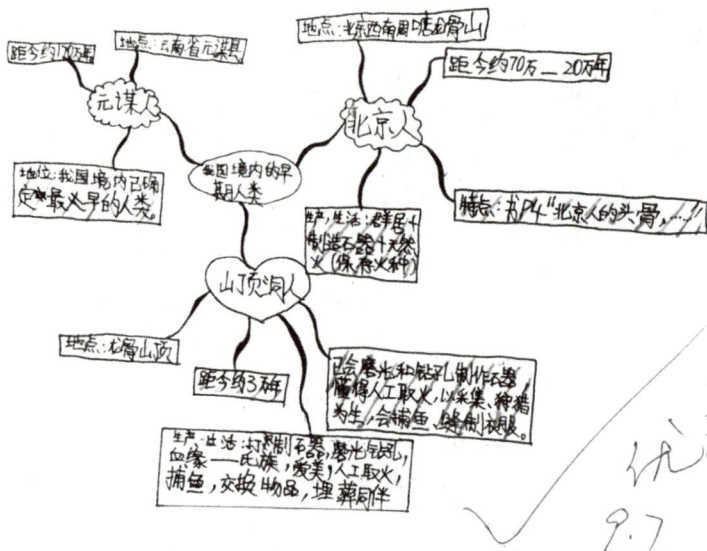

图 3

一、深度阅读培养学生史料实证和历史解释的素养,带领学生进入深度学习领域

深度阅读(deep reading)是一种基于知识图谱,集成与书籍相关的知识源,具备内容理解、关联分析以及用户行为分析能力,支持个性化、基于上下文感知的知识推荐,向读者主动提供全面、关联、智能的深度知识服务的全新阅读模式。中学生的历史学习离不开阅读。大篇幅的史料阅读,是检验学生阅读能力的重要依据,有效的深度阅读能够提升学生的"理解力"。历史学习离不开阅读教学,尤其是深度阅读,能够帮助学生开拓眼界,丰富知识储备,便于培养学生史料实证和历史解释的素养。在历史课堂上开展深度阅读教学,大篇幅的史料阅读,是学生理解历史和解题的关键,从七年级开始,我们坚持在教学中引领学生阅读史料,充分分析,

深度阅读、思考,相信经过三年的训练,必然会大幅度地提升学生对于史料的分析和理解能力。对于七年级的学生来说,阅读史料困难重重,甚至有些学生识字都困难,教学中如果避开史料阅读,那么孩子们的能力将得不到提升。教学中,教师引导学生阅读史料,逐字逐句分析,结合课文内容,从浅入深,逐渐地渗透,久而久之学生们就会适应,进而明白史料阅读和理解对于历史学习的重要性,会从思想上开始重视,并驱动自我主动去阅读,增强学生的历史解释和史料实证的能力素养。如统编教材七年级上册第七课"战国时期的社会变化"一课中,材料研读部分"商君治秦,法令至行,公平无私,罚不讳强大,赏不私亲近……"(选自《战国策.秦策一》)。课上教师带领学生分析这段材料,让学生结合课文内容翻译这段材料,然后让学生回答"从材料中可以看出商鞅是怎样推行改革的?"。如果不延伸到课文内容,学生则不能准确地解读其中的含义。

再如:师生学习活动结束后,利用史料题来诊断学习成果,以商鞅变法为例,让学生通过阅读史料,"卫鞅曰:'治世不一道,便国不法古。故汤武不循古而王,夏殷不易礼而亡。反古者不可非,而循礼者不足多。'孝公曰:'善。'以卫鞅为左庶长,卒定变法之令。"要求学生结合所学内容,先开展小组翻译史料,再回答问题:材料中卫鞅和孝公分别指谁?材料反映了卫鞅的什么主张?卫鞅的观点对我们今天有什么启示?学生根据所学内容,进行回答。这样学生从思想高度重视,有助于培养他们对史料的敏感性,并且知道如何入手,回答问题。这增加了他们的史料意识,同时也培养了他们的历史解释和史料实证的素养。

二、强化深度教学的意识,做引领学生深度学习的胜任者

深度教学是相对于浅层教学而言的概念。它是"教师在准确把握学科本质和知识内核的基础上,旨在触及学生情感和思维的深度,引导学生自主发现和真正理解的一种教学样态。"基于核心素养,促进学生的深度学习就要求教师开展深度教学,以此培养学生历史学科核心素养以及学科情感。这要求教师广泛涉猎深度

学习的知识,取其精华为我所用,让学生在教师的引领之下,愿意主动学习历史,愿意将课堂学习延伸至课下,愿意自己去探究,利用课上所学的方法去翻阅史料,愿意与教师探讨历史问题等等,这些都需要教师去唤醒。作为历史教师,我们要充分地利用教材、挖掘教材,不做加法,因为教材内容已经相当丰富了,更多地是我们如何整合教材、使用教材,开展深度教学。以统编教材初中历史九年级上册第十三课"西欧经济和社会的发展"一课为例,这课是新加的内容,是以前从来没有的新知识,即便是高中教师对这部分内容也很陌生,这就需要教师充分备课,搜集资料。我利用《帕斯特信札》这本书中的几段话作为线索,穿插在教学之中,用当时人写当时事的方式激发学生的兴趣,寻找他们的认同感。然后广泛收集国内外的史料,从中筛选出适合本课学习内容,帮助学生理解比较晦涩难懂的名词和当时的制度。教师还利用动画的形式,将租地农场的形成、城市市民阶层的形成表现出来,帮助学生理解,最后让学生观看《帕斯顿信札》的视频来结束学习。这样的设计增强了学生对知识的信服感,用当时人所写的家庭信件带领学生层层深入地去学习,最终完成学习任务。本节课的设计有深度,但并不好高骛远,重在务实,切实帮助学生弄懂了西欧经济发展的情况。丰富了学生课外知识,让他们愿意课下去品读一下《帕斯特信札》这本书,对西欧经济发展和社会生活的变迁有更深层次的理解。

教学是一门艺术,需要教师不断地去探索未知的教学领域,深入思考课堂教学的深度和广度,教师只有下苦功夫去研究,才能提高学生学习的效率,才能使学生不走弯路,在历史学习的领域中,由浅入深,由单纯的学习到为了兴趣而研究,由被动的学变为主动的探究等等。

教师充分利用思维导图帮助学生构建时空观念,架构时间和空间的知识脉络,帮助学生形成立体化的知识结构;深度阅读又能在阅读史料的基础之上,丰富学生的史学底蕴,明确史料实证的重要含义,懂得运用史料分析问题,解决问题,增强历史解释的能力素养。总之,这些都需要教师按部就班地对学生进行训练,强化教师自身深度教学的思想观念,在教学中运用师生的合力,才能培养学生的核心素养,进而推进深度学习。

参考文献

[1]徐宾.基于"深度学习"的化学教学必须把握好"五个度"[J].中小学教师培训,2016(3):46–48.

[2]李松林.深度教学的四个着力点——兼论推进课堂教学改革的实质与方向[J].教育理论与实践,2014,34(31):53–56.

[3]中华人民共和国教育部.义务教育历史课程标准(2011年版)[S].北京:北京师范大学出版社,2012.

[4]郑林.促进学生历史学科能力发展的教学设计[J].历史教学(上半月刊),2016(9):3–9.

[5]徐蓝.关于历史学科核心素养的几个问题[J].课程.教材.教法,2017,37(10):25–34.

运用多种史料开展深度教学

——以《毛泽东开辟井冈山道路》为例

天津市鉴开中学　李惠媛

一、教学背景

本课的知识点很多,且时序性强,很容易形成流水账的模式。如何有机地将每一个知识点串联衔接起来,是教师教学设计的难点。所以在进行教学设计时,我选用了多样的史料,丰富学生的感知。我选用了毛泽东作品中的关于某个历史事件的表述作为文字材料呈现;选用了课本上的插图预设情境,让学生展开历史想象;选用了文献材料上的土地革命时期的宣传图片和文字,引导学生理解土地革命的意义;选用珍贵的历史镜头,让学生明确"为什么城市中心论在中国行不通?";选用国家领导人对于青年一代的殷切希望的录像片段,激励学生不忘初心,砥砺前行。总之,用不同的史料调动学生的参与热情,完成教学目标。

二、教学目标

(一)知识与能力

知道南昌起义、秋收起义、八七会议等基本史实;了解井冈山革命根据地建立的经过和井冈山会师的重要意义;理解中国共产党在革命斗争中创造了工农武装割据的局面,开辟了井冈山道路,认识这是中国革命唯一正确的道路。从历史发展的进程中认识历史人物、历史事件的地位和作用。

(二)过程与方法

通过观看视频、阅读文字材料的方式,培养学生获取历史信息的能力;通过引导学生观察地图,培养学生的时空观念;并通过对教材中《南昌起义》的图片的观察,让学生展开充分的历史想象。

(三)情感态度与价值观

通过学习,认识井冈山道路是以毛泽东为代表的共产党人找到了一条符合中国国情的革命道路,这是毛泽东把马列主义普遍原理与中国革命具体实践相结合的光辉典范;体会井冈山精神是老一辈无产阶级革命家给我们留下的宝贵财富。

三、教材分析

本课选自部编教材八年级历史上册第五单元《从国共合作到国共对峙》中的第二课,是全册书的第16课。本单元共三课,介绍了第一次国共合作从开始到高潮,再到对峙的历史,本课在整个单元中起到承上启下的作用。学生刚刚学习了北伐战争一课,为本课的学习做好了知识铺垫,教师在上课时,以前一课的知识为起点,拉开了新课学习的序幕。

四、教学重难点

(1)重点:南昌起义、秋收起义、井冈山会师。
(2)难点:毛泽东开辟井冈山道路。

五、教学方法

《毛泽东开辟井冈山道路》一课的设计初衷是紧密联系2017年中国的大事件即中共十九大,以习近平新时代中国特色社会主义思想为突破口,用马克思主义中国化的最新成果,引出马克思主义中国化的开篇之作——毛泽东开辟井冈山道路。本课的知识点较多,很容易形成流水账,故而我设计了用不同的史料来引导学生分析、理解历史事件,如文字史料,筛选毛泽东著作中关于某个事件的表述,毛泽东诗词等;图片资料,以课本上给出的图片为主,也选用了当时的某些材料、图片;视频资料,以当时的历史画面再现。整节课采用师生互动的方式,教师娓娓道来,引导学生侃侃而谈。因本课的政治性较强,这对于八年级的学生来说,有难度,考虑到这一点,我未曾设计学生小组合作、讨论等学习环节,目的是在有限的时间内,把握住课堂教学的方向,在严肃、庄重、积极参与的氛围内完成学习,加强对学生的情感态度价值观的教育。

六、教学过程

◇ 环节一 动情入境

教师:同学们,如果我问你们,2017 年 10 月份中国的大事件,你会选择哪一件?

学生:十九大。

教师:看来同学们都很关心国家大事。2017 年 10 月 18 日至 24 日,中国共产党第十九次全国代表大会在北京胜利召开。会议以"不忘初心,牢记使命,高举中国特色社会主义伟大旗帜,决胜全面建成小康社会,夺取新时代中国特色社会主义伟大胜利,为实现中华民族伟大复兴的中国梦不懈奋斗"为主题。大会将"习近平新时代中国特色社会主义思想"写入党章,成为党的指导思想,这是马克思主义中国化的最新成果,是党和人民实践经验和集体智慧的结晶。说到这,我们有必要回望马克思主义中国化的开篇之作,那就是我们今天要学习的内容,第 16 课,毛泽东开辟井冈山道路(教师板书课题)。

◇ 环节二 深度研习

教师:推开历史的大门,我们将时间定格在 1927 年,第一次国共合作的第四个年头,正当北伐战争如火如荼的进行之时,国民党右派突然叛变革命,先后发动四一二、七一五反革命政变,大批共产党人死于国民党反动派的屠刀之下,作为共产党,该何去何从呢?

学生:勇敢的反抗。

(一)南昌起义、八七会议、秋收起义

教师:没错,毛泽东曾这样说,(课件出示,学生朗读材料)"中国共产党和中国人民并没有被吓倒、被征服、被杀绝。他们从地下爬起来,揩干身上的血迹,掩埋好同伴的尸首,他们又继续战斗了。"

教师:那么我们就一起去看看他们的战斗是如何开展的吧!

课件出示南昌起义(绘画),谁能说一说,南昌起义的时间、地点、领导人?

学生:南昌起义的时间是 1927 年 8 月 1 日,地点:江西南昌,领导人是:周恩来、贺龙、叶挺、朱德、刘伯承。

教师:很好,在这幅绘画作品中,有一个大家非常熟悉的人物。

学会:周恩来。

教师:当起义的号角吹响之时,你觉得周恩来会对起义军说些什么呢?展开你的想象。

学生:大家要起来反抗国民党反动派。

教师:很好,起义军激战了几个小时,占领了南昌,歼敌3000多人,取得了南昌起义的初步胜利。周恩来在欢庆胜利的讲话中曾说到,课件出示材料,"革命靠军阀的部队是靠不住的,我们必须建立自己的武装来打倒反革命。现在,我们起义成功了。这里的军队归共产党领导。"(学生朗读)

教师:从周恩来的这段话中,你读到了哪些信息?

学生:共产党要武装反抗国民党的反动统治,共产党有了自己的军队。

教师:很好,所以南昌起义也是中国共产党创建革命军队的开始,你们知道现在我国的哪个节日,与南昌起义有关吗?

学生:八一建军节。

教师:非常好。(课件出示南昌起义示意图),南昌被共产党占领后,国民党反动派的军队从四面八方向南昌扑来,这时起义军撤出南昌,南下,一路上与国民党军队进行了顽强的抗争,在三河坝这个地方因敌人实力过于强大,朱德、陈毅率部分起义军掩护主力部队南下,而他们则转战湘南,所以有人说"没有三河坝战役,就没有井冈山会师",为什么? 待会我们揭晓答案。南昌起义的最终结果是什么?

学生:起义军攻占了南昌,南下广东,转战湘南,中途受挫。

教师:南昌起义最伟大的历史意义是什么? 如何理解?

学生:南昌起义打响了武装反抗国民党统治的第一枪。强调了武装反抗的斗争形式。

教师:非常好,南昌起义也是国共从合作到对峙的开始。正当南昌起义进行之时,中共中央在湖北省汉口市召开了紧急会议,即八七会议,会期仅仅一天,谁能说一说,八七会议的时间,主要内容?(课件出示八七会议的会址图片)

学生:1927年8月7日。主要内容,通过了土地革命,武装反抗国民党反动统治的总方针,决定在秋收时节发动武装起义。毛泽东提出了"政权是由枪杆子中取得"的著名论断。

教师:八七会议上提出了要进行土地革命,对于国民党反动派要进行武装反

抗,要在秋收时节发动武装起义,这次会议为共产党今后的革命斗争指明了方向。

(课件出示毛泽东《在中央紧急会议上的发言》)

学生朗读:"从前我们骂中山专做军事运动,我们则恰恰相反,不做军事运动专做民众运动。""以后要非常注意军事,须知政权是由枪杆子中取得的。"

教师:从材料中我们可以看到,毛泽东反思了中国共产党的哪些不足?今后应如何做?

学生:毛泽东认为,以前共产党只重视民众运动,而忽略了军事运动,以后要重视军事。

教师:非常好,毛泽东等共产党人认识到,要建立、掌握政权,必须有强大的军事力量作为保障。会后,毛泽东赶赴湘赣边界,准备发动起义,他还为这次起义写下了《西江月·秋收起义》这首词。(课件出示《西江月·秋收起义》)

学生朗读:军叫工农革命,旗号镰刀斧头。匡庐一带不停留,要向潇湘直进。地主重重压迫,农民个个同仇。秋收时节暮云愁,霹雳一声暴动。

教师:请从这首词中,提取秋收起义的历史信息,与同学们分享。

学生1:起义军叫工农革命军。

学生2:起义军的旗号是镰刀斧头。

学生3:匡庐:江西省县名,潇湘:湖南省县名。

学生4:起义时间是秋收时节,利用了收获时节,地主与农民的矛盾。

教师:秋收起义的结果如何?

学生:在攻打城市时受挫,毛泽东放弃了进攻中心城市长沙的计划。

(课件出示问题)学生朗读:(俄国)十月革命提供给我们的经验也是先在中心城市发动革命……在"城市中心论"的影响下,南昌起义、秋收起义等大小百余次起义都以攻打城市为中心,但都失败了。为什么俄国"城市中心论"的道路在中国行不通? 中国适合什么样的革命道路呢?

教师:我们来看一段视频,请大家从这段视频中,找出与问题相关的历史信息,然后我们一起分享。

学生1:在中国农民的人数多,应该先发动农民的力量。

学生2:国情不同,俄国是资本主义国家,城市工人阶级力量大,我国当时是半殖民地半封建社会,城市工人力量弱小。

教师:非常好。既然我们不能向俄国那样先占领城市,那么我们就去敌人统治力量薄弱的农村去,那么共产党该选择怎样的革命道路呢?

学生:先占领农村,后进攻城市。

教师:这条道路就是农村包围城市的革命道路。毛泽东将带领这秋收起义的工农革命军去哪里呢?

学生:井冈山。

(二)井冈山革命根据地的建立、井冈山会师

教师:毛泽东率领起义军准备到罗霄山脉中部的井冈山地区,建立革命根据地。部队行军至江西省永新县三湾村时,因部队减员严重,人心涣散,毛泽东在此对部队进行了整编,加强对官兵的思想教育。(课件出示三湾改编的绘画和材料)

学生朗读:"党的组织,现分连支部、营委、团委、军委四级。连有支部,班有小组,红军所以艰难奋战而不溃散,'支部建在连上'是一个重要原因。"

教师:毛泽东认为红军之所以艰难奋战而不溃散,原因是什么?

学生:支部建在连上。

教师:军队中军、团、营均建立党委,连建党支部,班设党小组,这样做的目的是什么呢?

学生:加强党的领导。

教师:三湾改编的历史意义在于,加强党对军队的决定领导。1927年10月,毛泽东率领工农革命军到达了罗霄山脉中部的井冈山地区,建立了中国历史上第一个农村革命根据地,井冈山革命根据地。

教师:请大家看这幅图片,1928年,井冈山上又来了一支队伍,谁能给大家讲讲井冈山会师的故事?(从时间、地点、人物、军队等方面)

学生:1928年4月,朱德率领南昌起义的部分军队,湘南的工农武装,到达井冈山,与毛泽东率领的工农革命军会师,会师后,把军队合编为中国工农革命军第四军,后改称中国工农红军第四军,朱德任军长,毛泽东任党代表。

教师:哪位是毛泽东?哪位是朱德?

(学生指图回答)

教师:与毛泽东率领的工农革命会师的就是南昌起义,在三河坝转战湘南的

队伍,井冈山会师增强了根据地的工农武装力量,为进一步扩大革命根据地创造了条件。

(三)土地革命、农村革命根据地的巩固、工农武装割据局面形成

教师:请大家看这样的一幅图,这是根据地儿童的读本,请一位同学为大家朗读。

学生"打倒豪绅,打倒豪绅,除地主,除地主,努力土地革命,努力土地革命,齐暴动,齐暴动"。

教师:这是共产党在根据地开展的什么运动?

学生:土地革命。

教师:以什么样的形式开展的?

学生:除地主,打土豪。

教师:再看这幅图,《部队要求红军帮助农户割草的通知》,为什么要让红军帮助农户割草?用什么用意呢?

学生:得到农民的支持,壮大革命力量,密切联系群众。

教师:在井冈山革命根据建立后,方志敏、邓小平、贺龙等也先后到各地发动武装起义,建立革命根据地。1930年,全国各地共创建了多少块革命根据地?

学生:大小十几块

教师:以赣南闽西建立的中央革命根据地面积最大。(课件出示《1929—1932年农村革命根据地形势示意图》)到1929—1932年农村革命根据地建立的情况,大家看这些根据地在地理位置方面有什么特点?

学生:这些革命根据地都建立在偏远的农村。

教师:在战略位置上,有什么特点?(提示南京、武昌等国民党占领的大城市的位置)

学生:对国民党占领的大城市形成包围之势。

教师:工农武装割据局面形成,正如毛泽东所说:星星之火,已成燎原之势。请看这样的材料:"虽有很好的工农群众,若没有相当力量的正式武装,便决然不能造成割据局面……"(学生朗读)

教师:你认为怎样才能创造"工农武装割据"的局面?(教师引导)首先,通过什么形式建立根据地?建立根据地之后呢?如何得到农民的支持?

学生:通过武装起义,建立农村革命根据地,开展土地革命,只有这样,根据地才能巩固和发展壮大。

教师:非常好。1929年12月,中国工农红军第九次代表大会在福建省上杭县古田召开,会上强调了思想建党,政治建军的建党建军原则。(课件出示古田会议会址)1931年冬,中华苏维埃第一次全国代表大会在江西瑞金召开,宣布成立中华苏维埃共和国临时中央政府,毛泽东任临时中央政府主席。(课件出示中华苏维埃第一次全国代表大会会址)

◇ **环节三 融合提升**

教师:(课件出示《南昌起义秋收起义井冈山革命根据地建立示意图》《1929—1932年农村革命根据地形势示意图》),参考两幅图,按照时间顺序,回顾本课所学知识。

学生1:南昌起义(教师板书)。

学生2:八七会议。

学生3:秋收起义(教师板书)。

学生4:三湾改编。

学生5:井冈山革命根据地建立和井冈山会师(教师板书)。

学生6:土地革命(教师板书)。

学生7:古田会议和中华苏维埃第一次全国代表大会。

教师:同学们记得很清楚。四一二,七一五反革命政变,大量共产党人死于昔日的合作伙伴之手,共产党是怎么反击的?

学生:南昌起义,秋收起义。

教师:这种反抗的形式叫什么?

学生:武装斗争。

教师:共产党认为,要想夺取政权,必须通过武装斗争的形式,这就是武装夺取政权,(教师板书)具体的斗争就是南昌、秋收起义,而这些起义成功了吗?面对一次又一次的挫折,中国共产党有没有退宿、气馁?他们表现出怎样的精神?

学生:起义没有取得预期的效果,但是中国共产党顽强抗争,表现出了坚持不懈、不怕牺牲的精神。

教师:中国共产党在抗争中寻找出路,最终确定了怎样的革命道路?

学生：农村包围城市的革命道路(教师板书)。

教师：毛泽东等中国共产党人建立了第一块农村革命根据地——井冈山革命根据地。如何进一步扩大、壮大革命根据地呢？

学生：开展土地革命，得到人民的支持，根据地才能壮大。

教师：工农武装割据的局面最终形成(教师板书)。中国共产党在实践探索中开辟了工农武装割据—农村包围城市—武装夺取政权的革命道路，也就是井冈山道路。(教师板书)

教师：在革命战争年代，毛泽东等老一辈无产阶级革命家，根据中国革命的实际情况，为中国量身打造了这条革命道路，是马克思主义普遍原理与中国革命实践相结合的光辉典范，是马克思主义中国化的开篇之作，在中国共产党的领导下(板书中国共产党的领导)我们沿着这条中国特色的革命道路最终获得了胜利。

◇ **环节四 点题结束**

教师：同学们，历史的车轮转到了今天，我们在中国共产党的领导之下，在十九大精神的感召之下，进入了新的时代，踏上了新的征程。作为未来国家的建设者，要勇敢的肩负起国家发展、民族振兴的历史重任，在前进的道路上，不忘初心，日新月异，砥砺前行，最后我们用十九大报告中对青年人的殷切希望，作为本课的结束。(播放十九大报告节选视频)

七、板书提纲

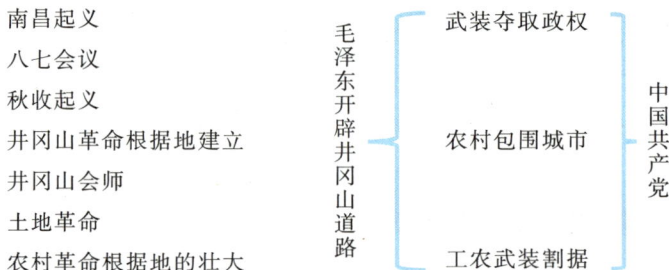

南昌起义
八七会议
秋收起义
井冈山革命根据地建立
井冈山会师
土地革命
农村革命根据地的壮大

毛泽东开辟井冈山道路

武装夺取政权

农村包围城市

工农武装割据

中国共产党

八、教学反思

1.本节课因时间的关系，未能就"毛泽东为什么会选择井冈山建立农村革命根据地"这个问题展开进行分析和学习，如果时间允许的话，可以就这个问题深入的剖析其原因,我想将更有助于学生对本课的理解。

2.本节课的教法和学法略显单一。教师应该在教学方法方面进行再挖掘,让课堂学习更加丰富,整节课以教师的引导为主,可以适当再拓宽,设计一些更新颖的教学环节,抓住学生的注意力,充分调动学生学习的积极性和参与热情。

在学法方面也有再提升的空间,教师要根据八年级学生的年龄特点,为他们搭建平台展示自己,充分发挥他们的个人优势,达到更好的学习效果。

九、专家点评

本课以中国共产党第十九次全国代表大会相关内容导入,并以十九大报告中对青年人的殷切希望为结束语,体现了首尾呼应,又充分注重了历史与现实的相关性,运用唯物史观认识社会现实。"井冈山道路"是马克思列宁主义与中国国情相结合的产物,是一条革命之路;十九大中提出的新时代中国特色社会主义道路也是马克思列宁主义与中国国情相结合的产物,是一条建设之路。井冈山精神体现"不忘初心",体现了家国情怀教育。整节课思路清晰,设计理念好,落实好,井冈山道路和井冈山精神得到了充分体现。"用朴素的材料完成一节不朴素的课",注重引导学生,注重学科素养的自然融入,而不是贴标签、喊口号。本节课学生情绪高涨,学习状态良好,再加上教师有很强的驾驭、调控课堂的能力,使教学进程非常顺利,教学效果极佳。

(点评专家:天津市东丽区教师发展中心历史教研员　陈学军)

巧用思维导图赋予历史课堂新活力

天津市鉴开中学　赵阳

随着新课改的进一步深入和历史学科正式成为中考学科的新形势,历史教师也迎来了越来越多的新挑战。如何激发学生学习历史的兴趣,如何提高课堂效率,如何提升学生的历史思维能力,如何加强知识的巩固和落实等一系列问题,需要每一位历史教师重新定位思考,并对教学方式进行新的调整。

为了解决上述问题,结合天津市鉴开中学学生学情,我多次尝试不同的教学方法,最终根据教学成效,选取了思维导图教学法融入教学之中,从而为历史课堂注入新的元素增添了活力。思维导图又叫"心智导图","心"可以理解为感性,"智"可以理解为理性。因此,每张思维导图都是感性想象和理性思考的相结合,它以图文并茂的方式,将思维形象化,把各级主题的关系通过隶属和层级表现出来,通过关键词与图像颜色建立记忆联系。

思维导图教学法从读、思、记、听四个维度,教育学生学会阅读,学会思考,学会记忆,学会速听,它既是对新课程改革核心理念的继承和发展,也是对学生发展核心素养培养目标的具体落实。让每位学生学会学习,主动学习,为学生终身学习奠定了基础。

下面我结合日常教学中具体操作情况简介一下,如何借助思维导图落实课标,培养学生的历史思维能力,促进学生核心素养的养成,完成历史教学任务。

一、预习环节:构建思维导图为新课学习做好铺垫

在实施思维导图教学法之初,教师要根据学生对思维导图的掌握,循序渐进地展开教学,不能急于求成、操之过急。因此,在起始阶段为减少学生的畏难情绪,主要以教师绘制思维导图为主,在教师绘制出的思维导图中,将一些重点知识设计成填空题形式,以此指导学生完成自学环节。在填写思维导图的过程中让学生们逐渐了解、熟知思维导图所包括的形式、构成,以及逐步渗透绘制思维导图的基本方法,有意识地通过一些简单的事件锻炼学生们自主进行绘制,以培养学生的历史思维能力和总结归纳能力。

经过一个月左右时间的训练,同学们对所要学习的内容开始有了自己的判断和认知,在不同形式的思维导图中,也找到了适合自己的导图模式。由此进入第二阶段的训练,在这一阶段中,教师可以结合每课所学内容,归纳出重点学习内容,给出关键词,正确引领学生的思维方向,让学生们以小组形式,集思广益,互相补充完善来绘制思维导图。在教师的指导下,在同学们一次次体会尝试中,同学们相继掌握了绘制思维导图的技巧,达到可以独立完成绘制的水平。教师此时便可放手,进入到预习环节中的最终阶段,学生们自主阅读,梳理每课书的知识点完成思维导图的绘制,而这一环节即可调整到课前进行,由学生根据自己的习惯通过文字、图片等不同形式呈现出每课的思维导图,自主完成预习。课堂上在教师的讲解和师生共同学习中找出自己思维导图的欠缺和不足之处,用关键字的形式迅速修改和标注。课后结合预习和课上的修改,重新绘制完善思维导图,从而进一步加深和落实每一节课所学内容。

二、课堂教学环节:利用思维导图突破教学中的重难点

历史思维能力的培养是历史课堂核心素养要求之一,贯穿于每一节历史课之中。信息技术与学科教学相融合的前提下为历史课堂中思维导图教学法的使用提供了便利,课堂上可以利用现代化手段,即交互式白板导入思维导图,对知识进行总结、对比、归纳等,培养学生的思维能力,这也大大缩减了绘制思维导图的时间,提高了课堂效率。教学中,我经常使用的思维导图类型有:树状图、括号图、气泡图、流程图等形式。树状图和括号图属于课堂上最常使用的类型图,这两种思维导图使用的情况基本相同,都主要适用于对知识点的归纳总结,通过规划思维导图梳理知识发展线索,将所学内容一目了然而又清晰地展示在白板中,这两种思维导图均可以用于每一节课的内容小结,如:商鞅变法这一知识点便可采用这两种思维导图进行总结,树的分支或者大括号内,归纳要掌握的重点内容,即变法的背景、目的、时间、人物、内容、影响等。这样进行总结既有利于学生知识的巩固,又能提升学生的归纳总结能力。气泡图,主要是在对比两个事件、人物的异同点时使用。双气泡图能够鲜明地呈现出对比结果,它是由两个气泡思维导图组建而成的,中间的部分是两个思维导图所重合的部位,也就是所对比的事件、人物都具备的共同特性,左右两边的各自分支则是所对比内容的各自特性。如:在比较河姆渡人

和半坡人生活的异同点时便可使用双气泡图思维导图比较异同,即中间重合部分有定居生活、已有原始农耕等,各自分支中的河姆渡人填写杆栏式房屋和水稻,半坡人则填写半地穴式房屋和粟,由此把握该知识点的异同点。流程图的使用可以选在一些时间连续性较强的事件上,如:秦朝建立到灭亡的大事件就可采用流程图的形式表现出来,事件依次为:秦的统一、秦始皇加强中央集权的措施、秦的暴政、秦末农民大起义,每一个事件下再画出分支,展示这一事件的重点内容,如:秦始皇加强中央集权的措施,可以分出政治、经济、文化、思想、军事等几个方面。这样的思维导图既可以将历史事件按时间顺序呈现出来,又可以突出每一事件的重难点,既锻炼了学生的历史思维,又方便记忆。

除此之外,每堂课的小结部分,我都把主动权交给学生,让学生们展示自己预习环节时所绘制的思维导图,各抒己见中我们取长补短,并推选出最优作品进行表扬,以此激发学生的学习兴趣,也进一步扩展学生们的思维,为学生们绘制导图打开思路,真正做到利用思维导图将所学知识熟记于心。

三、复习环节:通过思维导图整合知识,深化理解

在教学中,每当学生学完一单元时,我都会利用思维导图整理这一单元的知识框架,将每一课的具体内容通过图画或关键词形式添加到单元思维导图之中,这样由面到点的教学方式,易于学生更好地把握教材,加深学生对历史事件之间内在联系的理解。学习完整本书后,我也会根据教材目录,利用思维导图整理整本书的知识框架,从宏观角度帮助学生把握一本书的内容,注意历史的连续性,培养学生的历史思维能力,注重核心素养的养成。

考试前的思维导图必须紧扣考试内容,并且面临着知识点多、综合性强、复习时间紧的问题,因此考前的思维导图一般由教师来绘制,以填空题形式呈现给学生,让学生们边听边补充,指导学生把握考试内容,提高了复习效率,增强了思维导图使用的实效性。如在复习八下中国现代史一书时我便采取了树状图和括号图相结合的形式,不同支线,层层划分展示了整本书的知识脉络。中心词设定为"中国现代史",下设三个分支关键词分别为"中华人民共和国成立""现代化建设""社会主义成就",每一个分支下再用大括号形式做具体知识划分。如"社会主义成就"这一部分中我将其分为了"民族、统一、国防、外交、科技文化"五个部分,再将具体

实例填充到其中,如外交方面包括的知识点有"和平共处五项原则、万隆会议、恢复联合国合法席位、中美关系正常化、APEC 会议"。由此,改变了以前教师一手包办的复习模式,改变了学生死记硬背的复习方式,学生们通过补充和绘制思维导图参与到学习中来,使复习环节达到了事半功倍的效果。

四、习题练习环节:思维导图提升学生的解题能力

一般我们在解答材料题时,习惯于直接在材料中勾画出相关信息,然后再答题。而使用思维导图可以帮助学生们梳理解题思路,得出的答案更有条理性。思维导图解题主要分为四个分支即"点、线、面、体"四个步骤。"点":判断考查的哪一个知识点;"线":即归纳题目所含信息,提取材料有效信息,组织题目答案;"面":将答案系统化,回答问题;"体":即确认答案,检查答案是否与问题相对应,答案有没有错别字。开始阶段需要学生们花费一定时间梳理材料绘制思维导图,经过反复练习,学生们形成思维模式,大大节省了答题时间,提高了答题的准确率。

经过尝试思维导图教学法引入历史课堂,转变了陈旧的历史课堂教学模式,打破了师生固有的思维模式,为历史课堂增添了新的活力,在中考新形势下,有效地提升了课堂效率和落实巩固情况。

参考文献

[1]罗培生. 思维导图教学法——一位历史老师的教学探索[M].南京:江苏凤凰教育出版社,2018.

[2]东尼·博赞.思维导图完整手册[M].郭胜阳,译.北京:中信出版社,2009.

信息技术在初中历史"深度学习"中的优越性

天津市华明中学　宋亚楠

摘　要:随着信息技术的迅猛发展,促成了信息技术同课堂教学的不断融合。全面推广信息技术在教学中的运用,不仅能增大课堂的容量、提高教学的效率,更能揭示教学的规律、发展学生的思维,起到充分调动学生学习主动性、积极性、创造性的作用。本文以"深度学习"理论为基础,从"信息技术运用"的必要性、网络技术运用平台等方面谈一谈笔者的见解。

关键词:信息技术　深度学习　方法建议

一、信息技术背景下开展历史"深度学习"的理论依据

我国在 2015 年修订的《中华人民共和国教育法》中明确提出"国家推进教育信息化, 加快教育信息基础设施建设, 利用信息技术促进优质教育资源普及共享"。这就意味着, 作为一线教师要充分开发、利用信息技术和网络资源, 在更为广阔的范围内开发、共享优质教育资源, 推进学生的"深度学习"与核心素养提升。

"深度学习"(DL, Deep-Learning), 是美国学者 Ference Marton 和 Roger Saljo 在《学习的本质区别之一》一文中首次提出的概念。该文指出:"深度学习, 是在真实并且复杂的情境中, 学生运用所学的知识和技能解决实际问题, 以发展学生的批判性思维,创新能力,合作精神和交往技能"的认知策略。"与"浅层学习"相对应,"深度学习"表现为学生不仅能在阅读基础上理解学习材料的基本内容,更重要的是体现了学生学习过程中的迁移能力,属于一种更高的思维层次。对于中学生来说"深度学习"又称为"探究性学习",是一种可持续发展的学习行为,它最终的培养目标是:学生能够批判地学习新的理论和史实,并将所学内容恰如其分地融入原有的认知体系中去,将已有的知识迁移到新的情境中,做出准确的决策并成功解决问题。

二、信息技术的运用在"深度学习"过程中的价值

第一,信息技术的有效运用,能够帮助学生把抽象的历史概念变得直观,把陌

生的历史人物变得鲜活，把静止的事件过程变得灵动。实际上，"深度学习"并不是以学生占有了多少书本知识，会做多少题目为根本目的，而是追求知识习得后，学生的学科能力、学科思想、学科经验以及核心素养的真实改变。

第二，信息技术参与课堂，能有效地突出重点、突破难点，改变传统的"以教师为中心"的教学结构，切实落实"教师为主导—学生为主体"的教学结构。学生通过动画、图形、声音、游戏、白板互动等方式传递信息，把复杂抽象的历史过程生动、形象、直观地表达出来，加上教师深入浅出的讲解，实现知识内化的目的。因此，信息技术与课堂融合，能够把学生从过去的"知识灌输对象和外部刺激的被动接受者"转变成了"信息加工的主体、知识意义的主动构建者和情感体验的主体"。

第三，信息技术的有效运用，将教学内容由单纯的一本教材，转变为以教材为主体，兼并丰富信息化的教学资源，如：学科专题网站、资源库、案例库、电子书包等。信息技术作为认知工具、情感激励工具、丰富教学环境的创设工具，它的全面运用，能够使各种教学资源、各个教学要素和环节，相互融合、相互促进。因此，信息技术作为教师的"教学工具"和学生的"认知工具"，它的充分利用，能够让教学环节更加合理、清晰，让课堂结构的设计更加优化、灵活。

三、信息技术为"深度学习"提供实施平台

(一)及时破解难懂的历史名词

和其他学科一样，历史学科也会出现一些特定的名词，它们会贯穿在教学中，体现在教材里。以统编历史教材八年级上册《鸦片战争》一课为例，5页教材共涉及以下8个苦涩难懂的历史名词："自然经济""出超""入超""关税协定""领事裁判权""片面最惠国待遇""新旧民主主义革命""半殖民地半封建社会"。作为教师，如不能在基础概念上多下功夫，不能让学生真正懂得其中的含义，未来将会限制学生对历史事件的理解与解释。

但是，专有名词的解释如果完全依赖教师，将面对两个实际困境——课堂时间的限制、学生理解能力的差异，所以专有名词相对较多的课程内容，往往很难获得良好的教学效果。由于笔者所在的学校已经建成了"全网络覆盖下的信息课堂"，所以在突破上述困境的时候，采用了下述方法：请同学们利用教室中的平板电脑(硬件设备)，打开"智慧课堂"app(软件程序)，自行搜索"历史知识库"模块，

以小组为单位交流、概括专有名词的内涵,形成自己的理解和认知。通过实践发现,学生在查找资料的过程中经历了树立观点、批判佐证、阐述交流等过程,随着老师的适时点拨和引导,最终帮助学生形成正确的概念框架,随之顺利开展进一步的深度学习。因此,信息技术手段的融入,不仅降低了课程的讲解难度,帮助学生厘清了概念内涵,更为日后落实学生"历史解释"这项核心素养能力的提升打下了夯实基础。

(二)超文本史料在线阅读

超文本在线阅读,是一种新型的阅读习惯,它能够为学生提供更多历史课本上难以呈现的内容。比如统编历史教材七年级上册,该册教材蕴含了许多有趣的历史典故,但由于教材篇幅所限,类似:"一鸣惊人""纸上谈兵""朝秦暮楚""老马识途""楚王问鼎"等典故无法一一展开讲述。因此,教师可以引导学生通过超文本在线阅读的方式,去了解、加深对典故中情节和人物的印象。作为历史课程,史料资源是最为重要的构成部分,通过网络技术的融入,能够为学生提供充足的信息来源。授课过程中,在启发学生对已有资源进行辨别、梳理、总结的同时,不断提高学生的分析整理能力和探究能力。

(三)电子书包的应用

从"深度学习"的理论特点来分析,它强调让学生在体验情景中探究问题,在辨析价值中专注学习,在批判中反思中迁移知识。以统编历史教材八年级上册《戊戌变法》为例,谈谈电子书包的应用与"深度学习"的关系。

多年来,每每讲到谭嗣同时,都会听到学生这样的回答:"谭嗣同真傻,换作是我一定会跑,毕竟留得青山在,不怕没柴烧"。学生会有这样的结论,不是没有道理,毕竟"生命诚可贵",这是人性本能的反映。但是从"深度学习"和"核心素养"的角度,笔者向学生发出以下提问:我们到底该用什么样的历史观看待人和事?结合当时的时代背景及历史人物的人生阅历,我们应该做怎样的理解和评判?通过对历史人物的言行分析,能给予我们什么启迪、哪些收获?

传统教学中,教师通常会在知识本身过度发力,常常纠结于历史知识的容量和难度,但是在信息技术的支撑下,笔者选择利用"智慧课堂"平台,向学生发布"电子书包",其内容包括:谭嗣同的身世资料,人物图片、变法视频及史料素材等。

学生在问题的引导下,通过手中的平板电脑打开"电子书包",完成小组间的自主探究学习。通过对"电子书包"的分析和整理后,学生的认知被改变了,他们选择站在"1989戊戌之年"的时代背景下看待和解释历史问题。学生们阐述了以下新观点:"谭嗣同出身官宦之家,父亲是湖北巡抚,所以他本人非常了解并痛恨官僚制度的腐败。他拒绝科考,拒绝走仕途,他潜心钻研学问的同时,广交社会进步人士。谭嗣同的基本认知是,中国不能再这么下去了,必须要变革。恰逢维新运动,于是他积极投身其中,希望由此改变中国命运。但很不幸,变法失败。梁启超称谭嗣同为:'中国为国流血第一士'。从谭嗣同的角度看,他就是要迎着死亡,用自己的死,来警醒国人,继续改变中国。他是笑着走向刑场的。他不是傻,是理智的选择。什么叫作舍生取义?什么叫作大义凛然?在生死面前,当国家、民族的命运与个人的命运之间需要抉择的时刻,他的这一选择是一种英雄的选择,是一种英雄的气概,是凡人根本做不到的。"

此时学生在已有的知识体系下,产生了新的价值取向和情感倾向,学生通过对具体问题的独立思考,产生了自主判断和辨析观点:谭嗣同的这种精神、情怀,恰恰是中国历史上的仁人志士所共有的。从荆轲的"壮士一去兮不复还",到文天祥的"留取丹心照汗青",到近代林则徐的"苟利国家生死以,岂因祸福避趋之",到鲁迅的"我以我血荐轩辕",一直到共产党员夏明翰的"砍头不要紧,只要主义真",他们的生死观,他们对国家和民族命运的认识,不同的时代、不同的阶级、不同的身份,竟是高度的一致!这都是中华民族骨髓里的东西。这些人都是中华民族的脊梁。我们是凡人,我们可能做不到,但我们应该敬仰他们。

综上所述,信息技术的引进,使得"深度学习"具有了区别于传统学习的显著特征。"深度学习",是立足于真实情境的问题解决;是侧重于挑战性内容和高阶思维能力的学习,是学科内的整合学习,突出深度思辨的思维方式。

(四)可视化历史文物

纸介无法传递动态的美感,图片也无法传递完整的画面。教学过程中可以利用信息技术向学生提供有关可视化的历史博物馆、纪念馆、历史遗址、名胜古迹的网站或网页。引导学生进行网上浏览,近距离观察历史文物及场景,了解真实的历史原貌,缩短时空距离,提升现实生活与历史之间的"亲密程度"。

例如讲解统编历史教材七年级下册《明朝的对外关系》一课时,教材里提及到

"明成祖称帝后,派郑和率领船队出使西洋……'示中国富强',同时也用中国的货物去换取海外的奇珍"。由于时代久远,史料匮乏,授课时该如何向学生展示"海外奇珍"呢?

此处的处理方法是:带领学生登陆"智慧课堂"平台,开启天津市博物馆"VR云看展"功能。让一件件虚拟却真切的文物逐一出现在学生面前,随后学生便开启了一段"现场参观、考察博物馆"的旅程。学生们在博物馆里努力寻找来自明成祖时期(永乐年间)的珍贵藏品,以试图发现具有价值的线索。经过仔细筛查和判断后,学生普遍反应没有找到直接物证来证明"海外换回的奇珍"。但是,他们发现了一种叫做"苏麻离青"的进口染料,这种染料多用于瓷器的纹饰绘画过程。据史料记载,该染料是郑和下西洋时,从伊拉克萨马拉地区亲自带回的。因其含铁量高含锰量低,烧造后自然形成沉入胎骨的铁锈斑,所以深受当时朝野上下的喜爱。

学生们进而补充:在众多藏品中,他们还发现了一件采用"苏麻离青"染料绘制而成的瓷盘——"明永乐青花绶带鸟图盘"。这是一件器型硕大的瓷盘,此盘清新脱俗、国之极品。其直径约50厘米,周边纹饰具有典型的伊斯兰风格,经史料介绍可知:该盘是中国工匠为了适应海外居民的生活习性和喜爱偏好改良而成的,用于出口海外。通过探究结果,学生们自觉引出了郑和下西洋的历史价值:"增进了中国与亚非国家和地区的相互了解和友好往来"。

此外,当学生发现同类纹样的永乐青花盘传世少见,堪称珍品,就目前已经掌握的资料,世界仅有3件藏品,分别被北京故宫博物院、日本大阪市立东洋陶瓷美术馆,以及我们天津博物馆各收藏一件时,他们心目中的民族自豪感和家乡成就感油然而生。我们发现,信息技术的有效运用,为学生打造了一个独特的学习情境,将学生置身于可移动的博物馆中,让他们通过自己的眼睛直接观察历史遗留下来的珍品,从中发掘更多具有价值的历史信息。

综上所述,实现信息技术与"深度学习"的融合,要求教师在以多媒体和网络为基础的信息化环境中实施课程教学活动,对课程教学内容进行信息化处理,随后生成学习者的学习资源。学生"深度学习"的方式是:从传统的接受式学习转为主动学习、探究学习和研究性学习;学会利用资源进行学习、学会在数字化情境中进行自主发现的学习;学会利用网络通讯工具进行协商交流,合作讨论式的学习;学会利用信息加工工具和创作平台,进行时间创造的学习。总之,通过信息技术与历史课堂的有效融合,能够让学生从资料中找结论,从人物中找动力,从事件中找启示,能够提升学生核心素养,能够充分发挥历史教学工作的立德树人功能。

参考文献

[1]张胜平.历史课堂中深度学习的六大表征[J].历史教学,2018(06):25-30.

[2]张倬谦.关于网络教学的传播学思考[D].武汉:华中科技大学,2006.

[3]朱开群.基于深度学习的"深度教学"[J].上海教育科研,2017(05):50-53+58.

实践 **2**

基于史料实证素养培养的历史深度学习策略研究

天津市武清区光明道中学　赵金霞团队

摘　要: 新一轮基础教育课程改革提倡素质教育,发展学生核心素养,强调以高级思维的发展和实际问题的解决为目标,积极主动、批判性的学习新的知识和思想并能够进行知识的迁移,完成深度学习。在中学历史教学中,教师要通过对课程内容的整合,自主搜集史料并恰当运用,整理鉴别史料的真伪,运用多种类多角度史料,促使学生带着问题意识和证据意识在新情境下对历史进行探索,拓展其历史认识的广度和深度,提高学生的深度学习能力。

关键词: 初中历史　史料实证　深度学习　历史学科素养

　　"基于学科素养的初中历史课堂教学实践研究"这一课题是天津市中小学"学科领航教师培养工程"攻坚阶段初中历史学科组的攻坚总课题。在总课题的统领下,我研究的重点是"基于史料实证素养培养的历史深度学习策略研究"。研究过程中,我和我的团队立足于初中历史课堂,用深度学习的策略促进培养学生史料实证能力,以达到促进学生全面发展的目的。

一、培养史料实证素养,进行历史深度学习符合时代发展的要求

2014 年教育部研制印发《关于全面深化课程改革落实立德树人根本任务的意见》,提出"教育部将组织研究提出各学段学生发展核心素养体系,明确学生应具备的适应终身发展和社会发展需要的必备品格和关键能力"。

《普通高中历史课程标准(2017 年版)》,明确提出了历史学科核心素养,包括唯物史观、时空观念、史料实证、历史解释和家国情怀五个部分。其中"史料实证是指对获取的史料进行辨析,并运用可信的史料努力重现历史真实的态度与方法。"这虽然是对高中学生提出的要求,但在初中历史教学中也要适度加强对学生学科素养的培养。

由此可见,培养史料实证素养,进行历史深度学习的研究符合当前初中历史教学实际,符合教育部研制印发《关于全面深化课程改革落实立德树人根本任务的意见》,有助于激发学生学习历史的兴趣,发挥学生的主动性,培养学生的历史学科核心素养,提高学生的深度学习能力。在中学历史教学中,教师要通过对课程内容的整合,进行单元教学,引导学生深度学习,促使学生带着问题意识和证据意识在新情境下对历史进行探索,拓展其历史认识的广度和深度。

课题研究的过程中,我们力求达到两个目的:一是寻找培养学生基于史料实证素养进行有深度的历史课程学习的方法,创造高效课堂,促进学生的全面发展,形成点、线、面俱全的历史大局观,达到立德树人的目的。二是在教学实践活动中引导学生充分利用教材及教参上的史料提高学科素养,培养学生通读历史,解析历史的能力,从而使学生形成"史由证来,论从史出"的证据意识。

二、立足教学实践，深挖教材是培养史料实证素养，进行历史深度学习的重要方法

（一）从学生实际出发，进行史料实证的基本素养进行调查研究，掌握第一手数据和相关材料

课题研究伊始，我们制作了两份调查问卷，包含初中版和高中版，主要目的是了解学生对史料实证的了解程度。初中版用了 10 个相对基础的问题。高中版问卷比初中版多几道题，也相对较难。其中，高中生参与问卷的有效人数是 138 人，乡镇学生占到 80%，其中听过历史核心素养的占 66%，知道史料实证核心素养的占 58%，60% 的学生是通过老师知道核心素养这个概念的，38% 的学生能区分史料的不同类型，36% 的人能判断史料的真伪和价值，62% 能提取史料的有价值的信息，55% 能把这些信息作为论证的观点，43% 的学生能利用不同类型的史料对所探究的问题进行互证，形成对问题的解释，47% 能恰当运用史料对问题进行论证，68% 的学生能体会实证精神，79% 能认识到史料求真的重要性。

初中学生参与问卷人数达到 1610 人，涉及七、八、九 3 个年级，其中城镇学生占 94.66%，90% 以上学生非常喜欢或者比较喜欢历史课，27% 的学生听过史料实证，95% 的学生认为对史料的搜集和辨析是历史学习的一部分，大部分通过网络和老师的宣传知道历史学科素养的内容，38% 的学生能区分史料的不同类型，56% 的学生知道搜集史料的途径和方法，31% 的人能辨别史料的真伪和价值，64% 的学生能从史料中提取有价值的信息。

从这些数据中不难看出，初中生对于史料实证这一概念的了解程度远不如高中学生，这一现象充分说明了史料教学在高中和初中两个学段中研究发展的不平衡，同时也说明了在初中历史教学中更需要进一步加强史料的运用。当然，这和初高中对核心素养的不同要求有关。历史学科的核心素养教育目前对初中而言没有明确要求，只是参照高中的标准。所以对初中学生进行史料实证核心素养的培养任务更重，对老师的要求也就更高。

这项调查问卷为课题研究提供了数据支持，使我们更加明确了研究方向，研究的目的性更强。

(二)引导学生运用史料发现问题、探究问题、解决问题，提高学生对史料运用的能力

在研究实践过程中，我们发现了一些在史料运用上存在的问题，这些问题直接或间接影响到了学生的学习效果，使深度学习的目的并没有真正得以实现。

问题一：选取史料时不注意出处，随意节选，不做鉴别，致使所选取的史料不能论证论点，导致观点上的偏差。如一些教师随便在一些网站上或微博上看到相关的史料似乎符合课堂需要，就急忙引用过来，而不加甄别，致使引入错误信息，甚至会造成知识性的错误。

问题二：为说明一个问题，老师或者学生会罗列出若干史料，导致史料过多过繁，影响学习效果。

案例1：关于对成吉思汗的评价

材料一："成吉思汗是后人难以比肩的战争奇才，他逢敌必战，逢战必胜的神奇，将人类的军事天赋穷尽到了极点。"

"什么人才能称得上战神？唯有成吉思汗！"

——刘乐土《成吉思汗》(北京图书馆出版社2002年版)

材料二："如果有关战争的记载都从历史上抹掉，只留下成吉思汗战斗情况的详细记载……从那些记载中，军人可以获得有用的知识，塑造一支用于未来战争的军队。那位令人惊异的领袖(成吉思汗)的成功使历史上大多数指挥官的成就黯然失色。"

——美国五星上将麦克阿瑟

材料三："在中国由于蒙古人采取'信仰自由'和'兼容并包'的政策，伊斯兰教乘机往东发展，大批穆斯林迁居来华，为穆斯林民族的形成奠定了基础。"

——朱耀廷《正说元朝十五帝》(中华书局2006年版)

材料四："成吉思汗在开始西征起，便……把东西交通大道上的此疆彼界扫除了，把阻碍经济文化交流的堡垒削平了，于是东西方的交往开始频繁，距离开始缩短了。中国的创造发明如火药、纸币、驿站制度等输出到西方，西方的药品、丝织

品、天文立法等也输入了中国。"

——元史专家韩儒林

材料五:成吉思汗攻陷不花剌(今乌兹别克共和国布哈拉),男子被杀者 3 万余人;攻陷撒马耳干时,已投降的 3 万康里军士兵亦被屠杀;在进攻云南时"杀戮无噍类";元军攻陷常州后,"杀常州之民数百人煎膏取油,作炮,掷于牌权上,以火箭射之。

——《宋季三朝政要》卷 5

材料六:唐朝以后长时间民族之间连绵不绝的冲突、战争,阻断了丝绸之路,阻碍了东西文化交流。然而,蒙古西征横扫欧亚大陆,消除了国界的限制,使得欧亚交通畅通无碍"是千里者如在户庭,之万里者如出邻家。"

——张程、陈娇娇《东方帝国》(中央编译出版社 2007 年版)

为了讲授一个问题就引用了六则材料,每则材料的字数都不少,每则材料都需要学生细细研读,才能分析出材料的主旨,对于初一学生来说,数量太多,难度太大,学生咀嚼乏味,缺乏兴趣,不会跟老师产生互动和共鸣,不利于课堂学习。况且,"对成吉思汗的评价"这一问题也不是本节课的重点,不用这么大费周章地引用各种材料、从各种不同的角度说明这个问题,如此讲述,不免有喧宾夺主之嫌。

问题三:运用史料的方法过于单一,形式过于枯燥。我们最常见的史料教学方法就是史料的堆砌,最多加上图片和一些视频资料。这样的方式简单易操作,但可能会让学生造成误解,以为史料仅仅是这些内容,而忽视了其他的史料呈现方式。

针对以上情况,我们在研究过程中逐一提出了解决方案:第一,史料不能独立成篇,必须形成相应的证据链条,把事件的前因后果交代清楚,使学生可以从宏观和微观角度共同研讨问题;第二,确立明确的目标,选择恰当的史料,充分利用教材教参,真正培养学生论从史出的能力,培养学生史料实证的核心素养;第三,力争史料教学手段多样化,为学生提供更加丰富的史料来源,如历史人物访谈、编历史课本剧分角色扮演、参观历史博物馆历史遗址和收集鉴赏历史相关文物等等形式。在这方面,教参也为我们提供了实例。

案例 2:康有为等维新派的主张及维新派与顽固派的论争

(1)准备。教师可以设计剧本,让学生进行角色扮演。为了达到预期效果,也可以课前布置给学生,让学生提前做好准备。

（2）学生表演时，老师组织其他学生认真观看。

（3）表演后，教师对表演给予鼓励，并引导学生总结维新派的政治主张，明确顽固派对变法的态度，为理解变法的失败做铺垫。

历史短剧剧本：

旁白：德国强占胶州湾，清政府内忧外患。康有为再次上书，要求变法。他被请到总理衙门"问话"，出席"问话"的有李鸿章、荣禄、翁同龢等五位大臣。

荣（盛气凌人）：你老是变法、变法呀，你知不知道，祖宗之法是不能变的，变则违背天理，必然祸乱天下。

康（反驳）：世事万物皆有变化，祖宗之法为什么不能变呢？祖宗之法乃治国之本，只有变祖宗之法中的陈腐之处，国家才能富强兴旺。

李（拍桌子叫道）：住嘴，此不忠不孝之论，不可宽容。

荣：祖宗之法千真万确，只能遵行不能变更。

康：今天祖宗留下的疆土都保不住了，还谈什么祖宗之法。就拿总理衙门来说吧，祖宗之法里没有，是最近跟洋人打交道才新设立的，时代变了，祖宗之法也非变不可。

（荣禄等一时无言可答，拂袖而去。）

翁：年纪轻轻，就有如此见解，难得难得，我会尽最大努力把他引见给皇帝的。

旁白：这次问话后，光绪帝对康有为极为欣赏，下令康有为等人筹划变法。

由学生进行角色扮演，既能演绎历史，又可以增加学生学习的兴趣，从而对历史有更加深入的理解，达到深度学习的目的。

（三）通过教学实践研究形成基于史料实证素养培养的历史深度学习策略

1.分析学情是定制深度学习策略的前提

新课程改革要求以教师为主导，以学生为主体，所以教师在实际的历史教学过程中要充分考虑学生的认知水平。学生的认知水平是指学生在不同的年龄阶段，在其认知的领域内表现出来的认识事物规律性的能力。学生的认知水平往往受知识储备、学习兴趣、家庭环境甚至性格特点的影响。因此教师在选择史料时不仅要考虑同年龄段学生的认知水平和认知差异，还要考虑同一年龄段的不同班级

的学生在认知水平,认知风格和发展趋势上的差异。

案例 3

材料一:汉兴,接秦之弊,诸侯并起,民失作业而大饥馑。凡米石五千,人相食,死者过半。

——班固:《汉书》卷二十四上《食货志》

材料二:自天子不能具醇驷,而将相或乘牛车,齐民无藏盖。

——司马迁:《史记》卷三十《平准书》

这两则材料都出自统编版教材《中国历史》七年级上册第 11 课《西汉建立和"文景之治"》,相对较简单。虽然七年级的学生刚刚接触中国古代史,文言文基础薄弱,但对于这类相对简单的史料来说,学生较为容易理解,因此在讲课中遇到的困难并不大,老师们给一些适当的解释即可。这类的史料可以直接应用。而教学中可能会遇到一些较难懂的史料,就需要老师们给出注释,还要根据学生的情况做出适当的翻译和解释。

案例 4

材料一:大道之行也,天下为公,选贤与能,……是谓大同。今大道既隐,天下为家,……是为小康。

——《礼记·礼运》

材料二:"为政以德,譬如北辰,居其所而众星共之。;道之以政,齐之以刑,民免而无耻。道之以德,齐之以礼,有耻且格。"

——《论语·为政》

这些材料,尤其是第二段材料对于七年级学生而言有一定难度,对于不同地区的同年级学生而言也存在理解上的差异,教师在引用时应该针对不同学生的情况采用不同的方法。城区学生基础较好,稍加解释即可,农村学生基础较差,就需要教师给出必要的翻译和注释,使学生准确理解史料的含义。

2.掌握基于史料实证素养培养的历史深度学习的基本方法

(1)在引用史料时,要充分利用史料的出处。它既可以提供史料的基本信息,又能帮助学生判断书史人的立场,有利于学生形成正确的历史观。

(2)要学会科学使用多种史料。这些史料包括实物史料、历史地图、影像资料等,帮助学生从多方面、多角度去了解历史、分析历史,从而达到深度学习的目的。

案例 5：九年级 11 课《古代日本》，教材中提供了 3 则材料：

材料一："乐浪海（日本海）中有倭人，分为百余国，以岁时来献见云"。

——《汉书·地理志》

材料二："光武帝建武中元二年（57 年），倭奴国奉贡朝贺，光武帝刘秀赐以印绶。"

——《后汉书·东夷列传》

材料三："邪马台国在 3 世纪曾数次向三国中的魏进贡，并接受了魏帝的册封与印绶。"

——《三国志·魏书·乌丸鲜卑东夷传》

本课讲述的是古代日本的历史，但几则史料的出处均为中国史书，这说明我们所知道的有关日本的最早的发展历史，是来自于我国的史书记载，而那时的日本是没有文字的，因此它不能记述本国的历史沿革。这几则材料还说明，那时日本与中国已有往来，材料二中关于倭奴国奉贡朝贺，光武帝刘秀赐以印绶，也有实物佐证。课本上同时展示了这一方金印，印证了材料的真实性。

（四）展示基于史料实证素养培养的历史深度学习策略的课例研究

在此期间我们做了一些课例研究，用史料教学模式培养学生史料实证的学科素养，在此基础上实现历史课堂的深度学习。如，八年级的《七七事变与全民族抗战》、七年级的《沟通中外文明的"丝绸之路"》两课均在区级双优课评比中获奖；九年级的研究课《古代日本》获市教学专家好评；一些教师还录制微课等，在疫情期间通过网络进行交流，实践水平得到显著提升。在这些课例中，老师们把史料教学作为常规教学方法，恰如其分地选取史料，根据学情不同，或将文字材料化繁为简，或用文字材料与实物资料相结合，或用多种史料互为佐证，同时又采用现代信息技术作为教学的辅助手段，使课堂生动有趣，史料运用准确得当，问题设置深入广博，既有家国情怀等学科素养的渗透，又突出史料实证的素养培养，课堂完全实现有效教学。

三、基于史料实证素养培养的历史深度学习策略研究取得丰硕成果

(一)充分利用教材教参史料并恰当运用,可以提高学生的深度学习能力

得出这一结论有其重要的依据:

(1)史料教学有其必要性:首先这是学科特点要求。历史的演进发展是一个客观的过程,它不可再现,亦不可重演。这个特点决定了人们只能通过历史遗迹、遗物、文物资料和文字记载等历史资料来了解历史和研究历史。从这个视角来说,现在的人们要想认识历史和研究历史就必须借助史料;其次是新课改要求。新一轮基础教育课程改革提倡素质教育,强调转变学生的学习方式,改变过去的死记硬背题海战术,倡导学生主动参与、主动探究、分析问题和解决问题的能力。在中学历史课堂中应用史料教学模式正是新课程改革的迫切要求;再次,是基础教育考试评价的要求。材料解析题是历史学科必考的考试题型,在平时的中学历史课堂教学中教师关注不关注史料的选取运用,关注不关注提高学生解答材料解析题的能力,将直接关系着历史科目中考、高考学生分数的高低;最后,史料教学也是初中历史教学实际的要求。随着历史新课程改革的推进,尤其是历史学科核心素养的提出,史料教学作为一种重要的教育教学理念,日益为广大历史教师所重视和关注,并初步形成了一批具有代表性的理论和实践成果。

(2)选取史料具有可行性:最新由教育部组织编写的初中历史教科书(简称统编版初中历史教科书)使用了大量的史料,例如历史文物图、历史地图、遗址遗迹图、图表、自由阅读卡等等,较之以前的版本,部编版初中历史教科书还增设了"材料研读""相关史事""人物扫描"等作为课文的穿插,因为教材、教参都是经过专家编写、国家审批的,上面的史料较为准确,又有针对性,符合课程需要,精而又精,我们引用起来得心应手。

因此,课题组成员对于教材史料教学多有心得,撰写多篇论文,探求史料实证及深度学习策略。如《用史料教学点亮初中历史课堂》《初中历史教学中的史料研究》等,从史料教学的意义、方法、效果等多方面探寻史料实证素养培养的真谛,使历史课堂成为学生探究历史科学的阵地。同时形成多篇实用性教学案例,深入进行实践研究。如《七七事变与全民族抗战》《充分利用教材史料,探寻课堂深度》等,从实践出发,充分利用教材和教参史料,在实践中总结经验,发现问题,获得提升。

(二)整合教材教参史料,可以使其作用最大化,为充分利用史料进行深度学习提供依据

教材和教参是教师们案头的必备工具,重新整合的目的是使其提供的史料得以更方便的使用,提高效率。依据统编版初中历史教材、教参提供的史料及其解读,以课标版初中历史教材教参提供的史料加以必要的补充,课题组对统编版初中历史教材(共六册)上涉及的内容提供全面的史料整合,包括文献史料及图片史料的出处、意义、解析等,有必要的相关史料的补充和教学建议。

案例 6:统编版中国历史八年级上册史料应用

鸦片战争

一、教材整体介绍

本课主要学习三块内容:鸦片走私与林则徐禁烟、英国发动侵略战争、《南京条约》的签订。三块内容之间联系紧密,鸦片走私与林则徐禁烟是导致英国发动鸦片战争的原因之一,而《南京条约》则是这次战争带给中国的恶果。

二、教材史料

(一)林则徐

材料解读:林则徐(1785—1850 年),字元抚,一字少穆,晚号竢村老人。福建侯官(今福州)人。……

三、相关史料

鸦片战争前后的英国工业概况

1640 年英国发生了资产阶级革命,为资本主义的发展扫清了道路。到了 18 世纪 60 年代,英国开始了工业革命,在纺织业中,机器大生产开始代替了工场手工业。……

四、教学建议

由英国为什么要向中国走私鸦片的疑问引导学生阅读课文,思考回答。在学生充分议论的情况下,教师加以归纳。指导学生看《英国输入中国的鸦片激增表》。

五、参考资料

这是课题组整理的八年级上册第一课《鸦片战争》的史料和教学建议。根据需要,我们把每一课的内容分为五个方面,即教材整体介绍、教材史料、相关史料、教学建议及参考资料。其中重点是教材史料和相关史料。教材史料对教材中出现的引文、图片都做了解读,目的是让教师明白这些史料的来源、意义和使用意图;相关史料是对教材史料进行必要的补充,使之成为相对完整的证据链条,让教师对教材上的史料有更深入的理解,也就可以更好地驾驭历史课堂,带领学生进行深度学习,实现史料实证的学科素养培养。

(三)拓展史料实证的多种运用途径,可以提高深度学习能力

在前期的准备工作中,我们发布了两组针对初高中学生的调查问卷,结果显示:高中学生对史料实证有一定的了解,能掌握一些史料分析的方法;初中学生对史料实证不甚了解,不能系统掌握史料分析的原则和方法,造成思维上的混乱。基于以上学情,我们得出的结论是教师要拓宽史料实证的运用途径,用多方法、从多角度充分运用史料教学,从而达到深度学习的目的。

在这方面,我们的主要成果如下。

1.运用多种方法手段,增强学生学习兴趣

成果论文《现代教育技术之史料实证在历史教学中的应用》《浅谈如何运用信息技术培养学生历史核心素养》、案例《浅析利用乐教乐学平台进行线上师生互动学习》,从技术层面解读史料的呈现方式,通过科技手段,便于学生对于史料的理解和运用;《思维导图在历史教学中的构建与应用》《浅析思维导图支持下历史高效课堂的构建》两篇论文则从教学模式方面开启新的思路,使史料实证更加系统化,从而更加有利于学生的理解,有利于历史的深度学习。

2.多角度解读史料,增强学习的选择、辨析能力,达到史料实证的目的

论文《基于学情分析的备课研磨》,从初中学生的实际情况出发,阐述史料的选择、甄别和运用,为史料实证和深度学习提供可行性分析;《将诗词文化植根于

历史课堂,培养学生核心素养》《初中历史教学中如何激发学生的学习兴趣》两篇论文、《创设问题情境,感受伟大精神》教学案例等则着重从培养学生兴趣方面入手,使课堂呈现出更好的学习效果。

3.拓展多种史料运用方法,达成基于史料实证的深度学习

(1)博物馆教学。这是时下最火热的教学方式,与历史教学的契合度极高。我区地方博物馆是进行地方史教育的最佳阵地,教师可以带领学生去那里学习家乡的历史沿革、变迁,去了解家乡特色文化。对于其他博物馆,现在可以用云上参观的形式带领学生去欣赏文物,领略历史。教师可以关注一些博物馆的微博、微信公众号等,注意它们发布的官方消息,关注云上博物馆的展览情况。新冠疫情的肆虐使网络发挥了重大作用,很多博物馆也都开通了网络游览平台,老师们可以建议或组织学生网络参观。

(2)历史人物访谈。这种方法更适合于现代史的教学。由于建国 70 周年、抗美援朝 70 周年、建党百年等重大历史时刻的到来,大量纪录片也就席卷而来。在这些纪录片里,很多战争的亲历者为我们讲述了他们亲见的历史,包括决策者的高瞻远瞩、战争的惨烈过程、中国人民英勇无畏的英雄表现等。他们的讲述为我们提供了更多更详尽的史料,可以在甄别选择后在课堂中呈现出来。除此之外,我们自己也可以去发现一些身边的活历史,比如家周围的百岁老人、抗战老兵、朝鲜战争亲历者、新中国的同龄人、改革开放的先行者等等,身边人讲身边事,能让学生更真切的体会到历史的真实感,能对他们形成更深刻的教育,从而达到历史教育的目的。

(3)编排历史剧,进行角色扮演。这种形式前面已经有案例说明,这里不再赘述。

(4)组织活动课。统编版初中历史教材每册的最后一课都是活动课,主题有很多。比如七年级下册的活动课是《中国传统节日的起源》,让学生以"探索中国传统节日"为题,搜集资料,展开研究,分小组以不同形式展示研究的成果。通过这样的活动课,学生可以了解中国传统节日的起源和演变,提高文化素养,可以从中国传统节日中理解中华民族的道德观和价值观,可以通过搜集、梳理相关资料提高整理、分析资料的能力,还可以提高学生的沟通和表达能力。当然,教师在组织这样的活动课时可以不按照课本的要求,根据本校学生的实际情况合理安排活动,起

到完全相同的作用。

除此之外，教师还可以组织其他活动，如"认识雕版印刷术"，培养学生的动手能力；"找找你身边的跨境商品"，理解经济全球化的深刻影响等等。通过组织活动课，能更有效地激发学生的兴趣，使学生在动手动脑的过程中体会到历史的人文情怀，在潜移默化中实现历史学科的素养培养。

(四)在初中阶段贯彻史料实证的素养培养以及深度学习，可以形成初高中知识和学科素养培养的有效衔接，为学生的高中历史课程学习打好基础

国家颁布了《普通高中历史课程标准(2017年版)》，明确提出了历史学科五大核心素养，其中就包括史料实证。而在初中阶段并未明确提出核心素养的说法，但基于对学生进行全面素质培养的目标，初中历史课堂也应加强学生学科素养的培养，完成初中阶段的历史课堂深度学习，以便于顺利完成初高中阶段的知识与能力的衔接，达到最佳教育效果。

因此，课题组做了如下工作。

第一，吸纳高中历史教师完成高中阶段的问卷调查，并对调查结果进行分析和比对，得出科学的结论。第二，做好初高中学生在史料学习方面的衔接，提升学生的史料实证能力。在这方面，我们团队一位高中老师贡献颇多。她的论文《论如何培养高一学生史料分析能力》即从理论上分析了刚刚进入高中阶段学习的学生如何进一步培养并提高史料分析的能力，完成从初中到高中的蜕变；而她的教学设计《第8课 三国至隋唐的文化》则从实践出发，用实录方式记录史料教学的全过程，为初中历史教师提供了史料教学的方向。

研究结果显示，在教学过程中充分利用教材教参史料进行教学，不仅达到了利用手边资源进行史料实证，培养学生历史学科核心素养的目的，而且使学生学会如何甄别、选择、剖析、运用史料，深挖历史真相，从而达到深度学习的目的。这样，课题的研究目标、意义均得到实现，教师运用史料的能力也得到显著提高。

一年多的时间里，我们初中历史学科组完成了天津市中小学"学科领航教师培养工程"《基于学科素养的初中历史课堂教学实践研究》这一攻坚总课题，我的团队也从"基于史料实证素养培养的历史深度学习策略研究"的角度对总课题进

行了深入地研究。研究成果表明,史料教学是培养史料实证学科素养的基本方法,深度学习是推进史料实证学科素养的基本策略。教师必须立足于课堂,充分挖掘教材史料,培养学生"论从史出、史论结合"的能力,才能真正做到培养学生的历史学科素养。

参考文献

[1]傅斯年.史学方法导论[M].北京:中国人民大学出版社,2004.

[2]柯林伍德.历史的观念[M].北京:中国社会科学出版社,1986.

[3]叶小兵.中学历史教学中史料教学的探讨[J].北京师范学院学报(社会科学版),1992(3).

[4]何成刚,等.智慧课堂:史料教学中的方法与策略[M].北京:北京师范大学出版社,2010.

[5]李晨辉.初中历史教学中史料运用存在的问题及改进策略的研究[D].天津:天津师范大学,2018.

基于学情分析的备课研磨

——以《古代日本》一课为例

天津市武清区光明道中学　赵金霞

摘　要：作为长期工作在初中教学一线的历史教师，我深知学情分析的重要性。充分了解学情，把学情作为课程研磨的基本前提，能使教师更加准确地掌握和把控课程的各个环节，激发学生的学习兴趣，有效提高教学效果。本文以《古代日本》一课为例，对基于学情分析的备课研磨进行了说明。

备课时教师基于学生课程资源丰富、知识储备量较大、思维活跃、有日语基础等特点，对教学目标、教学方法、教学重难点、教学评价以及教学效果的预测都做出充分的准备，这是备课的基础。

在实际的课堂操作中，可能会遇到课上生成的问题，使老师面临新的学情。这就要求老师基于对学情的了解采取相应的应变和处置，使课堂教学顺利进行。如学生自主学习时间超出预设范围，则可调整思路，给学生必要的提示；如学生想要表达自己的观点，教师要及时把握，给学生充分发挥的空间。这些做法充分调动了学生学习的主动性。

课后我对于本课的教学过程进行了反思，在教学策略和方法上我对学情的分析还是存在一定的问题，需要改善。

由于进行了充分的学情分析，《古代日本》一课收到了良好的教学效果。首先，教学设计得当。我在本课的设计中充分利用了学生的"已知"来探寻学生的"未知"，培养学生的能力使其"能知"，利用材料分析、史料实证等激发学生兴趣，使其"想知"，升华情感把知识内化成"需知"。每一环节都从学情出发，确定行之有效的教学方法，收到良好的效果。其次，教学质量提高。我在本课中利用学生的外语特点让学生朗读日语，既提供了学生展示的平台，又提高了学生学习历史的兴趣，从而提高了学习效率。

备课前充分分析学情，能促使教师更有效地确定教学方法和策略；而好的教学设计的实施又能促进学生的进步，教学相长中实现研学的飞跃。

关键词：学情分析　古代日本　备课研磨　教学设计

学情分析是伴随现代教学设计理论产生的,是教学设计系统中"影响学习系统最终设计"的重要因素之一。学情涉及的内容非常宽广,学生各方面情况都有可能影响学生的学习。学生现有的知识结构、兴趣点、思维情况、认知状态和发展规律,生理心理状况、个性及其发展状态,学生的学习动机、学习兴趣、生活环境等都是进行学情分析的切入点。

一直以来,我都工作在初中历史教学的一线,对初中学生较为了解,而今年的一次教学研磨经历让我对学情分析的重要性有了更为深刻的认识。

2019 年 10 月份,作为天津市中小学"学科领航"培养工程的一名学员,我来到天津外国语大学附属外国语学校进行基地实践活动,在此过程中与其他学员共同研磨了一节九年级的课,名为《古代日本》,而研磨备课首先从小外学生的学情入手。

刚到小外,就被小外浓郁的学习气氛和多元的文化氛围所包围。这里的课程设置十分丰富,除基础课程外,还有心理辅导课及各种兴趣课,如科技发展、3D 打印等科技前沿的课程。因此,学生在课本之外的知识相对丰富。另外,外语教学是这里的特色,除英语外,这里还开设了西班牙语、日语、法语、德语等,学生在学习语言的同时,对这些国家的历史沿革也有一定的了解。再者,通过听课我们了解到,这里的学生知识广博,思维活跃,因此,很多学生善于表现,也勇于表现,课上较为积极活跃,也经常会提出一些教师预设之外的问题或者看法。这是我们到小外之后了解到的基本情况。这些情况对备课老师提出了更高的要求,教学目标的设立、教学方法的使用、教学重难点的突破、教学评价的进行以及教学效果的预测都要从学情入手,做出充分的准备,这是备课的基础。

一、备课中体现的学情分析

根据课标要求和课本的具体内容,我们把本课重点确定为"大化改新",难点为"大化改新"对日本的影响及武士道精神的影响。在备课中,我们力求用最有效的方法对重难点进行突破。

(一)关于"大化改新"

"大化改新"这一子目分为三部分,即背景、内容和影响。

关于背景:通过研磨,我们决定充分利用学生的已有知识来实现新的认知。大

化改新是日本在本国社会矛盾尖锐、政局混乱的情况下,决定学习中国的隋唐制度而进行的改革。这就涉及到七年级课本中有关隋唐,尤其是唐朝的内容,包括"贞观之治"及"唐朝的对外关系"。

研磨过程中,我们决定采用两则材料,一是"初唐时期唐太宗调整统治政策,由于政治清明,文化昌盛,国力逐步强盛,历史上称之为"贞观之治"。(华东师大版《世界历史》第 12 课 古代日本)",目的是带领学生回忆唐朝的"贞观之治",说明中国唐朝制度的先进性及其达成的效果;二是"唐朝建立后的 630—838 两百年间,日本正式派遣唐使来中国的共 13 次。每次最少 250 人,最多五六百人。如 717 年一次共 557 人;733 年的一次共 594 人;838 年的一次 651 人,中途因遭遇风暴,实际到唐的只 500 人左右。",并配图"遣唐使船"。目的是了解日本派遣唐使人数之多、规模之大、涉及范围之广及路途之艰难。这一环节的设计充分考虑到学生可利用的原有知识储备,以及小外学生较强的材料分析能力,理解大化改新的背景。

关于内容:预设的教学方法是比较法。同样要求学生回忆唐朝的政治经济制度,与大化改新内容进行比较,使学生清晰地认识到日本制度对唐制的模仿。之所以采用比较法也是基于小外学生良好的知识基础和较高的分析比较能力。

关于影响:这是需要突破的难点之一。大化改新使日本发展为一个中央集权的封建国家,这一点不言而喻,而大化改新对日本的社会及生活又产生了什么样的影响呢?这是需要带领学生探讨的内容。通过备课研磨,我们把突破点放在"仿"和"创"两个字上。首先还是用比较法,展示中日在钱币、城市布局、书法艺术、建筑等方面的对比图,学生很快得出结论,即在这些方面日本都是在仿唐制,那么"仿"字就轻而易举的被凸显出来。然后,我们又预设了一幅图片,即日本的文字。小外学生有日语基础,对日语的构成非常清楚,因此会准确说出平假名、片假名和汉字组成了日语。但也能指出,虽然日语来源于中文,又与中文有所不同,也就是在学习引进的基础上,又有改造和创新。这样,"创"字又被凸显出来。这样的设计完全基于小外学生的基本学情,利用学生对日语的熟悉程度及对日本的了解来解决问题,使难点不难,更易突破。

(二)关于武士道精神的影响

这是需要突破的另一个难点。通过备课研磨,我们认为小外学生有良好的历史知识基础和优秀的分析研判能力,在突破这一知识难点上仍可联系他们的已有知识。因此,我们预设的是引导学生回忆甲午中日战争、日本侵华战争等,分析日本发动战争的目的及其残暴行径,进而认识到日本的武士道精神,即它所宣扬的"忠""勇"思想,对日本社会产生了深远的影响。这种思想不辨是非,黑白颠倒,轻视生命,盲目效忠,随着武士集团在日本统治的长久而深入人心,造成严重的消极影响。

二、课堂上生成的学情分析

学生是有自主能力的单独的个体,课堂上他们是主动求知与积极探索的主体。教师是这个课堂的设计者、组织者、引导者,是为学生服务的。所以教师必须使自己的教学思路适合学生身心发展的需求。这是在教学设计上要着重考虑的问题。但在实际的课堂操作中,可能会遇到一些突发情境,即课上生成的问题,使老师面临新的学情,这样,就要求老师有应变和处置的能力,而这种能力的形成也是基于对学生情况的了解和掌握。

备课研磨的过程结束后,我们开始轮流在小外录课。我上课的班级是九年级二班,据说班级气氛活跃,并有许多学习日语的同学。因此,在备课时,我已经做了较为充足的准备,比如,我利用小外特有的、学生非常熟悉的日语教室进行导入,使学生在亲切熟悉的情境中开始学习,这样就拉近了学生与教师、学生与教材的距离。但在课堂上还是出现了一些问题需要根据学生的实际情况进行解决。

(一)关于时间轴

备课时我预设了一个自主学习环节,即由学生阅读课文,生成本课的时间轴,形成学生的时间观念。我预留的时间是三分钟。但在实际操作中我发现学生并不能准确标出时间及其对应的历史事件,用时较长。因此我迅速调整思路,给学生一些提示点,为学生提供思路。通过提示,学生在教材中迅速找出几个关键的时间点及对应的事件,对本课内容形成了总体印象,并对古代日本历史形成了纵向的时间观念,预设目的达成。

(二)关于本课情感的升华

历史的作用是以古鉴今,历史课的作用是帮助学生形成正确的人生观、世界观和价值观。在本课最后,我设计了一个问题,即"从古代日本发展历程中,你获得了哪些历史启迪?"目的是对学生进行情感升华,培养家国情怀。学生在这一环节各抒己见,对学习、传承、创新等都有自己的看法,基本上能实现本课要完成的情

感目标。此时有一位同学站起来说了他的想法："一定不能被洗脑"，当时教室里一阵爆笑。"洗脑"一词到底指什么呢？我和同学们一样的好奇。于是，我把时间交给这位同学，让他来解释。原来，他在指武士道对日本的影响，他认为做人不能盲目忠诚，要明辨是非，所以说不能被洗脑。这个小插曲让我看到学生思维的与时俱进，用现在时髦的语言表达自己的思想，作为老师，要充分让学生发挥，才能了解到学生真正的想法，对学情有更加精确地分析和研判。

三、课后对学情的反思

本节课后，在指导老师和同仁的帮助下，我对于本课的教学过程，尤其是对学生表现的分析进行了反思。首先，虽然课前通过听课和其他途径对学生情况进行了了解，但仍然不甚熟悉，因此仍有准备不足之处。例如有的问题设置有一定难度，学生不能在短时间内完成思考，这就需要学生之间通过合作探究的方法并在教师的指导下完成，这超出了备课时的预想。另外，本课教学过程中学生并没有被完全调动起来，这说明教师在教学策略和方法上还是存在一定的问题，需要改善。

通过对《古代日本》这一课的备课、研磨、反思，我认为学情分析在整个教学过程中起着非常重要的作用。

首先，学情分析是教学设计的前提。一节课要用什么样的教学方法和策略取决于学生的基本情况。一个教学设计的学情分析，应尽可能从学生的"已知""未知""能知""想知"和"需知"五个方面分析学生情况。我在本课的设计中充分利用了学生的"已知"来探寻学生的"未知"，培养学生的能力使其"能知"，利用材料分析、史料实证等激发学生兴趣，使其"想知"，升华学生情感把知识内化成"需知"。每一环节都从学情出发，确定行之有效的教学方法。

其次，学情分析是教学质量提高的保障。从学生实际情况出发，确定适合的教学方法、策略以及适合的教学评价手段，能有效地激发学生学习兴趣，提高教学质量，培养学生历史学科的学科素养。对于基础知识的识记和能力的提高有着至关重要的作用。我在本课中利用学生的外语特点让学生朗读日语，既提供了学生展示的平台，又提高了学生学习历史的兴趣，从而提高了学习效率。

知己知彼，互进前行。备课前充分分析学情，能促使教师更有效的确定教学方法和策略；而好的教学设计的实施又能促进学生的进步，教学相长中实现研学的飞跃。

典型课例

深入浅出剖析史料,玩转历史课堂

——以《秦末农民大起义》一课为例

天津市武清区光明道中学 赵金霞

一、教学背景

(一)主题确定的缘由

历史教学离不开史料。无论是初中还是高中,史料教学都被广泛应用于历史课堂。而如何准确、高效的利用史料传达历史信息,分析历史背景,培养学生"论从史出"的历史观念,形成史料实证的核心素养却是一个复杂的问题。尤其是初一年级,在学生的古文基础相对较差、对史料的分析和理解能力也不太到位的情况下,怎样引领学生接受和理解史料教学就需要一定的技巧。

现在,我以《秦末农民大起义》一课为例,简要介绍一下我在运用史料进行课堂教学中的一些方法。

(二)学情分析

本课是我在农村学校轮岗工作时做的一节展示课。我所在的轮岗学校生源较差,学生来自农村,读书较少,知识面窄。学生主动学习的能力不强,学习欲望不高。七年级学生又是刚刚入学,历史学科本身就是一个新接触的学科,相对比较陌生,学生古文基础又比较薄弱,对于一些文言文材料,不要说理解,连阅读起来都相对困难。这种情况下,必须采用适当的教学方法,才能收到事半功倍的效果。

(三)教学分析

本课主要学习内容有三部分,包括秦的暴政、陈胜吴广起义和楚汉之争。其中,前两部分内容之间是因果关系,即秦的暴政是导致陈胜吴广起义的根本原因,第三部分内容有着承上启下的作用。教学时教师首先要向学生讲明秦朝暴政的表现。

二、教学目标

(一)知识与能力

了解和掌握秦的暴政的主要表现,陈胜、吴广起义及秦朝灭亡的基本历史知识。通过对秦末农民起义原因的分析,增强学生初步运用历史唯物主义观点分析问题的能力。

(二)过程与方法

指导学生通过对材料和相关史事的研究学习,获得有效的历史信息;充分利用课本丰富的历史故事和成语,激发学生的学习兴趣,开拓学生的知识面。

(三)情感态度价值观

理解得民心者得天下的道理,认识到人民才是历史的真正主宰者;陈胜、吴广的首创精神,在我国历史上闪耀着永不磨灭的光辉。

三、教学重难点

1.教学重点:陈胜、吴广起义。
2.教学难点:秦朝灭亡的原因。

四、教学方法

多媒体教学、史料分析、探究、合作等教学方法。

五、教学过程

(一)导入新课

问题导入:"公元前221年,秦王嬴政建立了强大的秦帝国,嬴政自称始皇帝。他妄想自己的帝国千秋万代,但是帝国却仅仅存在了短短15年,秦王朝为什么迅速走向灭亡?是谁推翻秦朝呢?"本段叙述中既提及了前一课涉及到的秦朝的建立内容,又用其"仅存15年"的短暂时光做一转折,从而引入"秦朝的灭亡"这一话题。

（二）讲授新课

1.秦朝灭亡的原因

（1）沉重的赋税

根据学生的古文基础,我在这里选择了两则比较容易理解的史料帮助学生学习：

材料一：至于始皇…男子力耕则不足粮饷,女子纺绩不足衣服。

材料二：贫民常衣牛马之衣,食犬彘(zhì 猪)之食。

——《汉书·食货志》

史料教学一定要注意史料的出处,以保证史料的相对真实可用。这两则材料出自《汉书·食货志》,是史学研究的第一手材料,也早有其他史料佐证,可信度较高,可以应用于课堂教学;另外,两则史料的难度不大,我还特意把学生可能不认识的字加以注音和解释,以便于学生理解。

在分析史料的基础上,用图示显示秦朝的赋税分为田赋、口赋和杂赋,名目繁多,农民要将收获物的三分之二以上交给国家,自己所剩无几。史料分析与图片解析同时讲读,引导学生得出第一个答案：秦朝赋税沉重。

（2）繁重的徭役

关于这一内容,课本和教参上都提供了一些数据,可以直接用来说明问题。

材料一：他(秦始皇)又连年在全国大规模地征调民力服徭役和兵役,如修建骊山陵和阿房宫役使 70 多万人,征伐南方调发了 50 万士卒,修筑长城征派了 40 万人。当时全国人口约 2000 万,而每年服役的成年男子就有 300 万。

——统编版义务教育教科书《中国历史（七年级上册）》,人民教育出版社

材料二：秦律规定,一般男子 17 岁就登记户籍并开始服徭役,直到 60 岁才能免除。

——义务教育教科书教师教学用书《中国历史（七年级上册）》,人民教育出版社

这两段材料用具体的数字来说明问题,一是理解男子从 17 岁到 60 岁的漫长服役时长;二是理解每年 300 万的秦朝征调服役人数之多。

据史料记载,当时全国人口约 2000 万,妇女占 1000 万,老幼病残的男子约 550 万,能服役的成年男丁仅为 450 万,而每年却要抽调 300 万人去服徭役,势必要影响农业生产和人民生活,农民起义反抗也就成了必然。从而引导学生得出第

二个答案:秦朝徭役繁重。

(3)残酷的刑罚

针对这个问题,我采用的史料是图片和文字相互结合、相互印证。首先我使用的是教材图片"秦代的刑具"。同时根据史料记载,我又提供了两幅反映秦朝死刑的图片,一为车裂,一为腰斩。结合学生的已有知识,理解秦朝死刑的种类及其残忍程度。再为学生提供一段记录秦朝刑罚的文字,使学生对秦朝的刑罚有更深入的理解。

材料:秦以刑罚种类繁多、手段残酷而著称,对后世刑法产生了较大影响。秦朝死刑有戮[lù](先刑辱、后斩首)、弃市(杀之于市)、磔[zhé](裂其肢体而杀之)、定杀(抛人水中淹死或活埋)、族(全家处死)、夷三族、枭首(砍头)、车裂、腰斩等。肉刑有黥[qíng](又称墨刑,在脸上刺字涂墨)、劓[yì](割鼻)、刖[yuè](断足)等。

——义务教育教科书教师教学用书《中国历史(七年级上册)》,人民教育出版社

这段材料中罗列了秦朝的一些刑罚,这些肉刑、死刑让学生不寒而栗,"族诛""连坐"又让他们惊讶不已。从这些材料中学生又得出第三个结论:秦朝的刑罚残酷。

(4)秦二世更加残暴

关于这个问题,我直接引用了课本上的文字,又加以数据佐证,使史实更加具体化,从而使学生得出第四个结论:秦二世的统治更加残暴。

综合以上四点结论,我请学生总结秦朝灭亡的原因。学生分别说出秦朝沉重的赋税、繁重的徭役、残酷的刑罚、秦二世的残暴统治。教师引导学生总结:这些是秦暴政的表现。因此,秦朝灭亡的原因就是——秦的暴政。

2.伐无道,诛暴秦

首先为学生提供纵向线索,告诉学生秦末农民大起义可以分为两个阶段,即陈胜、吴广起义和刘邦、项羽起义。

(1)陈胜、吴广起义

用图片《大泽乡起义》导入,指出大泽乡起义就是陈胜、吴广起义,使学生形成历史概念的认同。提出在大泽乡起义过程中形成了成语"斩木为兵,揭竿为旗",先请学生试着讲一讲这个故事,教师进行必要的补充和说明,然后对其经过、结果进行总结:斩木为兵、揭竿为旗;占领陈县,陈胜称王;发展壮大,进逼咸阳;秦军反扑,起义失败。

在学生明确了起义的原因、经过和结果后,适时提出合作探究的问题:"陈胜、

吴广起义为什么能得到各地农民的响应？说明了什么问题？"引导学生得出结论：得民心者得天下，失民心者失天下。

再延伸一下："如果陈胜吴广在前去渔阳戍边的途中没遇雨，秦末的农民起义还会爆发吗？为什么？"引导学生得出结论：导致秦末农民大起义的根本原因是秦的暴政，中途遇到暴雨延期只是起义的直接原因，从而使学生能够区分直接原因与根本原因，从而探寻历史深度，培养分析历史问题的能力。

(2)项羽、刘邦起义

过渡：陈胜吴广起义虽然失败了，但反秦的浪潮并没有因此平息。其中，刘邦、项羽领导的军队逐渐壮大，分别对秦军作战。

出示刘邦和项羽的图片，简要讲述两人的经历，引出"巨鹿之战"。用表格形式学习"巨鹿之战"的基本情况，包括时间、作战双方、结果及其特点。学生阅读课文，完成表格。教师要着重强调巨鹿之战是中国历史上一次著名的以少胜多的战役。

提出问题："项羽为什么能在巨鹿之战中以少胜多，大败秦军？"请学生阅读课本"知识拓展"的相关内容，理解成语"破釜沉舟"。

继续提问："巨鹿之战中项羽大败秦军主力，那么是不是他最终灭亡了秦朝呢？"请学生根据课文内容和已有知识回答：最终灭亡秦朝的不是项羽，而是刘邦。带领学生纵观秦朝存在的时间：公元前221年—公元前207年。不可一世的秦朝仅仅存在了15年的时间就被农民起义的大潮湮灭了，令人唏嘘不已。那么，秦朝灭亡后，历史又是如何发展的呢？由此引入下一个题目：楚汉之争。

3.楚汉之争

讲一讲"鸿门宴"的故事，请学生说出其中的成语，如："项庄舞剑，意在沛公"，领略历史中蕴含的中国文化。

"鸿门宴"中刘邦侥幸逃脱，在后来的"垓下之战"中，刘邦大败项羽，最终项羽兵败自杀。而历时四年的楚汉之争，也最终以刘邦的胜利而落下帷幕。出示"垓下之战"的材料：

材料：项王军壁垓下，兵少食尽，汉军及诸侯兵围之数重。夜闻汉军四面皆楚歌，项王乃大惊曰"汉皆已得楚乎?是何楚人之多也！"项王则夜起，饮帐中，乃悲歌慷慨，自为诗曰："力拔山兮气盖世，时不利兮骓不逝，骓不逝兮可奈何，虞兮虞兮奈若何"歌数阕，美人和之。项王泣数行下，左右皆泣。

——司马迁《史记·项羽本纪》

这段史料中又出现了一个成语,即"四面楚歌",还讲述了一个凄美的历史故事:"霸王别姬"。学生对这些史实并不陌生,能够通过史料拉近他们与历史的距离,也使他们能更准确地了解、掌握和理解历史。此时,我引用了音频资料"霸王别姬",用慷慨悲壮的音乐唤起学生对这段历史的共鸣,为西楚霸王项羽扼腕叹息,同时抛出材料研读:

《史记·高祖本纪》记载,刘邦率军到咸阳后,约法三章:"杀人者死,伤人及盗抵罪,余悉除去秦法。"使得秦人大喜,民心安定。后来刘邦在谈到为何能战胜项羽时说:张良、萧何和韩信都是人杰,我不如他们,但"吾能用之,此吾所以取天下也。项羽有一范增而不能用,此其所以为我擒也"。

依据材料,归纳刘邦战胜项羽的重要原因。

本则材料研读出自课本,为了便于学生理解,我特意对划线部分的文言文加以注释,让学生明白它的意思。材料其实在说两件事:一是刘邦进入咸阳后的做法及作用;二是刘邦最终能战胜项羽的原因。从"杀人者死,伤人及盗抵罪,余悉除去秦法"一句,学生得出的结论是:得民心者得天下;从后来刘邦的话语中学生总结的刘邦战胜项羽的原因是:刘邦重视人才,善于用人,而项羽刚愎自用,不重视人才。

(三)课堂小结

用思维导图的形式对本课主要内容进行总结。

小结:

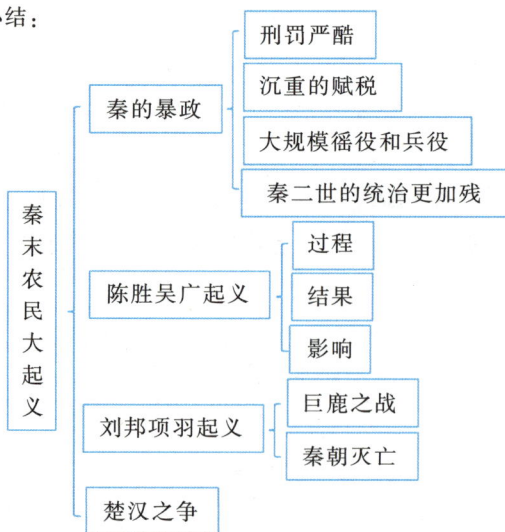

(四)情感升华

引导学生深入思考:"通过分析秦朝灭亡和刘邦胜利的原因,你认为国家长治久安的关键是什么?"学生通过讨论后得出的结论是"以德治国,德法相依,爱惜民力,休养生息。"这不仅是汉朝统治者要做的事情,对当今社会同样具有借鉴意义。通过这样的思考,达到以史鉴今的目的,培养学生的家国情怀和治国理念。

(五)课堂评价

对本课出现的成语进行总结归纳,更好地增加学习兴趣,巩固学习效果。

六、教学反思

"史料实证"是高中历史课程标准中提出的五大核心素养之一,指的是依靠可靠的史料,经过严密的逻辑分析,建立历史认知,并形成自己独立见解的能力。它需要学生将自己置身于特定的历史时代,寻找有关的史料,分析、推理所选的信息,最终形成结论。

鉴于初中生的认知水平,在初中历史课堂,要真正做到"史料实证"还是有些困难的。七年级学生,尤其是我今年接触的农村学生,年龄更小,认知水平更低,接触到的史料更少,要在课堂上实现真正的史料教学,培养学生史料实证的核心素养,就必须采用合适的方法和手段。

第一,尽量采用教材史料。教材史料是经过专家审核的,准确性较高,也更符合学生的年龄特点,符合教学规律和课程标准,使用起来得心应手。

第二,根据学生情况变化和教学手法,使史料变得深入浅出,把枯燥的历史变得生动有趣,在激发学生学习兴趣的同时,教给学生分析、解读史料的方法,引导他们走进历史、正视历史、感悟历史,真正使历史课堂向纵深发展,能力得到培养,情感得以升华,历史课的教学目标也就得以实现了。

《秦末农民大起义》一课,教材提供的史料主要有两部分:一部分是秦朝残酷的刑罚,包括一段材料和一张"秦代的刑具"的图片;另一部分是《史记·高祖本纪》中记载的刘邦的言行。备课时,真正了解学情,深入挖掘了这些教学资源,使之尽量简单化,做到充分备课。

首先,对教材史料进行剖析、加工。关于秦朝的刑罚,课本上有一则材料研读:"秦简记载:五人共同盗窃,赃物在一钱以上,断去手足,并在脸上刺刻涂墨,判为

刑徒。"很显然,这并不是史料的原版,教材编写者已经充分考虑到了学生的特点,把它翻译成简单易懂的文字了。我在讲课时直接引用了这则材料。作为补充,我又增加了一段材料:"秦以刑罚种类繁多、手段残酷而著称,对后世刑法产生了较大影响。秦朝死刑有戮、弃市、磔、定杀、族、夷三族、枭首、车裂、腰斩等。肉刑有黥、劓、刖等。"同时,我把他们不认识的字加上拼音,把不懂的词加上注释,如"黥[qíng](又称墨刑,在脸上刺字涂墨)、劓[yì](割鼻)"等。然后又帮助他们分清何为惩罚性的肉刑,何为致命的肉刑,以及"族诛""连坐"的厉害之处。引导学生把这些刑罚与现代法律相对比,既指出秦法之严,又指出其侵犯人权、惨无人道的一面。这样既降低了难度,又便于学生理解,也提高了学生的兴趣,对于史料的学习和分析大有好处。为了佐证秦法的残酷性,教材上还选用了一幅"秦代的刑具"图片,我把它作为图片史料加以引用。实物史料与文字记载相互印证,增强了学生的历史观,让学生明确,史料不仅是文字资料,更重要的是实物资料。当这些文字与实物资料呈现在学生眼前时,我细心地观察学生的表情,有的惊讶,有的唏嘘,有的不敢相信,也有少部分同学反映平淡。课后了解得知,大部分同学没有听说过这些酷刑,通过老师的注音加注释,孩子们才对这些刑罚有所了解,但他们不能理解为何要采用如此残酷的手段,所以表现出唏嘘、惊讶、不可思议;而个别表现平淡的同学则是早已通过其他渠道了解过古代的肉刑,没有大惊小怪之状。而与现代法律的比较又让他们对依法治国、尊重人权有了更为深刻的认识。看来,对史料教学方法稍加改造,使之完全符合学生的认知特点,就能收到意想不到的效果。

第二则史料是关于刘邦的言行。教材上的史料出自《史记·高祖本纪》,我在引导学生进行史料分析时注重到了两个问题:一是"约法三章"的内容,作用是使刘邦收获了民心,从而使政局稳定;二是与项羽用人观念的对比,重视人才、善于用人成为刘邦坐稳天下的法宝。在结论明朗后,我适时提出情感升华的问题,即刘邦的经验对于今天国家的治理有何借鉴之处?鉴于学生的认知水平,我为学生提供了两个关键词,即"德"和"民",引导学生得出结论,当今社会要以德治国,德法相依,爱惜民力,休养生息。这也和前面所讲的秦法之残酷相对应,学生对德与法、民与国的关系理解的更为透彻,对人生观、价值观、正确的唯物史观的形成具有促进作用,也可以逐渐培养学生形成史料实证的核心素养。

其次,利用学生的已有认知,结合课文内容特点,找到学生兴趣点,激发学生学习兴趣的同时,使史实和观念深入人心。

本课最突出的特点是大量成语的出现。每一个成语都有它的出处,每一个成语的出处都是一个历史故事。对于七年级学生来说,听故事、讲故事要比直接学课本内容有趣得多。因此,我将一个个历史故事贯穿起来,由学生讲,老师只做补充或纠正,使整个课堂生动有趣。从秦二世时的"指鹿为马"到陈胜吴广起义的"斩木为兵,揭竿为旗",从巨鹿之战的"破釜沉舟"到刘邦进咸阳的"约法三章",从"鸿门宴"的"项庄舞剑,意在沛公"到垓下之战时的"四面楚歌""霸王别姬",两千多年前的一个个鲜活的历史人物通过这些成语活灵活现地展现在孩子们眼前,一下子拉近了学生与历史的距离,使历史变得不再遥远,也不再陌生。学生也通过讲故事的方式,锻炼了自己的思维和口才,培养了表达能力和学习能力,收获颇丰。课后,有同学反映,有的故事他们在课上没能完全弄明白,课下自己又去查找了资料,有的甚至说早就知道这些成语和故事,却不知道原来这就是历史。看来,通过这节课学生对历史有了新的认知和体会,这将更有利于以后的学习。

基于以上的教学效果,我对本课的教学进行了深刻反思:

第一,运用史料教学要充分考虑学情,采用恰当的方法。学情包括学生的年龄、性别、性格以及他所在的地区、受教育水平、周围环境等等。在运用史料教学时要充分了解学生的这些情况,做到心中有数,有的放矢,这样才不会在教学中出现偏颇。如在本课的教学中,我把难懂的史料简单化,把不常用的词加注拼音和注释,就是充分考虑到农村孩子的认知水平,变繁为简,以易化难,把枯燥的史料变成有温度的历史,学生易于接受,也乐于接受。

第二,采用更多的史料教学的方法,培养学生的史料实证能力。如本节课中我结合内容特点采取讲故事、看视频、听音频等方式,不断提升学生的学习兴趣,使枯燥无味的历史课堂变得生动有趣。在成语故事、图片资料中贯彻史料实证的理念,使学生在潜移默化中提升分析、解决、归纳、总结历史问题的能力,学生的核心素养就会得到不断地提升。

总之,历史课堂上既要充分利用史料教学,又要根据学情采用适合的教学方法、手段,使历史史料深入浅出,才能实现有效教学,使历史教师玩转历史课堂,培养学生形成"论从史出"的观念,提高学生分析历史问题的能力。

七、教学评价

本课最主要的特点是根据学生情况简化教学用的史料,使其深入浅出,老师可以采用灵活方式进行史料教学,培养学生历史核心素养。学生在课后评价,通过本课的学习,他们首先认识到了什么是史料,史料都有哪些种类,史料的用途是什么,怎样利用、分析史料,怎样从史料中可以获取有效的信息,从而能够更加游刃有余地分析、研判史料。其次他们对于中国古代的历史和文化有了更深入的了解,对于中华民族的文化更加自信,这更加有利于培养学生的家国情怀。从学生的反应来看,本课的教学效果良好。

一些听课的领导、老师也给出了较高的评价:本专业老师说本课史料教学运用得当,尤其是注重了史料运用的方法,有助于学生接受和理解史料,培养了学生"史料实证"的核心素养。学校领导的评价是,这是一节不可多得的好课,在课堂上渗透了对学生的德育教育,能过帮助学生形成正确的人生观、世界观和价值观,能够达到课程思政教育的目的,值得在全校推广。其他学科的教师对于我们的教学方法也很感兴趣,有的老师在课下与我一起探讨,甚至有年轻教师要求每天听我的常态化教学,这让我倍感欣慰。

实践 **3**

核心素养理念下初中学生情境体验学习策略探究

天津市滨海新区塘沽第一中学　邹呐铂

摘　要:新的一轮课程改革对一线教师提出了更高的要求和挑战。新的变化体现在,历史课程要以培育和发展学生的历史学科核心素养为目标。基于核心素养理念,学生有效的学习方式显得尤为重要。经过多年的教学实践,笔者以为情境体验学习无疑是一种有效的教学策略和学习方式。

本课题力求在核心素养理念指导下,结合课题组成员日常教学实践对初中历史教学中的情境体验学习策略进行深入研究:包括在初中历史教学中引导学生进行情境体验学习的原因目的、体验学习的国内外研究现状、历史教学中情境体验学习的目标与分类以及引导学生进行体验学习的具体操作策略与效果。并且通过较为典型的教学案例加以说明。此外,还包含课题组成员们关于引导学生进行情境体验学习的一些教学感悟。

关键词:核心素养　史料实证　家国情怀

新一轮课程改革对一线教师提出了更高的要求和挑战。新的变化体现在,历史课程要以培育和发展学生的历史学科核心素养为目标。教师要有课程和核心素养的理念,从单纯的"知识教学"转为立德育人。基于核心素养理念,学生有效的学习方式显得尤为重要。经过多年的教学实践,笔者以为情境体验学习是融合历史史实和历史课程功能的特点的符合历史学习规律的有效学习方式。

为提升学生历史学科素养,提高历史课堂的实效性。笔者带领团队在初中历史教学中引导学生进行情境体验学习,努力挖掘情境体验素材,营造学习情境。运用有效教学策略,最大限度激发学生学习兴趣,引导学生主体积极参与教学、有效参与教学,让学生在学习中真正走进历史,以亲身的体验融入历史,以科学的态度审视历史,感受重大事件和历史人物的活动,探究得失,获取启迪,凸现学科的教育价值。

此外,笔者在实践研究过程中将以部编版教材为依托,充分挖掘利于营造史料情境的历史素材,反复进行教学实践,提升学生学科素养,探讨有效教学模式。

笔者带领团队力求在学科核心素养理念指导下,从转变教师教学方式和学生学习方式的双重角度,探索"在初中历史教学中引导学生进行情境体验学习"的策略。首先,以问卷形式对目前本校学生历史学习现状进行调查并撰写调查报告。其次,结合教学实际充分挖掘利于情境体验学习的历史素材并尝试运用于日常教学及时反思、交流。最后,根据反思将教学尝试案例进行归纳、总结,探讨情境体验学习的有效策略、有效教学模式。

一、史料情境中"品"历史——精选史料,分析探究,培养学生史料实证意识

"史料"是指人类历史发展过程中遗留下来的痕迹,可以当作研究或讨论历史时的根据。一般将史料区分为第一手史料和第二手史料。结合教学可分为两大类:文字史料和图片史料。

历史已经过去,不能重现,要让学生去体验历史似乎有困难。但是,历史是一门材料的科学,用史料来复现历史,不失为一个好办法。然而,史料的选择和运用的不同,会导致教学效果的不同——丰满的抑或单薄的、生动的抑或枯燥的、意义明确的抑或扑朔迷离的、引人深思的抑或制约思维的。科学而灵活的运用史料,营造史料情境,在日常教学中显得尤为重要。

经过课题组的研究,在同伴互助、个人努力之下,在精选和运用史料方面达成了如下共识。

第一,面对浩如烟海的文字史料,如何精选出既具有代表性又符合学生认知能力和心理特点的史料,是进行情境体验学习能否成功的关键环节。

在实践中,我们以新课标为依据,紧密围绕教学目标,选取突出体现时代特征的、具有代表性的简短史料。

案例 1:

例如,董老师在"经济重心的南移"一目中,对"经济重心的南移"这一难点的处理,精心选择了这样三段史料

材料 1 西汉:"(江南)地广人稀,火耕而水耨。民食鱼稻,以渔猎山伐为业……无冻饿之人,亦无千金之家。"

——《史记·货殖列传》

材料 2 南朝:"江南地广野丰,民勤本业一岁或稔,则数郡忘饥……丝锦布帛之饶衣覆天下。"

——南朝·沈约

材料 3 宋朝:朝廷……实仰仗东南财赋……语曰:"苏湖熟,天下足。"

——《宋书·卷五十四》

这些史料反映了不同时期南方的自然和社会景象,具有代表性,在教学过程中经常被引用,但是董老师将三则材料对比使用,不仅使学生认识到经济重心在宋朝完成南移,还使学生形成"经济重心逐步实现南移"的认识。从材料的难度上看,对于初一年级学生来说有些难度,但是在必要的地方董老师将出自《史记》的史料进行了翻译,又在难于理解之处注解提示,这样降低了学生的理解难度。另外,这三则材料对比所形成的差别,又引发了学生探知的兴趣。总之,精选的比较成功。

第二,对材料进行合理的整理,加强同类材料的内在联系性。

在浩繁的材料中进行选择有时是很困难的事情,但是这些材料因为具有某些共性可以进行归类,于是可选择其中具有代表性的一系列材料,这样便可以在有限的教学时空环境下为学生呈现更加丰富的历史图景,并在潜移默化中提升学生把握事物内在联系的能力,同时也不因材料的数量给学生造成认知负担。

精选的史料相当于美餐,如果品了"美味"却又不能说出来,对学生而言是格外难受的。所以,我们一致认为,给学生观察、欣赏、思考的时间和表达的机会,让

他们在思维的海洋里徜徉,在表达的畅快中体验和感悟,这是非常快乐,也是极其必要的,这是在情境体验学习共同迈向成功的重要一步。为此,教师要创设和调节平等、民主、融洽、和谐的气氛,让学生在讨论中尽情的发挥他们思维的潜力,进行广泛的交流。

总之,精选史料,分析探究引导学生感知历史,这样的教学方式并没有固定的模式,即使是同样的史料,由于认知的角度、想要传达的意念、使用的方法、希望达成的教学目标不同,也会使之呈现出另一番景象,体现出另一种价值。因此,本课题组的研究只是通过课题组教师的教学实践和感悟探讨了其中一些原则。笔者以为,这样的研究应该是持续不断、甚至是循环往复的,但是在往复之中必然会有新的视角,从而使我们的历史教学能力在不断螺旋式上升的状态下日益精进。

二、问题情境中"思"历史——引发自主探究,培养学生历史理解能力

孔子说过:"学贵有疑,小疑则小进,大疑则大进。""学起于思,思源于疑。"历史学科是一门以史论结合为特点的思维学科。苏联心理学家马秋斯金的研究表明,思维起始于问题,这是一个能动的过程,是以创新思维为核心的活动。他强调教学过程的本质是:在问题情境中,师生合作进行的探究与发现未知事物的活动。

笔者以为,真正意义上的教学活动主要看教师在课堂教学中,能否依据学生的心理特点和认知水平以及课标的要求,恰到好处地设置问题,合情合理地解决问题,这是影响学生创新意识培养和实践能力提高的重要前提。创设问题情境,应注重"神入"的学习方法,即"主体进入客体之中去想象客体",情境要别开生面、疑窦丛生。

案例 2:

例如,在讲授"重庆谈判"一目时,李老师预设了这样的问题,先问:"你认为毛泽东去重庆谈判危险吗?"学生们积极展开想象,预设了种种危险:"毛泽东一行到达重庆可能被暗杀""可能被软禁"……对于学生的丰富想象,予以鼓励,但并不置可否。紧急着再问:"为什么冒着生命危险毛泽东还要亲赴重庆谈判?"一石激起千层浪,学生们更加踊跃、争相发表意见,"为了表示共产党谋求和平的诚心诚意""为了激励鼓舞人民继续斗争""为了树立自己的威信,借此机会取得民心""为了戳穿蒋介石假和平真内战的阴谋,使蒋介石没有理由发动内战"……对于学生的每种答案笔者都予以恰当评价与鼓励。最后问:"谁能联系刚才所分析的内容,对毛泽东赴重庆谈判这一历史事件作以综合评价?"学生们经过讨论与交流后纷纷得出结论:"毛泽东敢冒险去重庆是弥天大勇,他一身系天下之安危","这一举动戳穿了蒋介石假和平真内战的阴谋""给全国人民以巨大鼓舞,进一步取得了民心"。这一系列抽丝剥茧式的问题,激发了学生强烈的学习愿望,学生融入历史情境,获得认识和解决问题的体验,他们的思想和观点在相互碰撞下迸发出灿烂的火花。

从上面这个案例可以看出,在师生互动的过程中,找准能激发学生思维的兴奋点,然后再加以老师的恰当点拨,让学生在构建知识的同时从感性上来体验历史,从理性上正确看待历史事件及历史人物,活跃学生的思维,引发学生的历史思考与感悟,凸显历史学科独有的深刻与厚重。在历史问题情境的创设中,教师与学生应平等相待,要充分尊重学生的创造愿望,要积极为学生创设体验的氛围,让学生想说就说,说出智慧火花;想问就问,问出心中疑惑;想议就议,议出是非曲直。这样,历史学习对学生来说,才不是一种负担和外在的压力,而是发自内心的进取意识和愉快的体验,从而把学习与自己的生活、成长、发展有机联系起来,使之成为自己生命的一部分。

教育家苏霍姆林斯基说过:"在人的心灵深处,都有一种根深蒂固的需要,这就是希望感受到自己是一个发现者、研究者、探索者,而在中学生的精神世界中,这种需要特别强烈"。创设问题情境,就是最大限度地满足学生的这一心理需要。引导学生由浅入深,层层递进,不但对学生自主学习具有启导意义,真正达到"触一发而动全局"的效果;而且有利于学生个性发展和创造潜能的开发,提升学生的历史理解能力,使学生获得一份开放的、丰满的、有血有肉的历史知识,并从中获得历史感悟。

三、视频音画情境中"看"历史——
拉近历史与学生的距离

(一)欣赏名画,让"人文主义"的概念深入浅出

作为人文学科的历史教学,一个突出的特点就是需要学生有更多的情感体验、主观认识、独立思考与判断。因此,在历史教学中,学生的态度、愿望、激情就显得格外重要。而历史名画的恰当运用,可以调动学生的学习积极性,帮助学生多角度多层次地感知、理解与把握历史。

案例3:

在教学"人文主义"这部分内容时,通常会讲到"14世纪,最早出现资本主义萌芽的意大利,出现了一股人文主义思潮,要求以人为中心而不是以神为中心来考察一切。人文主义者采取各种形式去赞扬人的伟大、歌颂人的价值和提倡人的尊严"但对此学生往往不容易理解。这时,笔者在实践中利用了历史名画。

师:请同学们欣赏世界名画《蒙娜丽莎》(大屏幕显示),思考:在这幅图画中,你欣赏到了什么?

学生欣赏图片……

学生1:画中人很美。

教师:请描述一下美在哪里?

学生1:她的眼神温柔、宁静,充满着期待和生命力。

教师:很好,你能参考教材中的提示来欣赏。谁再来补充?

学生2:画中人笑得舒畅温柔,有时又显得严肃,我感觉她的脸会"变"。

学生3:这幅画被称作"神秘的微笑",说明作者达·芬奇画技精湛。

教师:大家观察都很仔细。思考一下,为什么说《蒙娜丽莎》反映了人文主义精神?

学生1:我还要补充。不仅表情画得好,蒙娜丽莎的一双手,柔嫩、丰满,展示了她的温柔及身份和阶级地位。这些显示出达·芬奇的精湛画技,作者成功地塑造了资本主义上升时期一位城市有产阶级的妇女形象。

学生4:达·芬奇在人文主义思想影响下,着力表现人的感情。《蒙娜丽莎》就表现了人的感情和愿望。这是以"人"为中心,而不是以"神"为中心。

教师:我们再来欣赏一幅名画(大屏幕显示),这是拉斐尔的名画《椅中圣母》。思考:在这幅画中,你又看到了什么?

学生1:好像是一个妈妈正在抱着她的孩子,孩子坐在妈妈腿上,感觉孩子很安全、很幸福。

学生2:圣母甜蜜的紧贴着孩子的脸颊。

学生3:圣母温柔地抱着她的孩子,就像小时候妈妈抱着我一样。

学生4:从画中看到的圣母充满着柔情,使人感到她就是一个普普通通慈爱的母亲,而不是一个威严冷漠的神。

在这样的师生互动中,人文主义思潮的核心——"以人为中心"被表现得淋漓尽致,人文主义的概念也变得深入浅出了。

笔者以为,历史题材的绘画作品很多,教师要善于开发其中的优秀资源,应用于教学实践,使学生在欣赏名画的过程中认识历史、感悟历史,热爱和平、热爱生命,增强学生的人文素养。此外,经常欣赏名画,还可以在不知不觉中培养学生审美的情趣和能力,从而达到雕塑美的心灵的目的。

(二)短视频的适时引入,再现历史,激发学生情感共鸣

利用短视频设置一种情境导入,会拉近历史与学生间的距离,让学生贴近历史,置身于再造历史的场景中,唤起学生学习历史的热情。

案例4:

如在讲述"港澳回归"时,于老师给学生放映了《香港回归政权交接仪式》的片段,用时六分钟左右。该片段再现了香港回归的盛大场景,使学生有了身临其境的感觉。

在片段中,学生看到了查尔斯王储的失落与无奈,更强烈地感受着中国人的扬眉吐气,很多学生心情非常激动。记得片段中,国旗升起的那一刻,很多学生不自觉地伴随着音乐唱起了国歌。学生们产生了强烈的渴望祖国统一的爱国之情。这节课收到了意想不到的效果。

四、实践情境中"悟"历史——培育学生家国情怀

19 世纪末 20 世纪初,出现了以美国实用主义教育家杜威为代表的现代教育学派。他反对教材中心、教师中心和传统的课堂教学,主张儿童活动中心,重视学生的生活经验,通过从做中学来调动学生的积极性,促进他们的成长。现代教育学派注重从引导学生通过个人的探索活动进行学习,紧密联系生活实际,确实容易使学生产生兴趣,发挥学生自身的主动性、创造性,能在获取或运用知识的过程中提高个人的能力。此外,布鲁纳的发现学习理论认为教师在学生的探究活动中要帮助学生形成丰富的想象,防止过早语言化。与其指示学生如何做,不如让学生自己试着做,边做边想。显然,这些教学理论为笔者探索实践体验学习的课堂操作策略提供了一个方向。

具体到笔者的历史教学中,笔者认为,实践体验就是通过引导学生尝试历史领域的操作与实践,拉近历史与学生的距离,激发学生学习兴趣,锻炼学生动手实践能力的同时加强学生对祖国历史文化的认同感与民族自豪感。

案例 5:

活学"活字印刷"

在《中国历史》七年级下册"宋元文化"中,涉及北宋毕昇的"活字印刷术"。为了让学生对这方面知识形成全面且准确的认识,笔者选择了实践体验学习的方式——指导学生自己动手制作活字。

(一)课前布置:

让学生预先找好橡皮泥、胶泥、土豆(小木块)、小刀等材料。

(二)课上指导:

1.选材:用事先准备好的橡皮泥、胶泥、土豆(或小木块)等做材料,并将这些材料制成大小一致的长方块。

2.刻字:试着在所制成的小方块材料的平面上用刀刻出一些活字。统一要求刻"我、爱、爸、妈"四个字。

3.排字:将刻好的活字随意排列组合。如可排为:"我爱爸妈、爸妈爱我"等。

4.印刷:在活字上蘸满墨后印在纸上。

5.注意事项:刻字时要在所选的材料平面上刻制反字,这样印出的才是正字。

以下为部分学生作品:

图1

图2

在这堂课中,笔者指导学生动手制作,体验自制活字、排版、印刷工序的操作过程。这不仅有利于激发了学生的学习兴趣,使学生亲身感受到科技发明的过程,而且培养了学生的动手实践能力。此外,学生对祖国历史文化的认同感极大增强,身为中国人的一份自豪感从心底油然而生。

笔者以为,在情境体验学习过程中,一方面教师的作用不再是一味地单向传授知识,更重要的是利用那些可视、可听、可感的教学资源努力为学生做好体验开始前的准备工作,让学生产生一种渴望学习的冲动。此外,教师更要善于挖掘史料情境教学素材并适当引用,努力营造学习情境,激发学生学习历史的兴趣,让学生在情境体验中自愿地、全身心地投入学习过程,学会分析历史、感悟历史,以期最大限度地达成学科核心素养目标。在逐渐深入的实践研究过程中,笔者对此亦颇有感悟与反思。

首先,精选史料,营造史料情境,发展学生思维,增强学生史料实证意识。精选的史料能刺激和唤起学生探索的欲望。学生用自己的眼光在史料中进行判断和推理,得出教材文字没有叙述的内容,而这些内容属于他们自己的知识,是能够留存在他们头脑中的。学生享受了内心的滋润后,会更加愿意通过史料了解历史,提高

阅读水平,既表现出独立性和敏锐性,能够做出自己的判断;又表现出科学探究意识,科学创新精神。这样就实现了积极向上的良性循环。历史材料的类型或呈现方式多样,关键在于学生从材料中获得怎样的认识。对初中生来说,适当增加图片,增强其直观的体验机会,对于其内心的成长是非常有益的。归根结底,要选择符合学生的学习材料,即以学生为本。

同时,校内、校际间教师通过交流成为相互促进的伙伴。在实践中,我们真正感受到研究的幸福。我们对精选史料进行体验式教学,只是进行了初步探索,还有很多事情要做。在实践中我们发现,学生参与体验式学习的广度还不够,这说明我们在如何精选与运用史料方面,还有待进行深入研究。再如,有些智慧火花,一闪即逝,怎么样才能使其深入人心,使体验结出硕果,这也是需要进一步研究探讨的。

其次,运用教学机智,激活问题情境,动态生成资源。教师不仅是动态生成资源的识别者,也是动态生成资源的激活者。学生在课堂上的一种期望的眼神,也许就是在告诉你他有自己的发现或者疑问如果你给他机会, 他就可能给你一份惊喜。如果没有把握住,学生的期望和声音就会消失,留下的只是一份遗憾。教师应该树立真正为学生服务的观念,遵循学生心理发展和认识规律,善于运用自己的教学机智,把握机会,激活资源。

学生在问题情境中,从理性上正确看待历史事件及历史人物,活跃学生的思维,引发学生的历史思考与感悟,凸显历史学科独有的深刻与厚重。在这样的过程中,学生从不同的角度考虑问题,探索解决问题的办法;教师则需关注每个学生个体思想的的差异,适时适度视具体问题进行指导,使学生都能得到充分的发展。有时,学生在探究问题中所闪现的智慧、所表露的思想、所呈现的喜悦就是一种评价,是对历史教学的一种肯定,也是对笔者的接纳和欣赏。这比反映到任何试卷上的分数和评价量表上的数据更有意义,有价值。

再次,名画的恰当运用可以调动学生的学习积极性,帮助学生多角度、多层次的感知、理解与把握历史,从而为探讨历史的学生提供一种相对细致而生动的解读。第一,名画能吸引学生的注意力,提高学生学习的兴趣。兴趣是最好的老师,对学习的兴趣会成为一种自发的动力,无疑这是非智力因素中最起作用的一环。第二,这些历史题材的美术作品大都艺术而较真实的再现了历史,补充和深化了教材的文字内容,因而可以帮助学生相对直接的感知历史。第三,名画运用于历史课堂教学,有利于培养学生的观察能力、想象能力和理解能力,有利于活跃学生的思维,引发课堂的多元互动。第四,名画能激起学生情感上的共鸣,艺术的阐释历史有时能起到其他手段不能替代的激发情感的作用。事实上,名画更像是在读者与历史间架起的一座情感的桥梁,通过它,人们可以与历史进行一种对话和情感的交流。

历史题材的绘画作品很多,教师要善于开发其中的优秀资源,应用于教学实践,使学生在欣赏名画的过程中认识历史、感悟历史,热爱和平、热爱生命,增强学生的人文素养。此外,经常欣赏名画,还可以在不知不觉中培养学生审美的情趣和能力,从而达到雕塑美的心灵的目的。

音乐是作曲家心灵的倾诉,情感的流淌,所以音乐最能调动人的情感,抚慰人的心灵,与此同时音乐又反映了不同历史时期的社会变迁、重大历史事件和人们的精神面貌。笔者以为,将视频音画恰当运用于历史教学中定能取得事半功倍的效果。

最后,努力营造实践情境。活字的制作激发了学生学习历史的兴趣,增加了学习过程中学生的参与度,充分发挥了学生作为学习主体的作用;开发了学生的多元智能,让更多的学生得到了客观、全面的评价,增强学生学习的自信心。

给学生一个任务,让他们去创造。每一个学生都有自己的闪光点。对于知识,他们会有不同的诠释和表达方式。给学生一个机会,让他们尽情地展示自己的才华、抒发对知识的理解,在发掘自己潜能的同时,激发学习历史的兴趣。给学生一个问题,让他们去探究。探究的终极目的是培养学生利用综合知识分析与解决问题。

笔者以为,作为教师应关注学生的经验和体验,并以学生的经验、体验为中介,解决历史课程的抽象性、概括性、典型性与学生生活的具体性、多样性、独特性的矛盾。从学生的经验世界出发,引导学生进入历史领域内合理的想象世界、丰富的情感世界,以学生的自我体验为契机,引发学生与教师历史情感的共鸣。

我们的学生并不缺少聪明才智,关键是如何引导他们;他们更不缺少探究知识的兴趣,关键在于如何运用科学的、人性化的方法去帮助他们打开知识的宝库。特别是历史学科,由于其学科本身的特点,始终存在着学习主体与学习客体之间

在时空上的分离。要消除这种分离，就不能将历史变成年代、数字、人名、概念、规律的堆砌，而是要充分挖掘，利用可视、可听、可感的情境体验资源，让学生产生一种渴望学习的冲动进而引导学生参与到历史课堂之中，真正去体会历史，鉴赏历史，感悟历史。

参考文献

[1]张旭平.名画与历史教学[J].中学历史教学参考,2008(10).

[2]梁东莉.如何在初中历史课堂教学中体现"个性化教学"[J].中学历史教学参考,2008(10).

[3]吴磊.发展性课堂评价的实践探索[J].中学历史教学参考,2008(1).

[4]徐宜华.新课程暑假作业的一次成功实践[J].历史教学,2008(1).

[5]卢丹凤.例说图片在初中历史教学中的运用[J].中学历史教学参考,2008(5).

[6]李明赞.我的历史教育思考.中学历史教学参考[J].2008(7).

[7]卢家楣.心理学[M].上海:上海人民出版社,2004.

[8]施良方.学习论(第1版)[M].北京:人民教育出版社,2003.

[9]林崇德.发展心理学[M].北京:人民教育出版社,2009.

[10]华红琴.人生发展心理学(第1版)[M].上海:上海大学出版社,2000.

[11]华国栋.差异教学论(第1版)[M].北京:教育科学出版社,2001.

[12]蒯超英,林崇德.学习策略(第1版)[M].武汉:湖北教育出版社,1999.

[13]钟祖荣.学习指导的理论与实践[M].北京:教育科学出版社,2001.

[14]张春兴.现代心理学(第2版)[M].上海:上海人民出版社,2005.

[15]德莱顿,沃斯.学习的革命[M].顾瑞荣,译.上海:上海三联书店,1998.

[16]刘言.《学习的革命》解读(第1版)[M].西宁:青海人民出版社,1999.

[17]库伯.体验学习——让体验成为学习和发展的源泉[M].王灿明,朱水萍,等,译.上海:华东师范大学出版社,2008.

[18]赵祥麟,王承绪.杜威教育名篇(第1版)[M].北京:教育科学出版社,2006.

动之以情，情理交融
——初中历史教学中激发学生情感体验一二例

天津市滨海新区塘沽第一中学　邹呐铂

摘　要：本文通过展现《独立战争》与《南北战争》中的教学设计概貌，诠释了笔者在日常教学实践中对学生情感体验的激发，对学生正确的情感态度价值观的培养，凸显历史学科的人文功能。并且在教学设计与实践基础上，笔者认真反思亦有所感悟。

关键词：初中历史　情感体验　教学实践

历史作为一门人文学科，有着其他自然科学学科所不具有的，对陶冶人的情操、发展人的思想、形成人的价值观方面的独特作用。同时历史作为人类社会发展演变的记载，在培养学生继承民族优秀传统、形成世界意识和独立的人格、关注人类发展等的情感态度价值观方面，又有着其他人文学科所无法比拟的优势。因此，在历史教学中，通过对历史事件、人物等的学习，使学生感悟其中的人性和伦理，形成正确的情感态度和价值观，是历史教学的核心价值。

长期以来，受应试教育的影响，绝大部分历史教师未能正确处理传道、授业、解惑三者的辩证关系，教学仅仅局限于让学生接受具体知识、理解概念、掌握解题方法和步骤，以期考试得高分，却忽略了对学生情感态度价值观的培养，忽视了对学生人格的养成教育和建塑，因而培养出来的学生或多或少地存在着这样或那样的人格缺陷，或缺乏追求进步的精神动力，或畏惧困难，或抗挫心理能力差、情绪起伏大、或自我定位太高、以自我为中心、无法与他人善处等等。这些人格缺陷直接影响着学生身心健康的发展，抑制了内在潜能的发挥，亦影响了历史教育教学质量的提高。

基于此，笔者在日常教学实践中注重挖掘并利用历史素材，激发学生情感体验，培养学生健全人格，充分发挥历史课中培养学生情感、态度、价值观的课程功能。下面试举一二例以就教于方家。

一、情境模拟，导引学生情感体验

建构主义理论强调"情境"对意义建构的重要作用。建构主义认为，学习总是与一定的社会文化背景即"情境"相联系的，在实际情境下进行学习，可以使学习者能利用自己原有认知结构中的相关经验去同化和索引当前学习到的新知识，从而赋予新知识以某种意义；如果原有经验不能同化新知识，则要引起"顺应"过程，即对原有认知结构进行改造与重组。总之，通过"同化"与"顺应"才能达到对新知识意义的建构。

历史不能复现，但是历史学习可以通过间接的模拟让学生去体验、去感悟。笔者曾看到一则美国历史课的报道，曾有名师以"发纸收钱"的方式为计谋，让学生亲身体验英国对北美殖民地的税收压迫的情感。笔者本着"他山之石，可以攻玉"的态度学习、模仿，并在初三年级第12课《美国的诞生》一课进行尝试。具体方法如下：

步骤一：上课伊始，说明学校"发纸收钱"的"理由"做好情绪上的铺垫。然后发纸，让每名学生写下"欠学校一元"的欠条。

步骤二：学生写出对"发纸收钱"行为的看法。

步骤三：授课"美国独立战争"中英国重税压迫北美殖民地的教学环节。让学生写出此时北美殖民地人民的感受。

步骤四：下课前，说明真相，让学生写出对两次体验的看法。

课后，通过调查反馈，可看出对于"模拟情境"，学生普遍认可，认为由于增加了模拟场景，更能够感同身受地体会、理解北美人民愤怒的情绪。有这样一个"情境体验"，与没有"情境体验"还是有区别的。

下面两段话是学生的体验与感受。

生1：刚听说这件事时，(注：发纸收钱的事)真的觉得很愤怒，知道真相了，对北美殖民地人民深表同情，现在似乎更能理解当时北美人民愤怒的情绪了。

生2：通过这节课我真的理解了北美人民的反抗！(哎呀，老师，您的教学方式太独特了，真是佩服！佩服！)这种不同寻常的方式深深地让我体会到了剥削与不平等给人们带来的压迫。美洲人民的反抗是正确的！我举双手赞成！

二、以境带情,激发师生情感体验

在以情感体验为核心的历史教学中,"情境"与"体验"是不可分割的统一体。它的基本理念是:创设历史情境,让学生的认知活动与情感活动相互作用,启发学生的认识从具体生动的表象开始,进而发展到理性的认识,通过对历史的感受和体验而形成对历史的抽象认识。

就在前不久,笔者在《美国南北战争》一课的执教中,以塑造学生人格为立意,激发学生情感体验为核心,进行了比较大胆的教学尝试。

笔者以为,就本课而言,与其说是在讲述南北战争的背景、过程和影响,不如说是在讲述美国前总统林肯的丰功伟绩,展现林肯人性的光辉。因而在教学设计中笔者决定改变传统教学中以南北战争为主线的思路,大胆尝试以林肯的一生为教学主线构建本课,并将本课分为触摸印迹、追寻足迹和评说功绩三个板块,并且辅之以林肯生平简介及林肯的名言作为课内拓展阅读材料。

在第一板块"触摸印迹"中,笔者引领学生回忆"在日常生活中哪些领域地方留下林肯的印迹" 很多学生都能够马上联想到林肯牌豪华型轿车、一美分硬币和五美元纸币上的林肯头像。这样的教学设计既引导学生学会在生活中认真地观察,又拉近了林肯与学生的距离。

第二板块"追寻足迹"是本课的核心板块。笔者利用了林肯生平简介的阅读资料,为学生展现林肯坎坷的一生。以此为基本线索,以南北战争为重点,把期间发生的主要历史事件如林肯的就职演说、南方的分裂行为、南北战争爆发后林肯政府颁布的《宅地法》和《解放黑人奴隶宣言》及南北战争北方政府胜利后林肯遇刺等事件串联起来。学生由此了解到林肯出身贫寒,9 岁生母去世,51 岁当选总统,55 岁因政绩卓著连任美国总统,56 岁遇刺身亡。终其一生都在面对挫败中的逆苦,一生中林肯八次落选,两次经商失败,甚至在 27 岁因未婚妻病逝而精神崩溃。林肯不断跌倒又不断爬起。

第三板块"评说功绩"则为学生抒发感想,评价林肯搭建了平台。笔者首先出示了林肯的名言"此路艰辛而泥泞。我一只脚滑了一下,另一只脚也因而站不稳;但我缓口气,告诉自己这不过是滑一脚,并不是死去而爬不起来"预设了这样的问题:谈谈从林肯的经历与名言中获得哪些启示?以"我说林肯"为题,谈谈林肯有哪

些高尚品德和人格魅力值得我们学习？

经过之前的铺垫，学生们很容易看到林肯身上的优秀品质，学生融入预设情境，各抒己见。学生的感悟是这样的：

生1：通过本课的学习，我觉得今后做事情我们一定要坚持，并为自己的坚持付诸努力。

生2：林肯一生遭遇了很多失败和挫折，但他从未想到放弃，我学会了做事不要轻言放弃。

生3：我要学习林肯坚持不懈、坚韧不拔的精神

生4：林肯是个勤奋好学的人，因为家境贫寒15岁才开始读书，很多知识都是自己后来自学的。我要学习他的勤奋。

生5：林肯一生充满挫折他屡战屡败但又屡败屡战，一直没有放弃自己的追求，成为自己生活的主宰。我以后做事再也不会轻言放弃了。

生6：林肯是那样热爱祖国，甚至不惜牺牲生命。我深受感动。

因篇幅所限，笔者仅摘录了比较有代表性的几位同学的发言。事实上，学生们几乎都因这个话题陷入自省之中。令笔者深感欣慰的是很多学生都能结合自身情况发言，找到自己的差距与努力的方向。林肯坎坷的一生令学生的心灵感到震撼，林肯的坚持不懈令学生感动与敬佩。学生的情绪被深深感染了，感受到一种伟人的力量。

回想本课，以南北战争为核心，以林肯生平为主线，通过教学情境预设，激发学生情感体验，把培养学生正确的情感态度价值观亦做到实处，传递给学生无限正能量。从学生们朴实无华的话语中，不难看出学生们从林肯坎坷的一生中已经学有所获。他们从中体会到了人性的光辉之处。他们从中学会了坚持、学会了负责、学会了一个人应以怎样的心态面对失败与挫折，而这些正是个人优秀人格的体现。师生间亦产生了强烈的情感共鸣。

笔者以为，作为人文学科的历史教学，一个突出特点就是需要学生有更多的情感体验、主观认识、独立思考与判断。因此在历史教学中，学生的态度、愿望、激情就显得格外重要。在平时的教学实践中，应让学生在构建知识的同时从情感上来体验历史，提升自己的思想，进而影响学生自身的行为。

学生在情感体验引导下，从感性上体验历史，从理性上正确看待历史事件及

历史人物,活跃思维,引发学历史思考与感悟,凸显历史学科独有的深刻与厚重。在以情感体验为核心的学习中,学生对学习产生了兴趣,学习更加自觉,学习的习惯得到了关注,合作的意识得到了强化,思维的质量有了实质性的提高,学习的效果得到了加强。

在这样的过程中,学生从不同的角度考虑问题,探索解决问题的办法;教师则需关注每个学生个体思想的的差异,适时适度视具体问题进行指导,使学生都能得到充分的发展。有时,学生在探究问题中所闪现的智慧、所表露的思想、所呈现的喜悦就是一种评价,是对历史教学的一种肯定,也是对笔者的接纳和欣赏。这比反映到任何试卷上的分数和评价量表上的数据更有意义,有价值。

笔者以为,逐步形成正确的情感态度价值观,激发学生情感体验是关键。笔者以为,作为历史教师在传授历史知识使学生形成对祖国历史文化认同感,激发学生爱国情感的同时,更应关注并激发学生的情感体验,注重对学生人生态度与价值观层面的教育与引导,彰显历史学科的人文功能。

在今后的历史教学中,笔者将一如既往,积极探索有效教学策略激发学生情感体验,将情感态度价值观教育落实到实处,充分发挥历史教育的核心价值,为祖国的教育事业贡献自己的绵薄之力!

参考文献

[1]中华人民共和国教育部.义务教育历史课程标准(2011 年版)[S].北京:北京师范大学,2012.

[2]郑林杰.历史教学中对学生情感态度与价值观的培养[J].文科教学探索,2010(39).

[3]邱伟光,梁琼,等.学生人格的塑造[M].太原:山西高校联合出版社,2011.

鉴赏·感知·体验

——初中学生情境体验策略初探

天津市滨海新区塘沽第一中学　邹呐铂

摘　要：本文以课题组对情境体验学习策略的探究为中心展开全文，侧重将直观性原则运用于历史教学营造的学习情境中，引导感知并产生体验的策略。主要以"文艺复兴"一课中的部分教学实践为例，说明如何通过文艺复兴运动中的代表人物及其作品，引导学生感知、体验，理解文艺复兴的思想内核，使"人文主义"的概念深入浅出。多为比较具体的教学片段。并且，在教学实践基础上笔者对情境体验及直观性原则在初中历史教学中的运用有所感悟。

关键词：初中历史情境体验学习策略

在过去的一年，本人有幸成为市双新课题负责人，研究的题目是《核心素养理念下初中学生情境体验学习策略研究》。体验，即以身"体"之，以"心"验之。所谓"体验学习"，是指主体借助自我体验而产生意义的一种学习，人们在以往的体验和知识的基础上，通过对自己、对经历或对事物的观察，将其有意或无意识的内在化，从而获得新的洞察和新的知识。它与受动性强旨在掌握预设结论的听受学习相区别。具体到历史教学中，体验学习不仅是要让学生用全部的心智去感受、关注、理解、认同历史人物、历史事件、历史现象及思想、观点等学习对象，更要引导学生在具体学习行动中(如观察历史图画、聆听历史歌曲、讨论历史问题、尝试历史领域的操作与实践等)体验历史，产生心灵感悟。在体验学习过程中教师应通过学生的具体行动，激发学生学习兴趣，促使学生产生相应体验，最大限度地提高学生的课堂参与度，大幅度提升学习效率。如何引导学生进行情境体验学习？如何激发学生学习兴趣并有所感悟？为此，笔者带领课题组成员尝试多种教学方法，目前在"充分利用音画营造教学情境，运用直观性原则引导学生感知并体验"一点上达成共识。

直观性原则，是指在教学中通过学生观察所学事物，或教师语言的形象描述，引导学生形成所学事物、过程的清晰表象,丰富他们的感性知识,从而使他们能够正确理解书本知识、发展认识能力。这一基本原则反映了学生的认知规律,即通过感性、形象而具体知识的学习,提高学生对课程学习的兴趣和积极性,减少学习抽象概念的困难,从而更好地深化认识和运用知识。

在日常教学实践中,笔者带领课题组成员将传统直观性原则与核心素养理念相结合,恰当运用历史图画、影音资料等营造历史情境,引导学生感知,产生体验,提升学生历史感悟能力。以下笔者试以自己对达芬奇、拉斐尔、米开朗基罗和莎士比亚作品的讲解为例对此加以说明。

一、达芬奇的作品

(一)《蒙娜丽莎》

教师展示达芬奇的画作《蒙娜丽莎》的同时对该画作进行简介:《蒙娜丽莎》(现藏于巴黎的卢浮宫)是一幅享有盛誉的肖像画杰作,画中人物坐姿优雅,笑容神妙,背景山水幽深茫茫。

提问:这幅画给人留下无限遐想,最摄人心魄的地方在哪里呢?

(学生经过短暂思考,得出结论,在于蒙娜丽莎的微笑。)

教师继续讲解:曾经有很多人这样形容蒙娜丽莎的微笑,"谜一般的微笑""神秘的微笑""魅惑的微笑""邪气的微笑"……因而,这幅画还有另一个名字,叫做《永恒的微笑》。

提问:同学们,当你看到这幅画的时候,你有什么感受?(学生认真观看画作,踊跃发言)

生 1:画中人很美。

师:怎么美?

生 1:她的眼神温柔、宁静,充满着期待和生命力。

师:很好,你能参考教材中的提示来欣赏。谁再来补充?

生 2:画中人笑得舒畅温柔,有时又显得严肃,我感觉她的脸会"变"。

生 3:她的微笑很神秘。

生 4:她的微笑温婉柔和,代表了作者本身的情感。

生 5:她的微笑分不同人看,是随着观赏者的心情而变化的。比如,做过坏

事的人看这幅画的微笑就是邪恶的笑,当感到喜悦时又感觉她的微笑是会心的微笑。

生6:谜一般的微笑,让人感觉猜不透。可以给人留下无限退想。

生7:感觉蒙娜丽莎在向我微笑。

生8:感觉一个温柔、端庄、典雅的贵妇在向我微笑。

生1:我还要补充。不仅表情画得好,蒙娜丽莎的一双手画得也很真实。柔嫩而丰满。

通过教师对这幅画的解读,学生细致地观察与感受,一个非常真实的温柔、端庄、典雅的贵妇形象呈现在学生面前,并且栩栩如生。在这个教学片段中,学生首先感受到的是一个活生生的女性形象,其次也感到了一种温柔、典雅的女性之美。

(二)《最后的晚餐》

教师讲述:达芬奇另一幅有名的画作是《最后的晚餐》,这是一幅教堂壁画。

提问:《最后的晚餐》反映了怎样的情景?

生:画的是耶稣遇难前同他的12个门徒共进晚餐的情景。而且他已经知道出卖他的人是犹大。

教师补充讲述:这幅画就展现了在席间,耶稣说:"我知道你们当中有一个人出卖了我"。话音刚落,他的门徒每个人的表情、动作从而揭示每个门徒的心理活动。现在,我们就来看看他们的表情、动作,猜猜他们各自心里想些什么?

师生共同解读《最后的晚餐》:最右边的三个门徒在讨论、猜测——会是谁呢?在耶稣旁边的门徒,有的伸出食指,似乎已经寻求到答案。也有的把手指指向胸部,忙着向耶稣表清白。在整幅画中间的是耶稣,他是众人的中心和平衡点,他头顶上的光线是最明亮的,他摊开双手,神情镇定而庄严。他身边的另一个门徒低垂着头,仿佛已洞悉了一切。还有的门徒因为想弄清真相,于是举起双手示意让大家安静。这里只有一个人很恐慌,并且是以一张阴暗的侧脸呈现的。这个人就是犹大。教师提问:大家能猜出其中谁是犹大吗?

(以《最后的晚餐》局部放大图引导学生观察并猜测、得出答案。)

教师补充讲述:犹大一边侧脸听着门徒们的讨论,一边用手贪婪地攥着钱袋,这是出卖耶稣得到的赏钱。犹大的可憎面目不禁跃然纸上。

在这个教学片段中,充分调动了学生的感官,学生活动更多体现为观察、猜测与感受,学生通过细致地观察,看到画中的人物或惊恐、或愤怒、或辩白,他们的手势、眼神和举止与神态相得益彰,在观察基础上学生猜测着耶稣门徒们当时不同的心理活动和究竟谁是犹大。感受到该画作对于人的神态举止出神入化地刻画,对于人的内心活动淋漓尽致地展现。一个个性格各异、神态各异的活生生的人展现在学生面前。

二、拉斐尔的作品:《西斯廷圣母》和《椅中圣母》

图 1

图 2

以拉斐尔的《西斯廷圣母》(图 1)和《椅中圣母》(图 2)为例,引导学生观察后谈感受,提问:看完这两幅画你感觉到什么?

生 1:感觉圣母很温柔。

生 2:所有人都很尊敬圣母。

生 3:圣母非常温柔慈祥,圣子有一种安全感。

生 4:就像一位普通的母亲抱着自己的孩子。

生 5:好像是一个妈妈正在抱着她的孩子,感觉孩子很安全、很幸福。

生 6:圣母甜蜜的紧贴着孩子的脸颊。

生 7:圣母温柔地抱着她的孩子,就像小时候妈妈抱着我一样。

生 8:从画中看到的圣母充满着柔情,使人感到她就是一个普普通通慈爱的母亲,而不是一个威严冷漠的神。

通过学生的回答,学生不难认识到拉斐尔画笔下的圣母温柔美丽,眉宇间洋溢着母性的慈爱和幸福,就像一位普通的母亲。他笔下的圣子充满了对母亲的依恋。这幅画洋溢着浓浓的母子亲情。

在这个教学片段中学生会感到圣母是如此的和蔼可亲，充满母爱与人情味，可以亲近，感到母亲的慈爱与温柔，感受到一种母性的美。

三、米开朗基罗

(一)雕塑作品:《大卫》

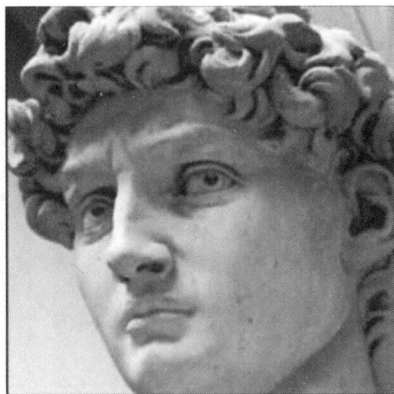

图1   图2

教师对雕塑《大卫》进行简介:《大卫》现收藏于佛罗伦萨美术学院。雕像高2.5米,连基座高5.5米,是文艺复兴人文主义思想的艺术外在体现。

展示《大卫》半身图片(图1),提问:从《大卫》中你能感受到什么?

生1:太帅了!英俊、魁梧。

生2:健美!年轻有朝气!充满活力!

展示《大卫》头像图片(图2),引导学生观察大卫的眼神,提问:从《大卫》的眼神中流露出什么?

生1:他的眼神坚毅,透出一种坚强。

生2:他目光深邃,双眉紧锁。

生3:他的眼神充满力量!

生4:他的眼神充满希望与勇气!

生5:他目光炯炯,非常威武。

在这个教学片段中,教师引导学生通过对《大卫》整体和局部的观察,让学生感受到大卫的顽强、坚定和正义的精神气质,感受男性特有的勇敢、刚强、魁梧与健美。

(二)绘画作品:《创世纪》之《创造亚当》

展示西斯廷天顶壁画《创世纪》的局部——《创造亚当》,教师一边解读名画,一边引领学生细心观察。

教师讲述:这幅画展现了上帝刚刚把亚当造出来,亚当全身无力地斜躺着,他努力地伸出手指要与上帝的手触碰到,他渴望上帝赐予他完整的生命与力量。上帝被一群天使簇拥着,脸上没有发号施令时的威严神情,神态安详而和善。在上帝左臂下,夏娃即将诞生。夏娃正含情脉脉地注视着亚当,亚当也正注视着夏娃,两人暗生爱恋。

在这个教学片段中,教师引导学生通过对《创造亚当》中亚当诞生和亚当与夏娃暗生爱恋两个不同层面细节的观察,感受人的生命的意义和人世间的爱情之美。

四、莎士比亚——《哈姆雷特》

教师讲述:戏剧天才莎士比亚创作了许多脍炙人口的悲剧和喜剧作品。《哈姆雷特》是莎士比亚最杰出的悲剧作品。在这部作品中,有一段哈姆雷特的经典独白:

"人是多么了不起的一件作品!理想是多么高贵,力量是多么无穷,仪表和举止是多么端正,多么出色。论行动,多么像天使,论了解,多么像天神!宇宙的精华,万物的灵长"。

——莎士比亚《哈姆雷特》

找同学有感情地朗诵这段独白,提问:从中你能感受到什么?

生 1:这是对人的赞美。

生 2:是对人的一种肯定。

生 3:人的力量是无穷的。

生 4:人很了不起。

在这个教学片段中,通过一位学生对《哈姆雷特》中的一段经典独白的诵读,让学生真切地感受到了莎士比亚对人的赞美,对人的价值与尊严的肯定,对人性的赞美。

回想本课,文艺复兴的思想内核是人文主义,但这个概念对于初中生现有的

认知水平理解起来有一定困难。为能使"人文主义"的概念深入浅出，笔者在教学中充分利用了文艺复兴时期一些有代表性的艺术作品。在激发学生学习兴趣，帮助学生解读这些文艺作品的同时，把侧重点放在引导学生去感受作品并尽情抒发自己的感想。在师生互动中，充分调动学生的感官，引导学生在细致地观察后得出结论，学生热情参与、积极动脑、争相发表意见。通过对艺术作品的分析与解读，引领学生走进艺术殿堂，感受着蒙娜丽莎的温柔之美，耶稣门徒们的性格迥异，圣母与圣子间浓浓的母子亲情，大卫的魁梧与健美和亚当与夏娃的诞生与美丽的爱情。而《哈姆雷特》中那段的经典独白似乎又是对一切人性之美的高度概括。学生通过女性之美、男性之美、生命之美、爱情之美和浓浓的母子亲情很容易感受到人性的种种美好，从而得出"人性至美"的结论。认识到人文主义就是要尊重人性、肯定人性、赞美人性。否定神的权威，肯定人的价值，颂扬人的力量。理解文艺复兴时代是以"人"为中心的，引领欧洲从压抑人性的神权至上走入回归人性的人性至美的时代。与此同时，人文主义思潮的核心——"以人为中心"被表现得淋漓尽致，人文主义的概念也迎刃而解了。

记得课后，很多同学以《我眼中的文艺复兴》为题，抒发了学习本课的感想。他们谈到：

生1：我眼中的文艺复兴，是欧洲的一次思想大解放，这一时期涌现了许多艺术家、文学家，为即将到来的新时代输送了新的血脉，注入了新的活力。

生2：我觉得文化的力量真的很强大，在那时，它改变着置身于那个时代的每个人的心灵，改变着整个社会的命运。

生3：这节课给我留下最终印象的是拉斐尔，他所绘的圣母圣子图中，圣母的形象温和亲切，如一位普通的母亲，对怀中的孩子流露出真切的母爱。我想，这大约便是对人文主义精神最动人的诠释吧！

生4：在这堂课中，我惊叹于每一件艺术作品的同时，更看到了人性的美好，生命的美好，我们要懂得珍惜这一切！

这就是学生的声音，尽管词藻不够华丽，却朴素、真实，看得出是学生们真情实感的流露。每每看到这些朴实无华的语句，笔者就深感欣慰，因为学生真的静心思考了。学生从这些艺术作品中真切地看到了人性的美好，感到了生命的美丽，人性之光在这个课堂中放射着耀眼的光芒，照亮学生的心灵。透过学生的眼神，聆听学生的心声,笔者相信学生因此获得了人生的正能量。这一切恰恰建立在充分运用直观性原则、引发学生情境体验与感受的基础之上。

笔者以为,历史教学中的体验学习是根据《历史课程标准》的精神,结合历史史实和历史课程功能的特点而提出的符合历史学习规律的一种学习方式。这种体验性学习方式,使历史教学从以往知识接受的过程改变为师生对知识的理解、体验的过程,教师和学生共同作为主体的生命间的交流与融合。笔者以为,作为教师应关注学生的经验和体验,并以学生的经验、体验为中介,解决历史课程的抽象性、概括性、典型性与学生生活的具体性、多样性、独特性的矛盾。从学生的经验世界出发,引导学生进入历史领域内合理的想象世界、丰富的情感世界,以学生的自我体验为契机,引发学生与教师历史情感的共鸣。笔者以为,将直观性原则运用于历史教学情境,并引领学生在教学情境中感知、体验是相当必要的。再者,我们的学生并不缺少聪明才智,关键是如何引导他们;他们更不缺少探究知识的兴趣,关键在于如何运用科学的、人性化的方法去帮助他们打开知识的宝库。特别是历史学科,由于其学科本身的特点,始终存在着学习主体与学习客体之间在时空上的分离。要消除这种分离,就不能将历史变成年代、数字、人名、概念、规律的堆砌,而是要充分挖掘,利用可视、可听、可感的情境体验资源,让学生产生一种渴望学习的冲动进而引导学生参与到历史课堂之中,真正去体会历史,鉴赏历史,感悟历史。让人性之光、智慧之光在历史课堂中大放异彩!

参考文献

[1]王道俊,郭又安.教育学(第 6 版)[M].北京:人民教育出版社,2009.

[2]夸美纽斯.大教学论(第 1 版)[M].傅任敢,译.北京:教育科学出版社,1999.

实践 **4**

初中历史课堂教学中"家国情怀"素养培育路径探析

——以《沟通中外文明的"丝绸之路"》一课教学为例

天津市第三十五中学　李莎

摘　要: 家国情怀的培育是发展学生历史学科核心素养的要求。家国情怀的培育要贯穿整个历史教学活动,教师要不断地进行引导、渗透、内化,真正地促进学生的成长。本文立足初中历史教学实际,通过价值引领,体悟家国情怀意蕴;通过情境创设,渗透家国情怀意识;通过挖掘史料,拓展家国情怀培育场域。

关键词: 家国情怀　培养路径　初中历史教学

"天下之本在国,国之本在家,家之本在身",家国情怀的培育是发展学生历史学科核心素养的要求,是历史学科的价值追求。在唯物史观的指导下,以史料实证为依据,在时空维度内形成历史解释,从历史的角度思考和观察社会与人生,从历史中汲取智慧,逐步树立正确的世界观、人生观和价值观,家国情怀是价值观的终极追求,是一种责任感和使命感,是历史教学所必须关注的。

在初中历史教学中,只有从历史中来,立足现在,面向未来,家国情怀才能更好地在学生心灵中"落地生根"。笔者以国家统编历史教材七年级上册《沟通中外文明的"丝绸之路"》一课为例,对如何在初中历史课堂教学中培育学生的家国情怀素养进行探析。

一、价值引领,体悟"家国情怀"意蕴

历史课程是人文社会科学中的一门基础课程,《义务教育历史课程标准(2011年版)》指出"历史课程要充分体现育人为本的教育理念,发挥历史学科的教育功能"。因此,历史教学必须聚焦学科核心素养,以成全人的发展、服务社会进步为目标追求。在信息技术日益发展、价值多元的当今时代,如何才能让历史教育中的家国情怀深入人心,达到"春风化雨,润物无声"的效果,这需要历史教师的积极引导,学生感受、认同"家国情怀"的意蕴。

在本节课的导入部分,播放"一带一路"纪录片片头视频,提问:"你们知道这条路是什么吗?"学生回答"一带一路"。有人说,如今的"一带一路"是现代版的丝绸之路,那今天咱们就一起了解它的前世与今生。以学生比较熟悉的"一带一路"古今联系导入,让学生产生兴趣,进入历史情境。

在本节课的结尾,我出示"一带一路"成果图,帮助学生了解6年来,"一带一路"倡议已经从愿景变为现实,丰硕成果惠及全球。截止到2019年7月底,中国政府已与136个国家和30个国际组织签署195份政府间合作协议。对沿线国家直接投资额达900亿美元。解决了很多国家的就业问题,改善了他们的基础设施建设,给他们带去了希望与发展、幸福与快乐。伴随着"一带一路"倡议的提出,习近平主席将丝路精神概括为"和平合作、开放包容、互学互鉴、互利共赢。

本节课的教学从丝路的前世,延展到丝路的今生,贯穿丝路由来、昔日丝路、重启丝路三个部分,引导学生形成古今联系的历史意识,弘扬丝路精神,传承中华优秀传统文化,深化人类命运共同体意识。最后升华:我们今天学习了丝绸之路的前世与今生。昨天,丝路精神在以张骞为代表的中国古人手中开创,今天丝路精神在以 为代表的中国共产党人手中传承,明天,希望丝路精神能够在你们手中继续弘扬。

二、情境创设，渗透"家国情怀"意识

　　家国情怀是历史学科核心素养的体验性目标，很难通过简单的知识灌输、直白的要求得到落实，更多的需要经过感受、认同、内化、践行来实现。历史是过去的，但历史蕴含着丰富的资源，以史为鉴，历史可以为人们提供认识世界与现实的新角度。如何让家国情怀的意识渗透到学生的心灵，教师需要创设情境，学生在学习的过程中获得尽可能多的真实体验，真正让家国情怀渗透进学生的心灵。

　　历史情境可以通过生活经验、文化传承、历史人物、民族精神得以重现。教学中，教师要善于利用时机创设情境，将枯燥乏味的知识产生丰富的附着点和切实的生长点，学生可以有更好的情感体验，起到强化教育的效果。任何时代的历史风云人物，无不将个人的命运、家庭的命运同整个国家的命运联系在一起。教材中由于篇幅有限，寥寥数笔无法还原出历史人物的血肉，教师在教学中可以通过补充历史小故事等形式，创设情境，还原历史人物的鲜活形象，增强教学感染力。

　　在本课教学中，我借助汉代开辟丝绸之路的两位关键人物——西汉张骞和东汉班超的感人故事，在宏观叙事与琢玉成璧的细节刻画中，讲清楚汉代开辟和巩固丝绸之路的历史过程和深远影响。例如，在讲述张骞通西域的艰辛历程这一重点内容时，通过五个剧幕：长安拜别、塞外被俘、不忘初心、终于回家、再次西行，串联起张骞凿空西域的历史。张骞这个历史人物鲜活地呈现在学生面前。在声情并茂地讲故事的过程中，我不时地与同学们共同联想：为了完成帝王的使命和维护边疆的安宁，张骞一行所要征服的困难不仅仅需要强大的力量、高超的智慧、丰富的经验，它更需要一种顽强的毅力、无畏的气概，以及对家国的担当和对亲人的忠诚！通过张骞不畏艰难，出使西域的故事的讲述，学生自然而然被他的报效国家、勇于探险的精神感动，感悟到张骞开通丝绸之路的艰辛。在老师与学生共情、师生与历史共情、今人与古人的共情中，一种历史的沧桑幽情油然而生。这恰恰是在润物无声中让"家国情怀"的学科素养目标渗入了历史，融入了课堂，浸入了学生内心。

　　本课教学中另一个重要的人物就是班超。因为学生们对他"投笔从戎"和"不入虎穴、焉得虎子"的故事已经非常熟悉,我并没有过多的介绍。我讲了几则东汉班超经营西域的细节。比如,班超路过于阗国时,那里的人民痛哭不已,甚至许多人紧紧抱住班超战马的马蹄苦苦挽留的情景。这促使他最终请求皇帝,继续留在艰苦的西域报效国家,守护丝路。再如,班超叶落归根的情节,老年的班超对故土和亲人的思念,促使他步履蹒跚的向着家的方向前进。同学们陷入了沉思中,他们心中似乎有着一种情感在流动,同时也感受着这条有温情的古道。这些往事与学生产生心灵的碰撞,用醇厚、真挚的语言讲述温情的故事去触动学生的心灵,使之不断启迪学生,潜移默化,润物无声地陶冶学生的爱国情怀,让学生的情感深深沉醉在动人的故事之中,而又升华于其上。

三、挖掘史料,拓展"家国情怀"培育场域

历史课程资源中蕴含着丰富的家国情怀素材,历史教师要根据教学目标,充分挖掘史料并将其运用于课堂教学中。史料是历史精神的重要载体,详实的史料可以拉近历史的距离,让历史有血有肉。教学中教师可以用史料来拓展家国情怀培育的场域。在史料挖掘中,教师要根据学生的情况,根据以小见大、见微知著的原则,以贴近学生生活、适合初中生认知水平为依据来选择史料。

在讲述丝路由来这一教学环节中,通过两则史料介绍张骞第一次出使西域的原因。

材料一:文景时期,继续与匈奴和亲,并厚予馈赠,但匈奴仍然不断侵犯边境,抢走人畜,毁坏庄稼。

——翦伯赞《中国史纲要》人民出版社 1984 年

材料二:是时天子问匈奴降者,皆言匈奴破月氏王,以其头为饮器,月氏遁逃而常怨仇匈奴,无与共击之。

——司马迁《史记·大宛列传》

西汉初期,限于国力,不得不对匈奴实行"和亲",汉朝每年还送给匈奴大量粮食和布匹。然而,匈奴仍然年年挥师南下,经常威胁到黄河流域人民的生产与生活。西域诸国受到匈奴的控制和奴役。例如,游牧在水草丰美的祁连山一带的大月

氏被匈奴一步步向西驱赶至中亚地区。匈奴单于还把大月氏国王的头盖骨制成"饮器"。汉武帝敏锐的铺捉到这一信息,他有了一个大胆的战略构想,联合大月氏从东西两个方向夹击匈奴。这就需要有人穿越戈壁大漠,远赴西域,找到想象中的战略盟友。

在教学的第二个环节昔日丝路时,我提问:"难道这'丝绸之路'仅仅是一条'丝路'?一条'古路'吗?"这种设问起到了抛砖引玉的作用,像个小火把,课堂气氛再次引爆,接着我提供了三则材料。学生们纷纷在史实的基础上展开合理的联想,说出他们所理解的丝路。有些同学说这条古路不仅是丝路,因为还有我国的瓷器外传,有的学生说技术交流,更有的学生提出宗教的交流。我引导学生,这条丝路是古今历史的纽带,"一带一路"恰恰意味着丝路文明的回归,借助传统的智慧来回应现代的问题。丝绸之路是人类历史上诸种文明双向交流之路。这是一种双向的馈赠,交流的除了物质、技术,还有观念、信仰等。学生通过思考、想象和交流,深入理解历史,探寻解决历史问题的方法。

作为历史教师的我们应该在课堂上审时度势、合理安排、精心设计,运用有效的教学手段和丰富的教学资源,厚植爱国主义情怀,增强学生的国家认同、民族自豪、文化自信以及社会责任感,让家国情怀素养有效落地,在历史教学中践行立德树人的教育总目标。

参考文献

[1]周刘波.家国情怀:历史教育的价值归指及其实现路径[J].教学管理,2017(10).

[2]谢菡.初中历史课堂教学中家国情怀的培养研究[J].德育研究,2017(7).

[3]教育部.义务教育历史课程标准[S].北京:北京师范大学出版社,2012.

[4]陆萍.初中历史教学中家国情怀的培养[D].内蒙古:内蒙古师范大学,2019.

[5]李林雪.中学历史教学中家国情怀的培养研究[D].济南:山东师范大学,2018.

[6]张聪聪.初中历史教学中家国情怀的培养—以开封某中学教学实践为例[D].开封:河南大学,2018.

创设学习情境 深化历史教学
——《沟通中外文明的"丝绸之路"》

天津市第三十五中学　李莎

一、教学背景

历史具有过去性的特点，只有将历史人物、历史事件放到当时的历史情境中去分析和理解，才能得到正确的认识。这种学科特点和认识方法，对于初中学生具有较大的难度。通过多媒体手段和史料教学等方式，可以有效创设学习情境，拉近学生与历史的距离，丰富学生的历史体验，加深学生对历史的理解，从而深化历史教学。《沟通中外文明的"丝绸之路"》一课教学资源丰富，便于创设学习情境，探索深化历史教学的有效策略。

二、教学目标

了解张骞两次出使西域、丝绸之路的开辟、西汉对西域的管理等基本史实，理解丝绸之路在中外交流中的作用，思考和认识历史事件之间的内在联系。

识读《敦煌壁画张骞拜别汉武帝出使西域图》《张骞出使西域路线图》《丝绸之路线路图》《汉代海上丝绸之路图》，获取相关历史信息，进一步形成历史时空观。

理解丝路精神，认同中华文化；了解和尊重不同文明，维护并促进人类的和平与发展。

三、教材分析

本课是国家统编教材七年级上册《第三单元 秦汉时期：统一多民族国家的建立和巩固》中第14课《沟通中外文明的"丝绸之路"》，内容承接了第12课《汉武帝巩固大一统王朝》的内容。秦汉时期的大一统促进了中国古代民族关系、对外交往的的发展。汉武帝时两度派遣张骞出使西域，加强了中原与西域的的友好往来，促进了统一多民族国家的发展，也为丝绸之路的开辟奠定了基础。而丝绸之路的开通，对民族关系的发展产生了深远的影响，打破了东西方文明之间的隔绝状态，开创了中外交流的新局面。再者，我国在2013年提出了"一带一路"倡议，并随着

全国十九大会议成功召开,"一带一路"的观念更加深入人心。因此,本课的学习也极具现实意义。

四、教学重难点

张骞通西域的艰辛历程

通过五个剧幕:长安拜别、塞外被俘、不忘初心、终于回家、再次西行串联起张骞凿空西域的历史。通过情景再现,提高对张骞开辟丝绸之路的艰辛历程和可贵精神的感知。

了解丝绸之路在中外交流中的作用。

通过所给材料概括丝绸之路的影响,写出自己所理解的丝绸之路。例如:文明交往之路、科技传播之路、民族交融之路等等,但总而言之,丝绸之路是一条和平交往之路。

五、教学方法

情境教学法、史料分析法。

六、教学过程

(一)导入

教师播放"一带一路"纪录片片头视频,提问学生:"你们知道这条路是什么吗?"学生回答"一带一路"。有人说,如今的"一带一路"是现代版的丝绸之路,那今天咱们就一起来了解它的前世与今生。

设计意图:利用视频资源,营造学习情境,导入丝绸之路课题,拉近历史与学生的距离,引发探究欲望。

(二)第一篇章 丝路由来

1.师生共同在《张骞出使西域路线图》上,明确西域的地理范围,标出阳关、玉门关的位置,再现张骞出使西域的空间环境。

阅读史料和图片,了解西域地理环境的恶劣性,为褒扬张骞的凿空精神埋下伏笔。

2.通过两则史料,帮助学生了解张骞第一次出使西域的原因是联合大月氏抗击匈奴。

材料一：文景时期，继续与匈奴和亲，并厚予馈赠，但匈奴仍然不断侵犯边境，抢走人畜，毁坏庄稼。

——翦伯赞《中国史纲要》人民出版社 1984 年

材料二：是时天子问匈奴降者，皆言匈奴破月氏王，以其头为饮器，月氏遁逃而常怨仇匈奴，无与共击之。

——司马迁《史记·大宛列传》

3.张骞凿空西域

设计五个剧幕：长安拜别、塞外被俘、不忘初心、终于回家、再次西行，合理想象，生动地串联起张骞凿空西域的历史，帮助学生在故事情节中了解历史。

4.完成表格，比较张骞两次出使西域的目的、结果的不同之处，落实基础知识。

5.史料研读

史料：《汉书·张骞传》载："然骞凿空，诸后使往者皆称博望侯，以为质于外国，外国由是信之。"

教师提问：为什么说张骞出使西域的举动是"凿空"呢？

学生讨论认识：张骞第一次开辟出中原通往西域的道路，中原王朝和西域各国有了第一次友好往来，张骞的"凿空"之功，名垂千古。

教师提问：张骞凿空西域，他有着怎样的品质和精神？

学生讨论认识：不忘初心，牢记使命；不怕困难，百折不挠，勇敢坚毅；为国家利益，不顾个人安危等等。

设计意图：问题引领，帮助学生理解杰出历史人物的历史作用，形成积极的情感、态度、价值观。

6.结合地图和时间轴，介绍西汉设西域都护加强管理以及东汉班超经营西域，强调新疆自古就是中国的领土。

设计意图：进一步深化时空观念，增强维护国家统一和国家主权安全的意识。

(三)第二篇章 昔日丝路

1.介绍"丝绸之路"的名称的由来，引导学生"寻根溯源"的探究精神。

2.地图呈现：动态陆上丝绸之路和海上丝绸之路的线路图，帮助学生认识到

丝路之"难"之"险"。

3.图片展示:展示丝绸之路的交流成果,帮助学生了解开通丝绸之路的意义。

4.我理解的丝路

材料一:古丝绸之路跨越埃及文明、巴比伦文明、印度文明、中华文明的发祥地,跨越佛教、基督教、伊斯兰教信众的汇集地,跨越不同国度和肤色人民的聚居地。不同文明、宗教、种族求同存异、开放包容,并肩书写相互尊重的壮丽诗篇,携手绘就共同发展的美好画卷。

——"一带一路"国际合作高峰论坛开幕式主旨演讲

材料二:中原地区先进的生产技术如造纸术、冶铁技术、水力技术、金银器皿和工艺品、钱币等通过丝绸之路传播到西域、中亚、印度、波斯、阿拉伯和地中海欧洲区域。东罗马帝国、阿拉伯大食帝国、印度和波斯帝国的科学技术和知识,如天文学、历法、数学、医药、建筑技术、制糖技术等传入中国,对中国的发展作出了不可低估的贡献。

——李刚、崔峰《丝绸之路与中西文化交流》

材料三:由于各民族的文明荟萃,欧亚大陆腹地呈现了多元的社会和文化结构,在民族融合的历史进程中,形成了近现代的多种民族。特别在我国西部发生的以汉文化为依托、以丝绸之路为背景的民族交融,形成了统一的中华民族心理和国家观念。

——王小飞《丝绸之路:回顾、认识与思考》

设计意图:教师补充关于丝绸之路影响的历史材料,请学生写出自己所理解的丝绸之路。交流分享,例如:文明交往之路、科技传播之路、民族交融之路等等,但总而言之,丝绸之路是一条和平交往之路。以此深化学生对丝绸之路作用的理解和认识,为提炼"丝路精神"做铺垫。

(四)第三篇章 重启丝路

教师出示"一带一路"成果图,帮助学生了解:6年来,"一带一路"倡议已经从愿景变为现实,丰硕成果惠及全球。截止到2019年7月底,中国政府已与136个国家和30个国际组织签署195份政府间合作协议。对沿线国家直接投资额达900亿美元。解决了很多国家的就业问题,改善了他们的基础设施建设,给他们带去了希望与发展、幸福与快乐。

伴随着"一带一路"倡议的提出,习近平主席将丝路精神概括为"和平合作、开放包容、互学互鉴、互利共赢。

设计意图:从丝路的前世,延展到丝路的今生,引导学生形成古今联系的历史意识;弘扬丝路精神,传承中华优秀传统文化,深化人类命运共同体意识。

(五)课堂小结

教师:同学们,我们今天学习了丝绸之路的前世与今生。昨天,丝路精神在以张骞为代表的中国古人手中开创;今天,丝路精神在以习近平为代表的中华儿女手中传承;明天,希望丝路精神能够在你们手中继续弘扬光大。

设计意图:强调丝路精神,激发学生的历史使命感。

七、教学反思

在本课教学中,我尝试利用各种手段创设学习情境,从多角度激发学生学习历史的兴趣。例如,在讲述张骞通西域的艰辛历程这一重点内容时,通过五个剧幕:长安拜别、塞外被俘、不忘初心、终于回家、再次西行,串联起张骞凿空西域的历史。同时,运用经典史料——如"大月氏的灭国之灾和悲情西迁""张骞落难与持汉节不失"等,将史料故事化和通俗化,将张骞这个历史人物鲜活地呈现在学生面前。在声情并茂地讲故事的过程中,我不时地与同学们共同联想:在浩瀚无垠的沙漠里,在狂风肆虐的戈壁上,在险象丛生的匈奴大营中,为了完成帝王的使命和维护边疆的安宁,张骞一行所要征服的困难不仅仅需要强大的力量、高超的智慧、丰富的经验,它更需要一种顽强的毅力、无畏的气概,以及对家国的担当和对亲人的忠诚!通过张骞不畏艰难,出使西域的故事的讲述,学生自然而然被他的报效国家、勇于探险的精神感动,感悟到张骞开通丝绸之路的艰辛。在老师与学生共情、师生与历史共情、今人与古人的共情中,一种历史的沧桑幽情油然而生。这恰恰是在润物无声中让"家国情怀"的学科素养目标渗入了历史,融入了课堂,浸入了学生内心。

在历史情境教学中,知识不仅仅局限在教材中,更是在信息的交流中碰撞出新的火花,新的信息点。在本节课的教学中,通过创设生动形象的历史情境,运用丰富的历史材料,充分调动学生的思维。在课堂的第二个环节中,我提问:"难道这'丝绸之路'仅仅是一条'丝路'?一条'古路'吗?"这种设问起到了抛砖引玉的作

用，像个小火把，课堂气氛再次引爆，同学们纷纷在史实的基础上展开合理的联想，说出他们所理解的丝路。有些同学说不仅是丝路，因为还有我国的瓷器外传，有的学生说技术交流，更有的学生提出宗教的交流。我引导学生，丝绸之路是沟通区域文明的中枢，丝绸之路的岁月就是一部全球众筹的"通"史；丝绸之路的沿线就是一部文明分享的"通"途；丝绸之路的故事就是一部人类交响的"通"曲。它还是古今历史的纽带，"一带一路"恰恰意味着丝路文明的回归，借助传统的智慧来回应现代的问题。丝绸之路是人类历史上诸种文明双向交流之路。这是一种双向的馈赠，交流的除了物质、技术，还有观念、信仰等。学生通过思考、想象和交流，深入理解历史，探寻解决历史问题的方法。

认真反思此案例，也发现了需要调整改进的不足之处。本课内容较多，虽然对教材内容进行了重新整合，但时间分配略显不足，第一环节用时过多，略显头重脚轻。其次，有些问题的设置应该更合理，应以发展学生的思维为核心。

总之，课堂教学是切实落实立德树人根本任务的主渠道。在历史教学中，通过多种形式学习情境的创设，对于学生历史知识的积累、学习能力的提升、正确价值观的塑造起着非常重要的作用。

八、专家点评

李莎老师所做课例《沟通中外文明的"丝绸之路"》，立足历史学科自身的特点及其教育功能，考虑学生的年龄特征和认知水平，从提高学生历史素养和人文素养的角度出发，以丝路精神为核心，以丝路前世与今生为主线，整合教学资源，达成教学目标。

在教学策略上，突出以多种形式营造学习情境。以视频资料激发学生探究欲望，以图片资料再现历史空间，以剧幕设计展开合理想象，以文字史料深化历史认识……在"老师与学生的共情、师生与历史的共情、今人与古人的共情"中，观察历史和理解历史，继往开来。

总之，李莎老师的课例设计，符合学生了解历史认识历史的规律，体现了以学生为本、促进学生学习与发展的理念。

（点评专家：天津市河北区教师发展中心　李学敏）

抗美援朝

天津市第三十五中学 李 莎

一、教学背景

抗美援朝战争锻造形成的伟大的抗美援朝精神，是弥足珍贵的精神财富，必将激励中国人民和中华民族克服一切艰难险阻、战胜一切强大的敌人。那么，在新时代如何让学生认识到抗美援朝的艰辛历程和伟大胜利，体会穿越时空、历久弥新的抗美援朝精神，坚定不忘历史、珍惜和平的信心和决心。这是我在设计本课例的教学中重点思考的问题。

二、教学目标

课标要求：认识抗美援朝、保家卫国的正义性。

1.知识与能力：知道中国人民志愿军入朝作战的原因；了解抗美援朝简单的经过；理解抗美援朝的必要性和抗美援朝战争胜利的历史意义。

2.过程与方法：通过阅读课本、地图及网上查询，获取有效信息，在掌握历史事实的基础上总结思考历史问题的方法；通过原始资料再现，了解史实的真实性与可靠性，掌握获取历史信息的有效方法。

3.情感态度与价值观：认识抗美援朝的艰辛历程和伟大胜利，体会跨越时空、历久弥新的伟大的抗美援朝精神，坚定不忘历史、珍爱和平的信心和决心。

三、教材分析

本课是国家统编教材中国历史八年级下册第一单元中华人民共和国的成立和巩固第2课抗美援朝。承接上一课《中国人民共和国的成立》的史实，主要讲述抗美援朝战争和中国人民志愿军的英雄事迹。抗美援朝是一场保卫和平、反抗侵略的正义之战。伟大的抗美援朝战争，抵御了帝国主义侵略扩张，捍卫了新中国安全，保卫了中国人民和平生活，稳定了朝鲜半岛局势，维护了亚洲和世界和平。抗美援朝战争锻造出伟大的抗美援朝精神，70多年来，伟大的抗美援朝精神穿越时空，始终放射着璀璨的光芒，对当今社会而言都有极重要的

教育意义。

四、教学重难点

抗美援朝的基本史实;黄继光、邱少云等英雄身上所体现的伟大的抗美援朝精神。

中国人民志愿军入朝作战的原因;抗美援朝战争胜利的意义。

五、教学方法

讲述法、活动法、课堂讨论法。

六、教学过程

导入部分:近日,浙江衢州,一段老兵匍匐向前的视频感动无数人,下面我们一起来观看这段视频。在颁奖典礼上,93岁老兵余元利高唱《中国人民志愿军战歌》,唱到动情处,老人家直接趴到舞台上,现场演示匍匐前进,随后摆好战斗姿势,随时准备跃起冲锋。是怎样的一段经历能够如此深入老人的骨血和记忆呢?是的,是来自71年前老人所参加的那场立国之战——抗美援朝。今天我们一起来学习这段历史。

第一篇章:抗美援朝,保家卫国

出示图片:1945年9月2日,日本政府代表在美国战舰"密苏里"号的甲板上签署无条件投降书,这标志着第二次世界大战以同盟国的完全胜利而结束。此时全世界热爱和平的人,都在欢呼和庆祝这来之不易的胜利以及暌违已久的和平,珍惜和平是时人的共同想法。然而,就这样美好的想法在战后的朝鲜半岛,却面临着严峻的挑战。

与学生共同分析朝鲜内战的原因。日本投降后,美国和苏联以北纬38°为界分区占领了朝鲜半岛南部和北部。此后在美苏双方的支持下,半岛南部、北部分别于1948年8月和9月成立了大韩民国以及朝鲜民主主义人民共和国。

从1949年1月至1950年6月,朝韩两国在三八线附近共发生了2000多起纠纷。随着武装冲突的不断升级,1950年6月25日,朝鲜内战爆发。美国政府从其全球战略和冷战思维出发,作出武装干涉朝鲜内战的决定。随着美国的介入,朝鲜战场局势的急剧恶化,战火烧到了中国家门口。

学生结合教材内容找到美国干涉中国内政的表现:美国派遣第七舰队入侵台湾海峡。1950年10月初,美军不顾中国政府一再警告,悍然越过三八线,把战火烧到中朝边境。侵朝美军飞机多次轰炸中国东北边境地区,给人民生命财产造成严重损失,我国安全面临严重威胁。

出示图片及材料:金日成求援电报。值此危急关头,毛泽东主席收到了金日成的求援电报,信中直截了当地说:"我们不得不请求您给予我们以特别的援助,即在敌人进攻'三八线'以北地区的情况下,极盼中国人民解放军直接出动援助我军作战!"那么我们该不该援助朝鲜呢? 当然应该。

一方面,中国与朝鲜山水相连,唇齿相依,我们必须要援助他们。另一方面,战火烧到中国大门口,我国安全面临严重威胁。毛泽东和中共中央也不得不根据局势的变化作出重大的战略抉择。我们一起来看。

我们不出兵让敌人压至鸭绿江边,国内国际反动气焰增高,则对各方都不利,首先是对东北更不利,整个东北边防军将被吸住,南满电力将被控制。……总之,我们认为应当参战,必须参战。参战利益极大,不参战损害极大。

——毛泽东《中国人民志愿军应当和必须入朝参战》

最终,中国党和政府以非凡气魄和胆略作出抗美援朝、保家卫国的历史性决策。1950年10月19日,中国人民志愿军在彭德怀司令员兼政治委员率领下进入朝鲜战场。这是以正义之师行正义之举。

彭德怀20多年南征北战,从反"围剿"到长征,到抗战期间的百团大战,解放战争中的横扫西北,立下赫赫战功! 毛泽东专门为他写下了传诵一时的诗句"谁敢横刀立马,唯我彭大将军"。

尽管这一次出征与以往不同,尽管对手是实力强劲的以美国为首的"联合国军",尽管这必将是一场极其艰难的战争,但52岁的彭德怀却抱定必胜的信念,无惧、无畏!

抗美援朝,保家卫国! 一场正义与非正义、侵略与反侵略的战争,即将在血与火的抗美援朝战场上拉开帷幕!

第二篇章：山河无恙，英雄不朽

抗美援朝的经过，主要通过一组数字加以介绍。

5次：尽管中美两国双方力量及其悬殊，从1950年10月25日到1951年6月10日，中国人民志愿军同朝鲜军民密切配合，连续进行五次大规模战役，五战五捷，把美国侵略军赶回到"三八线"附近。

134起：在抗美援朝战争中，重要的战役、战斗134起，平均每周就有一次。

43天：上甘岭一战，是抗美援朝最激烈的战役之一。此战始于1952年10月，历时43天。敌人先后投入6万多兵力，向不足4平方千米的我军阵地上，倾泻近200万颗炸弹和炮弹，使上甘岭战役化为一片焦土，山头高度被削低2米。炮火的密度超过了二战的任何一场战役。时任志愿军战地记者陆柱国这样描述被轰炸后的上甘岭：在上甘岭上抓起来一把就是三样东西，碎石头、炮弹渣和人的骨头。志愿军战士坚守阵地，击退敌军900多次冲击，最终取得上甘岭战役的胜利。

33个月：从1950年10月入朝参战，到1953年7月战争结束，志愿军战士在异国他乡奋战了约33个月。美国不得不在停战协定上签字。中朝军队打败了武装到牙齿的对手，打破了美军不可战胜的神话。美军上将克拉克："我是美国历史上第一个在没有取得胜利的停战协定上签字的司令官。"

抗美援朝的意义，通过3则材料分析。

材料一：最令人感到沮丧的是，红色中国人用少得可怜的武器和令人发笑的原始补给系统，居然遏制住了拥有大量现代技术、先进工业和尖端武器的世界头号强国美国。

——【美】贝文·亚历山大《朝鲜，我们第一次战败》

材料二：从中国人在整个朝鲜战争期间所显示出来的强大攻势和防御能力中，美国及其盟国已经清楚地看出，共产党中国已成为一个可怕的敌人，它再也不是第二次世界大战时的那个软弱无能的国家了。

——【美】沃尔特·G·赫姆斯《朝鲜战争中的美国陆军》

材料三：它雄辩地证明：西方侵略者几百年来只要在东方的一个海岸上架起几尊大炮就可以霸占一个国家的时代一去不复返了……它也雄辩地证明，一个觉醒了的、敢于为祖国光荣、独立和安全而奋起战斗的民族是不可战胜的。

——彭德怀《关于中国人民志愿军抗美援朝工作的报告》

国家安全:抵御了帝国主义侵略扩张,捍卫了新中国的安全,保卫了中国人民和平生活;经此一战,中国人民粉碎了侵略者陈兵国门、进而将新中国扼杀在摇篮之中的图谋,可谓"打得一拳开,免得百拳来",帝国主义再也不敢作出武力进犯新中国的尝试,新中国真正站稳了脚跟。

国家建设:为国内经济建设和社会改革赢得了相对稳定的和平环境。这一战,拼来了山河无恙、家国安宁,充分展示了中国人民不畏强暴的钢铁意志!

国际影响:稳定了朝鲜半岛的局势,维护了亚洲和世界和平,大大提高了我国的国际地位。经此一战,中国人民彻底扫除了近代以来任人宰割、仰人鼻息的百年耻辱,彻底扔掉了"东亚病夫"的帽子,中国人民真正扬眉吐气了。这一战,让全世界对中国刮目相看,充分展示了中国人民维护世界和平的坚定决心!

综上所述:抗美援朝是中国人民站起来后屹立于世界东方的宣言书,是中华民族走向伟大复兴的重要里程碑。对于新中国来说,抗美援朝是一场立国之战,打出了民族尊严,打出了新中国的国威。

在朝鲜战场上,志愿军将士面对强大而凶狠的作战对手,身处恶劣而残酷的战场环境,抛头颅、洒热血,以"钢少气多"力克"钢多气少",谱写了惊天地、泣鬼神的雄壮史诗。

课前布置社会实践活动,学生分组搜集抗美援朝的英雄故事。本环节由各组代表进行展示。

出示《谁是最可爱的人》图片讲述作家魏巍创作这篇报告文学的背景。

松骨山战斗结束后,作家魏巍专门来到 3 连誓死守卫的这片阵地,深有感触。从战场归来后,他便动情地写下《谁是最可爱的人》一文。"谁是我们最可爱的人呢? 我们的部队、我们的战士,我感到他们是最可爱的人。"

197 653:保卫和平、反抗侵略。197 653 名抗美援朝烈士,用生命写就了一部英雄史。英雄并非没有恐惧,不过为了祖国,他们选择向死而生。

716:从 2014 年到 2020 年,七年时间里,我国先后迎回了 716 位在韩志愿军烈士遗骸,安葬于沈阳抗美援朝烈士陵园。国家没有忘记他们,人民没有忘记他们。山河犹在,浩气长存。国泰民安,魂兮归来!

回顾了艰难的抗美援朝历史,震撼中充满感动。用身体挡住敌人枪口的黄继光;在烈火中永生的邱少云;只剩一人一枪仍然坚守阵地、最后抱起炸药包与敌人

同归于尽的杨根思;以战斗姿势受冻牺牲成为一尊尊冰雕的中国人民志愿军第9兵团……他们身上所展现出的祖国和人民利益高于一切、为了祖国和民族的尊严而奋不顾身的爱国主义精神,英勇顽强、舍生忘死的革命英雄主义精神,不畏艰难困苦、始终保持高昂士气的革命乐观主义精神,为完成祖国和人民赋予的使命、慷慨奉献自己一切的革命忠诚精神,为人类和平与正义事业而奋斗的国际主义精神,这就是伟大的抗美援朝精神。

那么在新时代如何传承伟大的抗美援朝精神,我们继续第三篇章的学习。

第三篇章:精神传承,永世发扬

本环节了解和学习新时代最可爱的人。

"清澈的爱,只为中国"这是18岁的戍边英雄陈祥榕写下的战斗口号,是保家卫国的责任担当,也是坚如磐石戍边誓言,更是对祖国领土最硬气的守护。2020年6月我国4名边防战士以生命践行了对祖国的爱和守护,生命的最后一刻永远停留在了喀喇昆仑。

隐秘而伟大的中国心

近日第25届"中国青年五四奖章"入围名单中一张肖像照刷屏网络,这张"照片"看不到五官和长相,只有一个模糊的轮廓和胸前的一面五星红旗却让无数人动容。

我们不知道你的样子,但我们知道你是英雄。

过去的2020年是极不平凡的一年,我们见证了一个个义无反顾的身影、一次次心手相连的接力、一幕幕感人至深的场景,涓滴之力汇聚成磅礴伟力,书写了壮丽的史诗。

医护人员、疾控人员依旧昼夜不歇,救治病患;社区工作者、扶贫干部还在走街串户,排忧解难;公安民警、志愿者仍然东奔西忙,守护平安……有了他们,我们就多了一份舒心、暖心和放心。

平凡铸就伟大,英雄来自人民。他们是新时代最可爱的人。

小结部分:播放MV《抗美援朝那些人儿》,学生谈感受。

伟大抗美援朝精神跨越时空、历久弥新,必须永续传承、世代发扬。今天,我们一起向保家卫国的抗美援朝英雄致敬!明天,我们用实际行动诠释抗美援朝精神,建设强大的祖国,告慰英雄!

七、教学反思

抗美援朝战争锻造形成的伟大的抗美援朝精神,是弥足珍贵的精神财富,必将激励中国人民和中华民族克服一切艰难险阻、战胜一切强大的敌人。那么,在新时代如何让学生认识到抗美援朝的艰辛历程和伟大胜利的意义,体会跨越时空、历久弥新的抗美援朝精神,坚定不忘历史、珍惜和平的信心和决心。这是我在设计本课的教学中重点思考的问题。

基于以上的思考,我将本课的教学内容整合成三个部分:第一篇章:抗美援朝,保家卫国;第二篇章:山河无恙,英雄不朽;第三篇章:精神传承,世代发扬。

第一篇章:抗美援朝,保家卫国,重点介绍抗美援朝保家卫国的正义性。第二篇章:山河无恙,英雄不朽,通过一组数字 5 次、43 天、33 个月、197 653 人、716 位介绍抗美援朝战争的经过。在这场持续了约两年零九个月的残酷战争中,志愿军战士们用自己的鲜血捍卫了正义,换来了和平。关于抗美援朝战争中涌现出的可歌可泣的英雄人物。我课前布置了社会实践活动,学生以小组的形式搜集和整理抗美援朝的英雄人物和事迹。学生们的表现令我非常惊喜。他们有的绘声绘色讲述抗美援朝的英雄故事;有的用视频的方式向大家展示英雄的事迹;有的去烈士陵园追寻英雄的足迹;有的通过中国人民革命军事博物馆抗美援朝主题展览的数字展厅参观学习,我们的社会实践活动非常成功。第三篇章:精神传承,世代发扬,该环节的设计主要是通过介绍新时代的"最可爱的人",激励学生在和平的年代如何传承伟大的抗美援朝精神。"清澈的爱,只为中国"——18 岁的戍边英雄陈祥榕;"隐秘而伟大的中国心"第 25 届"中国青年五四奖章"入围名单中一张肖像照刷屏网络,这张"照片"看不到五官和长相只有一个模糊的轮廓和胸前的一面五星红旗却让无数人动容;还有在过去的 2020 年新冠疫情肆虐,医护人员、疾控人员依旧昼夜不歇,救治病患;社区工作者、扶贫干部还在走街串户,排忧解难;公安民警、志愿者仍然东奔西忙,守护平安……有了他们,我们就多了一份舒心、暖心和放心。平凡铸就伟大,英雄来自人民。他们是新时代最可爱的人。

在本节课的最后,播发一首 MV《抗美援朝那些人》,请学生谈感受。当看到学生们泪目的双眼,当听到他们说:"我们想你们了","如您所愿,我们现在已经是盛世繁华","你们的生命已经开出鲜花",这一刻,我是无比感动的,也是非常幸福

的。我想我设计这节课的初衷实现了。

通过本节课的教学切实将党史教育融入初中历史教学,引领学生继承和弘扬抗美援朝精神、传承红色基因,让伟大的抗美援朝精神代代相传。

八、专家点评

李莎老师所做课例《抗美援朝》,导入部分,播放的视频中 93 岁老兵匍匐前进的画面,非常感人,通过情境的创设一下子就将学生带入了那场 70 多年前的战争。第二篇章中,李老师用了一组数字介绍了抗美援朝战争的经过,设计新颖,令人记忆深刻,使学生体验到了在这场持续了约两年零九个月的残酷战争中,志愿军战士们用自己的鲜血,捍卫了正义,换来了和平。

李老师这节课的设计意图充分凸显了学生的主体地位,借助相关史料,创设情境,尽可能的还原历史场景,重构鲜活的历史,引领学生穿越到当时的历史时空中,感悟历史、理解历史。

(点评专家:天津市河北区教师发展中心　李学敏)

第三章

培养学生学科素养的教学实践

实践 **1**

基于史料实证的历史课堂深度学习实践研究

——探究史料实证 推进深度学习

天津市河东区盘山道中学 郭香

摘 要:在黎家厚教授定义的"深度学习"的基础之上,笔者组织几名高素质一线历史教师,展开了"基于史料实证理念的促进学生深度学习的教学策略研究"的课题研究活动,经过"理论学习→开题论证→问卷调查→教学实践→撰写论文→中期论证→撰写案例→结题论证"几个环节的扎实研究,最终得出结论:①通过教师的方法指导,中学生能够逐渐掌握基本的史料查询、搜集方法,并进行初步的史料分析和历史解释;②学生搜集史料和分析史料的过程,也是最基础的历史学科自主学习过程,掌握方法后能够逐步进行深度学习;③深度学习是理解性的学习,因此学生在历史学习中学会"史料实证"的方法非常重要,而教师的系统指导尤为关键。

关键词:史料实证 深度学习 教学策略

一、问题提出

2005年,上海师范大学黎家厚教授发表了《促进学生深度学习》一文,提出了"深度学习"的概念,文中指出:"深度学习"就是"在理解的基础上,学者批判性地学习新思想和新知识,并将它们与原有的认知结构相互融合,将众多思想相互关联,将已有的知识迁移到新的情境中去,做出决策并解决问题的学习"。这是我国首次在教育领域定义"深度学习"。

基于黎教授的观点,笔者组织了几位教育教学经验丰富、教科研基础扎实的一线历史老师,展开了"基于史料实证理念的促进学生深度学习的教学策略研究"的"双新"课题研究工作。

在"十二五""十三五"期间,笔者重点研究了几种有效教学策略。"有效教学"指的是"在符合时代和个体积极价值建构的前提下,其效率在一定时空内不低于平均水准的教学"。而随着课题研究的进一步开展,笔者认识到:教学不应当仅仅满足于有效,还要持续推动学生发展核心素养的全面发展。因此在"十三五"后期,笔者又开始进行了"深度学习"相关的教育教学研究。

深度学习理论的进一步发展和完善受到了建构主义理论、情境认知理论、分布式认知理论和元认知理论等多种理论的影响。目前,国内对于"深度学习"的关注和认可一直在持续增长,相关研究目前主要集中在教育教学应用、计算机应用、策略研究及技术支持等几大方面。

从教育教学的角度来看,深度学习具有注重批判理解、强调信息整合、促进知识建构、关注迁移运用、面向问题解决、倡导主动学习和终身学生等几个显著特征;其核心特征则是"高阶思维"。因此,在教师在课堂教学中关注发展学生的高阶思维,有利于进一步促进深度学习的持续开展。

对于历史教学而言,为了全面培养学生的历史学科核心素养(即唯物史观、时空观念、史料实证、历史解释、家国情怀),更需要推动教学由"有效教学"向"深度学习"不断发展。

二、选题意义

(一)理论意义

本课题的研究是在国内"深度学习"方面的理论初步发展的基础之上开展的，更注重教学实践的论证，可以为国内教育教学领域关于"深度学习"的研究提供更多一手的论证资料，从而有利于推动相关理论的不断发展完善。

(二)现实意义

本课题的研究是建立在历史教育教学的基础之上的，对于丰富课题组成员所在学校的历史教育教学策略和方法、提升教学质量、完善和发展学生的历史学科核心素养等，都具有重要的现实研究意义。

以教科研作为教育教学的指导，以教育教学的发展来带动教科研能力和水平的进一步提升，才是青年教师应当坚持的、正确的、合理的也是能够长久的个人发展道路。

三、研究价值

(一)创新价值

在中国知网以"史料实证"为关键词搜索相关研究文献，2016年至今共有190篇；以"深度学习"为关键词搜索相关研究文献，2005年至今共有11813篇；同时搜索"史料实证"和"深度学习"，则没有找到任何研究文献。

由此可见，本课题"基于史料实证的历史课堂深度学习实践研究"目前还没有成型的相关研究成果，值得进一步展开研究，这对于"史料实证"和"深度学习"相关理论的进一步发展、充实和完善，具有重要的研究价值，也有更多的创新的可能性。

(二)教学价值

本课题是基于充分的教学实践而展开的,而研究的根本目的也是为了进一步完善和提高每个组员的历史教育教学的能力和水平。我们还期待通过本课题的研究和后期的成果推广,最终能在本课题组组员的引领下,推动组员所在学校的历史教育教学水平的整体提升。

这是教科研课题研究该有的根本出发点,最终也应当成为它的必然归宿。

(三)对本学科团队攻坚项目的价值

课题承担人所在的初中历史学科领航教师团队的攻坚课题名称是"基于学科素养的初中历史教学模式与学习实践的行动研究",而本课题名称是"基于史料实证理念的促进学生深度学习的教学策略研究",其中研究的"史料实证"本身就是一种历史的思维方式,是一种具体的教学策略,是攻坚课题中"教学模式"研究的范围之一;同时"史料实证"本身也是历史学科五大核心素养之一,也即本课题的研究重点关注了历史学科核心素养中的"史料实证"素养的发展和完善,是团队攻坚课题的细化研究。

相关研究已经证明,"深度学习"是一种高效的学习方法之一。本课题组在研究"深度学习"的时候,发挥研究团队组员教师都常年在一线教学的优势,更注重教学实践的研究和积累,也能够为团队攻坚课题的学习实践研究提供更多的实践论证资料。

四、研究目的

(一)教会学生科学地搜集史料、分析史料,初步培养史料实证精神和证据意识

"史料实证"是历史学习的必经之路和有效途径。对于初中生而言,历史学习

更多时候是将过去的历史和学生现在的生活建立联系的一个过程,因此,搜集史料和分析史料的过程是必不可少的。

在研究过程中,教师要教会学生科学地搜集和分析史料,这是初步培养学生史料实证精神和证据意识的必经之路和有效途径。同时,史料实证也是历史研究的有效策略和最终归宿。

(二)在史料实证的过程中,逐步引导学生学会深度学习

在天津市小升初随机派位后,各校的生源跟过去相比,整体上相对比较均衡了。但对原先的普通中学和重点中学而言,都带来了新的教育教学策略上的挑战。

对于普通中学而言,学生整体学习能力的差异化相对减少,有利于开展深度学习;对于重点中学而言,学生的整体水平跟过去相比反而显得参差不齐了,给深度学习的开展带来了不小的挑战。

不管课题组成员来自普通校还是重点校,都要进行广泛深入的学情分析,结合自己所教学生的具体学情,通过有效的学法指导,帮助学生找到适合自己的有效学习和高效学习的策略和方法。而不管是哪种具体的学习方法,"深度学习"都将是最终的落脚点。

(三)通过教学论文和教学案例的撰写,充分论证"史料实证能够有效促进学生的深度学习"

在理论学习的基础上,本课题的组员教师广泛积累一线教学的实例,积极撰写教学论文和案例,充分论证"史料实证能够有效促进学生的深度学生"

教学论文的撰写主要集中在中期论证之前,在理论学习和教学实践的基础之上,及时总结和反思;教学案例的撰写主要集中在中期论证之后,是组员教师对于课题组前期研究成果的个性化转化。

五、研究意义

(一)理论意义

本课题的研究是在国内"深度学习"方面的理论初步发展的基础之上开展的，更注重教学实践的论证，可以为国内教育教学领域关于"深度学习"的研究提供更多一手的论证资料，从而有利于推动相关理论的不断发展完善。

(二)现实意义

本课题的研究是建立在历史教育教学的基础之上的，对于丰富课题组成员所在学校的历史教育教学策略和方法、提升教学质量、完善和发展学生的历史学科核心素养等，都具有重要的现实研究意义。

以教科研作为教育教学的指导，以教育教学的发展来带动教科研能力和水平的进一步提升，才是青年教师应当坚持的、正确的、合理的也是能够长久的个人发展道路。

六、研究内容

(一)学生搜集史料、分析史料的科学方法

统编初中历史教材和配套的地图册资源是学生搜集史料的重要来源，同时也要教会学生通过更多的途径来搜集更多类型的史料，并且学会"论丛史出、史论结合"的分析方法，重视证据意识，明确"孤证不立"，对于搜集到的各种史料要多重论证、去伪存真。

另外，教材中所选取的史料体现出来的价值观是学生搜集其他类型史料的价值判断依据，史料的选择要有利于学生充分开展深度学习活动。

(二)学生深度学习的方法和途径

教育教学领域的深度学习本身是一种方法论,是很多种学习方法的集合。它所体现出来的注重批判理解、强调信息整合、促进知识建构、关注迁移运用、面向问题解决、倡导主动学习和终身学生等显著特征,为学生的差异化学习和个性化学习提供了诸多可供选择的学习范式和方法。

在具体的研究过程中,教师要引导学生结合自身的特点,选择适合自己能力、水平和学习特点的深度学习的方法。

(三)怎样通过史料实证来促进学生的深度学习

学生可以选择的深度学习的方法和途径是多种多样的。在具体的课题研究实践过程中,组员教师要充分结合历史学科的学科特色和育人价值,以"史料实证"理念为引导,通过开展广泛、深入而又丰富的史料教学活动,实现学科育人的目标。

怎样才能通过史料实证来促进学生的深度学习?最终将以教学论文和案例的形式具体呈现出来。

七、研究方法

(一)文献分析法

文献分析法指的一种是对于收集到的某方面的文献资料进行专门的研究,以探明研究对象的性质和状况等,并从中引出自己的观点的分析方法。

在具体的文献分析的过程中,可以帮助研究者形成关于研究对象的一般印象,同时也有利于对研究对象做出动态的把握。

对于课题研究而言,充分的理论学习是其必要的前提和基础,只有把握了课题研究的相关理论和研究动态,才能更好地展开本课题的研究活动。

因此,在展开课题实践研究之前,课题组由专人负责文献资料的收集、整理和归类,初步筛选后,供所有组员教师进行充分的理论学习。

只有对"史料实证"和"深度学习"有足够全面、深入的理论认知,才能更好地指导组员教师深入开展教学实践论证活动。

(二)问卷调查法

问卷调查法也称为书面调查法,是国内在目前在社会调查中广泛使用的一种方法,用在教科研课题的研究过程中,也具有很重要的意义。

首先要设计能够满足课题研究需求的规范化、可计量的调查问卷。在问卷调查的过程中,要尽可能排除干扰各种因素。最终进行问卷的数据分析之前,还要先去除那些无效问卷(比如一眼就能看出来的、没有认真思考、作答的问卷等)。

本课题组前期进行问卷调查的目的是为了了解学情,只有充分了解了组员教师所任教学校学生的具体学情,才能有有针对性地制定具体的研究策略,开展广泛而又深入地研究,并最终帮助自己所教的学生找到适合自己的"史料实证"和"深度学习"的最佳方案。

(三)个案研究法

个案研究法也称为案例研究法,指的是对于某一个体、某个群体或者某一组织在较长时间里连续进行调查,从而研究其发展变化的全过程。因此,对于课题组的每个教师而言,自己所教的学生(即"某个群体")都是自己研究的个案。

课题组每位组员教师均来自不同的学校,所教的学生在能力层次和知识结构和认知水平上都多少有一些差异。虽然对每个组员教师而言,自己所进行的教学实践研究都是个案研究;但对整个课题组研究而言,通过个性问题的分析和解决,也有利于最终发现共性问题、找到能够普遍使用的解决问题的最佳方案。

通过个案研究法,能够使得本课题的实践研究最终"百花齐放",进而能够实现求同存异,因此也更具研究价值和推广意义。

八、研究过程

课题申报之初,课题组制定的研究计划拟分五个步骤来进行研究:

(1)理论学习,开题论证:2019.12—2020.2。

(2)问卷调查,教学实践:2020.3—2020.6。

(3)撰写论文,中期论证:2020.7—2020.10。

(4)磨课、录课,撰写课例:2020.11—2021.2。

(5)整理资料,结题论证:2021.3—2021.6。

但最终获准立项的时候已经是 2020 年 6 月了,并且课题组在 2020 年 12 完成了统一的网上中期检查专家论证。所以,实际上我们的研究内容没有变化,但是调整了一下各个阶段的时间分配。

课题组的研究过程大致经历了以下过程:理论学习 → 开题论证 → 问卷调查 → 教学实践 → 撰写论文 → 中期论证 → 撰写案例 → 结题论证。

研究过程中主要用到了文献分析法、问卷调查法和个案研究法。

申报之初课题组就组建了微信工作群,展开了系统的理论学习,由专门的老师负责相关理论资料的查询、汇总;并且随着理论的不断发展,组员教师们也一直在更新并充实自己的理论储备。

同时负责编写问卷的老师(教育博士在读)在课题立项之后很快就完成了问卷设计,在微信工作群里讨论之后定稿,并且随后完成了问卷调查和数据分析工作。

在研究初期,我们就抓紧组织了成果积累的动员。利用承担人 2019 年 12 月做区级观摩课的机遇,课题组大多数组员都到场参与观摩了,会后也召开了课题申报筹备的初次准备会议,课题承担人整体介绍了课题的设计论证,并明确了组员教师的基本分工和研究任务。

最终本课题于 2020 年 6 月正式获得立项。2020 年 9 月 17 日,利用领航团队攻坚第 4 次集中指导活动的机会,本课题进行了正式的线上(腾讯会议)开题论证,并在那次活动中汇报了课题研究进展,本课题组的组员教师都参加了那次腾讯会议,那也是我们组员的第二次集中活动。

2020 年 12 月,本课题完成了线上的中期检查,由外聘专家对研究工作进行了中期研究论证,最终专家将我们的研究评定为"A.优秀"等级。

2021 年 1 月 20 日,初中历史领航团队进行了"优秀学科指导市级展示活动",本次活动是由笔者申报的,所以在设计活动内容的时候,笔者承担了一个教科研经验交流讲座,其中的部分内容就涉及本课题的研究过程及基本成果的介绍和推广。

2020 年 3 月,本课题全面展开结题工作。

虽然由于跨区、跨校研究等客观因素,课题组集体活动的机会屈指可数;但是在整个研究过程中,课题承担人做好了组员教师研究工作的组织和协调工作,充分利用微信群,及时沟通各种信息及研究进展,最大限度落实好了疫情防控的严格要求,也协调好了课题研究的各项重要工作部署和进展推动,并且和几位核心组员一直有密切的线上、线下课题研究互动研讨,确保了"后疫情时代"课题研究工作的顺利推进。

借着河东区举办"十三五"教科研成果的推广机遇,课题承担人也申报了区级展示,拟在 2021 年 4 月 13 日先进行校级的课题研究成果推广活动,也就是课题的结题并不是研究的终点,而恰是成果推广的新的起点。在"十四五"期间,课题承担人也申报了"深度学习"相关的市级课题,并获得了区级推荐报送(目前正在等待天津市教育学会的立项评审结果),拟将本课题研究过程中挖掘出的值得继续研究的问题和内容再进行更加全面、深入的推广研究,实现课题研究的持续性和良性发展。

九、一点思考

课题组老师来自我市几个区县的普通校和重点校,学生的具体学情有很大的差异,但在研究过程中,我们都顺利开展了基于史料实证理念的促进学生深度学习的教学策略的教学研究和实践工作,这充分地说明了:重点校和普通校学生最大的差异可能不在于智力因素,而在于行为习惯和学习方法的掌握。一旦学生掌

握了科学的、适合自己的学习方法,也能够不断的提高自己的学习效率,进而逐步提升自身的历史学科核心素养和学生发展核心素养。

所以,在教学过程中,教师更应该关注对学生的方法指导,不应只是"授人以鱼",更要做好"授人以渔"。这就对了教师自身也提出了更高的要求:不要仅仅满足于当一个合格的"教书匠",更要在教育教学工作之余,不断自主学习、终身发展。

十、结论

依据研究目标,我们进行了扎实的历史教育教学实践和理论研究,取得了一定的研究成果,最终得出以下主要研究结论。

(1)通过教师的方法指导,中学生能够逐渐掌握基本的史料查询、搜集方法,并进行初步的史料分析和历史解释。

(2)学生搜集史料和分析史料的过程,也是最基础的历史学科自主学习过程,掌握方法后能够逐步进行深度学习。

(3)深度学习是理解性的学习,因此学生在历史学习中学会"史料实证"的方法非常重要,而教师的系统指导尤为关键。

今后,课题组的组员老师们将在教育教学的过程中,继续深化并推广本课题的研究成果,推动深度学习教学研究的进一步开展。

我们相信:推动教育教学由"有效教学"向"深度学习"的不断发展演进,是"十三五"向"十四五"过渡时期的一个重要研究趋势和研究热点。这也将激励着组员教师在今后的教育教学工作中,持续走"以教科研引领教育教学"的正确的、科学的专业化发展道路,促进自身不断朝着一名卓越历史老师的方向长期努力、不懈奋斗!

参考文献

[1]何玲,黎家厚. 促进学生深度学习[J].现代教学,2005(05):29-30.

[2]何成刚.史料教学的理论与实践[M].北京：北京师范大学出版社,2015.

[3]柳海民.现代教育原理[M].北京：人民教育出版社,2016.

[4]刘月霞,郭华.深度学习：走向核心素养(理论普及读本)[M].北京：教育科学出版社,2018.

[5][美]莫妮卡·R.马丁内斯(Monica R. Martinez),丹尼斯·麦格拉斯(Dennis McGrath),深度学习：批判性思维与自主性探究式学习[M].唐奇,译.北京：中国人民大学出版社,2019.

[6]唐西胜.基于核心素养的十个课堂样本[M].杭州：浙江大学出版社,2017.

[7][英]特里·海顿(Terry Haydn),詹姆斯·亚瑟(James Arthur),马丁·亨特(Martin Hunt),艾莉森·史蒂芬(Alison Stephen).历史教学法[M].袁从秀,曹清华,等,译.重庆：重庆大学出版社,2015.6.

[8]尤小平.学历案与深度学习[M].上海：华东师范大学出版社,2017.

[9]余文森.核心素养导向的课堂教学[M].上海：上海教育出版社,2017.

[10]余文森,洪明,张蓉.有效教学的理论和模式[M].福州：福建教育出版社,2014.

[11]郑林,等.基于学生核心素养的历史学科能力研究[M].北京：北京师范大学出版社,2017.

[12]中华人民共和国教育部.普通高中历史课程标准(2017年版)[S].北京：人民教育出版社,2018.

[13]中华人民共和国教育部.义务教育历史课程标准(2011年版)[S].北京：北京师范大学出版社,2012.

理解为先的深度学习策略教学实践

天津市河东区盘山道中学　　郭香

摘　要: 笔者在历史教育、教学和教科研课题研究的过程中,结合所教学生的具体学情,不断探究适合本校学生的深度学习策略,并最终通过五个环节,落实了"理解为先"的深度学习策略,即:①计划先行,整体把握;②概念为先、帮助了解;③以终为始,突出重点;④以生为本,教学相长;⑤定期审查,不断调整。

关键词: 理解为先(UbD)　深度学习

2016年9月,北京师范大学林崇德教授发表了《学生发展核心素养体系研究工作报告》,标志着"中国学生发展核心素养"总体框架经过两年多的研究最终构建完成,也为此后我国教育界在中小学教育教学领域展开"学生发展核心素养"的相关研究奠定了专业理论基础。

高中阶段各学科的"学科核心素养"具体内涵经过几年的广泛研讨与修缮,最终于2017年在高中各学科的课程标准中明确提出;目前,初中阶段各学科的课程标准也在紧锣密鼓地修订过程中。"学科核心素养"在日常教学中的探究和实践已经成为了当前教育教学的必然趋势,我国在基础教育阶段的教学研究热点问题和重要方向之一,也由研究"有效教学""高效教学",逐渐转变为探究"深度学习"。

上海师范大学黎家厚教授于2005年发表了《促进学生深度学习》一文,在我国教育教学领域最早开始倡导"深度学习"。黎教授将教育教学领域的"深度学习"定义为:"在理解的基础上,学者批判性地学习新思想和新知识,并将它们与原有的认知结构相互融合,将众多思想相互关联,将已有的知识迁移到新的情境中去,做出决策并解决问题的学习"。

也就是说,广大一线教师研究的"深度学习",其前提和基础是应该是"理解"。在培养"学生发展核心素养"和"学科核心素养"的过程中,教师怎样才能更好地引导学生去"理解",去"学会学习""实践创新"? 也即:在日常教学中,教师应当怎样展开深度学习策略的相关教学实践?这已经成为了当前我国基础教育阶段亟待探究和尝试的重要命题和研究热点。

20 世纪后期,美国 16 位来自心理学、教育学、历史学等不同领域的研究人员组成了学习科学发展委员会,展开了跨界合作的深入研究,最终研究成果在 2000 年出版为《人是如何学习的》一书(中文版于 2013 年由华东师范大学出版社出版发行),引领许多人(包括众多教师同仁)踏入了学习科学这一新的研究领域;更为此后教育界众多教育教学理论的提出及实践研究,提供了重要的科学理论支持,并奠定了初步的概念基础。例如:美国当代中小学课程改革专家格兰特·威金斯和杰伊·麦克泰共同倡导的"理解为先"模式(即 Understanding by Disign,简称 UbD),其心理学基础就源于该书的研究成果。

经过持续的教育教学实践和教科研课题研究,笔者深切体会到:在倡导培养学生发展核心素养和学科核心素养的今天,在深度学习已经逐步进入课堂的当下,教师不仅要引导和帮助学生理解和运用所学知识,更应当鼓励他们展开深入思考及广泛探究,并学会知识的迁移和灵活运用。因此,在教学的过程中关注"理解为先"也成为了笔者近几年来进行深度学习策略研究的基本出发点。

笔者十几年来一直从事初中阶段的历史学科一线教学工作,也一直坚持以教科研课题研究引领自己的教育教学活动,并力求逐渐形成自己的研究专长和教学风格。自 2019 年以来,笔者专门展开了历史学科深度学习相关策略的课题研究,并展开了持续的教学实践活动,积累了一定的实践经验,也有了自己的个性化教学设计和课堂教学模式探究。

深度学习倡导"理解而非机械记忆",因此在教学设计的过程中,笔者也比较注重对教材的充分挖掘、整合和利用。初中阶段的历史教材,目前已经全国都统一使用统编人教版了——而天津市早在 2016 年就开始在七年级使用新教材了(最早称为"部编版"),笔者也有幸从教材变更之初,就一直使用新教材进行课堂教学,加上笔者常年担任九年级跨其他年级的历史教学工作,所以实际已经完成了六本历史新教材的好几轮教学工作了,这期间也积累了不少自己原创的教学设计,并制作了一定数量的原创教学课件。

无论是备课时候的教学设计,还是搜集资料制作原创教学课件,,甚至在某些预设之外的师生课堂互动、随机生成环节,笔者都始终坚持"理解为先"。

历史学科不同于其他的人文学科,历史教育相比其他人文学科的教育,也有

着更为重要的唯物史观和家国情怀的"学科核心素养"及教育目标需要去培养、去达成。也就是说:在完成党和国家"立德树人"的教育根本任务的前提下,历史学科的教学活动更要循序渐进的培养学生的历史学科核心素养——以唯物史观作为总体的价值引领,运用史料实证的方法,培养学生的时空观念,提高学生的历史解释能力和水平,最终通过系统的历史教学活动,逐步渗透家国情怀,并不断坚定学生的唯物史观。

在具体的教学实践中,笔者主要是从以下几点来落实"理解为先"模式进而展开深度学习策略探究的:

一、计划先行,整体把握

有一位伟人曾经在文章中写道,要"准备用百折不回的毅力,有计划地克服所有的困难",并相信"我们的困难是能够克服的"。这句话给笔者教育教学的启示和鼓舞,不仅在于要坚定克服困难的信仰,更要经常做好充足的计划和准备工作。所以即使是常年跨年级教学、每年至少教两到三个年级的历史课,笔者也坚持每年都重新备课——教材谙熟于心,素材常备常新,适当整合教材,不断做出新的教学实践尝试。

初中历史教材对于学生而言,新授课课时有限,六本教材中的知识点、重难点比较多,看起来比较零散,似乎也不容易整体把握;所以在每个年级的教学过程中,教师要有计划地帮助学生在了解基础史实的前提下,尝试去整体把握历史发展的主要线索和脉络。

比如七年级中国古代史,两本教材的时间跨度比较大,从距今约 170 万年前(元谋人)一直延续到清朝;内容也比较庞杂,涉及政治、经济、思想文化、科学技术、社会生活等方方面面。学生如果只是去死记硬背一个个孤立的知识点,容易"管中窥豹"或者"断章取义",出现对历史的理解偏差甚至是错误认知。而教师如果在教学过程中,引导学生归纳、梳理教材的单元教学内容,帮助学生循序渐进地理清中国古代史的发展主线——即:统一多民族国家的建立、巩固和发展(主要涉及秦汉、隋唐、宋元、明清等几个时期),学生就能够理解:中国古代的相应的政治制度、经济举措的制定,思想文化、科学技术成果的积累,以及社会生活面貌的形成,都是在这条主线之下发展、衍生而来的。

二、概念为先，帮助了解

初中阶段的历史课程，不要求学生能够精确的解释具体概念，但有些"概念"又是学生理解某一课甚至整个单元的基础，学生应当去了解这些"概念"。

比如八年级上册中国近代史教材，内容涉及中国近代史的三条互相交织的主线：列强的侵略、中国人民的反抗和近代化的探索。前两条主线单从字面意思上学生就能够一目了然理解了，并体会到：在近代列强侵略我国的过程中，一直伴随着中国人民绵绵不绝的反抗。

但是对于什么是"近代化"，以及教材《第1课 鸦片战争》最后一段提到的"中国……开始从封建社会变为半殖民地半封建社会"，教材并没有直接给出"半殖民地"和"半封建"的具体的解读，这就需要教师"概念为先"去地给学生进行适度的补充介绍和解读了（具体概念解读笔者在此不深入展开）。

当然，在具体的课堂教学活动中怎样实践"概念为先"？这也是见仁见智的。因为"教无定法"，所以教师可以先解读概念，再串联史实，最后得出史论；也可以先了解史实，再梳理脉络，然后再总结、提炼概念，最终升华历史的内涵和意蕴，等等。

三、以终为始，突出重点

"理解为先"理论认为：从长远的眼光来看，只有当我们把获取知识当作一种方法，而不是最终目标，学生才能获取更多知识，并且更加积极主动地参与学习活动。笔者认为这一观点跟当前我国所倡导的"终身学习"理念是相统一的。并且在日常教学过程中，笔者也一贯注重培养学生终身学习的能力和习惯。

成效最高的教学，往往在教学活动开始之初，就有明确的学习结果的预期，并且整个学习过程是真实发生的，必须可操作、可记录，甚至形成的教学模式也应该是别人可以去成功"复制"的。

每一节新授课、每个单元复习甚至每本教材教学活动的结束，并不是学生历史学习的结束，也不是学生历史学科核心素养发展的终点；相反地，每一个阶段学习的结束，都是学生成长的一个新起点，只有从这一个个新起点不断出发、不断前行，学生最终才能实现有效的学习迁移和应用，从而最终达成我国"学生发展核心素养"培养的整体目标。

四、以生为本,教学相长

课堂教学的主体是学生,教师在整个过程中只是引领学生的自主学习活动。学生的学习是否有效、是否高效、是否有深度,教师的引领非常关键。

好老师是学生学习过程中的领航人、掌舵者。一节真正体现"以生为本"的历史课,教师在课堂教学活动中角色和位置,应该是逐渐淡出的——也即:教师在适当点拨学习方法、学习目标、学习重难点等等之后,课堂应该是要还给学生的,让学生自己去进行史料研习活动,让学生自己去阅读、去理解、去解释、去评价,让学生逐渐完善自己的历史观、人生观和价值观。

甚至在若干年之后,当学生哪怕把历史课本上学过的知识、考过的题全都遗忘了,但是还记得老师课上让他们去进行史料研习活动了,记得老师教给他们"论从史出、史论结合"的方法了,记得老师鼓励他们对历史人物、历史事件发表自己的观点、看法了,记得老师曾经推荐他们去看经典历史专著、去了解的一个个历史人物故事了等等,历史教学的最终目标也就真正能实现了。

对历史教师个人而言,教师的"教"和学生的"学"也是相互促进、互相成就的过程。教给学生几页书的内容,可能要备几十页的课;教给学生一个适合他们自己的学习方法,可能要先去了解、掌握几十种不同的学习方法。但也正是这种看似付出远超过直接收获的教学相长过程,才能真正引领学生的不断进步,也促进教师的不断成长。

五、定期审查,不断调整

不管多好的学习方法、多完善的学习方案,都不可能适合所有学生。因此随着所教学生具体学情的不断变化发展,教师的教学设计也是需要定期自我审查、修改并不断调整、完善的——也就是说拿着一本书、一本教案就教好多年的教师,也一定会被时间所淘汰。

对笔者自身而言,从事教科研课题研究以来,从一开始的曾经分别研究教学的情境化策略、深度化策略、自主化策略等等,到后来关注深度教学,再到近年来教育教学方面的"深度学习"理论逐步完善之后又专门研究深度学习,自己的教科研课题研究方向也是不断发生改变的。在教学实践过程中,显而易见的就是教学设计的定期自查和修改完善,甚至是重新设计和调整。比如本学期,笔者拟在自己所教班级进行大单元教学的尝试,所以在原创课件制作和教学设计方面也在不断搜集、筛选素材,日常随时补充、更新和积累。

综上所述:倡导深度学习的历史课堂,应该是理解为先的;理解是深度学习的前提和基础。教师只有充分认识到这一点,对自己的教育教学提出更高的目标和期望,才能实现师生的教学相长,进而最终实现教师个人专业素养的全面发展和整体教育教学水平和能力的逐步提高,推动自身由普通教师向优秀教师、卓越教师甚至学者型教师的方向不断发展!

参考文献

[1]何玲,黎家厚.促进学生深度学习[J].现代教学,2005(05):29-30.

[2][美]格兰特·威金斯,杰伊·麦克泰.理解为先模式:单元教学设计指南(一)[M].盛群力,沈祖芸,柳丰,等,译.福州:福建教育出版社,2018.

[3]何成刚.史料教学的理论与实践[M].北京:北京师范大学出版社,2015.

[4]刘月霞,郭华.深度学习:走向核心素养(理论普及读本)[M].北京:教育科学出版社,2018.

[5][美]约翰·D·布兰斯福特,等.人是如何学习的:大脑、心理、经验及学校(扩展版)[M].程可拉,孙亚玲,王旭卿,等,译.上海:华东师范大学出版社,2013.

[6]中华人民共和国教育部.普通高中历史课程标准(2017年版)[S].北京:人民教育出版社,2018.

[7]中华人民共和国教育部.义务教育历史课程标准(2011年版)[S].北京:北京师范大学出版社,2012.

整合资源 史料实证 深度教学
——以统编人教版中国历史七年级上册
《第 14 课 沟通中外文明的"丝绸之路"》史料教学为例

天津市河东区盘山道中学 郭香

摘 要:笔者以《沟通中外文明的"丝绸之路"》一课为例,探讨了怎样以史料教学为切入口,上好一节有历史韵味的历史课。主要从备课和授课的五个阶段呈现了史料教学的设计思路和实施心得体会:①一次契机,催生自我突破的欲望;②一切重来,尝试深度教学的突破;③整体设计,把握课堂教学的脉络;④精当选取,丰富史料教学的内涵;⑤论从史出,培养史料实证的精神。

关键词:史料实证 深度教学 史料教学

作为一名初中历史教师,从教 16 年以来,笔者一直将上好每一节课作为自己最本职的干工作。怎样上好每一节历史课、尤其是每节历史常态课?近几年来,笔者坚持做了一件事:每节课的主、副板书都拍照,发 QQ 空间和微信朋友圈——一开始是给为了给学生看的,作为他们课下复习历史的学习资料;他们也可以顺便看一下老师在其他班讲同一课时做了怎样的板书设计。到后来有越来越多的同仁和朋友也比较关注我的板书,甚至有的朋友让自己的孩子加我微信好友,就为了看我每节课的板书。

这件事一开始并没有想着刻意去坚持,但不知不觉已经做了好几年了,对笔者而言也无形中收获了一笔越来越丰厚的精神财富。尤其是近几年来,笔者一直在做思维导图相关的教科研课题研究和教学实践,以培养"学生发展核心素养"。同一节课在不同班级的板书类型经常也是不一样的,有越来越多的学生对笔者的板书感兴趣,喜欢跟着笔者一起学习思维导图的构建方法,并在课上结合所学内容,尝试着自己去构建不同类型的思维导图。在这样的历史课堂教学过程中,学生体会到了历史学习的乐趣,学习能力和创新思维都得到了拓展;笔者也得到了更多学生的喜爱,充分体验到了教学相长的魅力。

一、一次契机,催生自我突破的欲望

2019 年 11 月,笔者参加天津市中小学"学科领航教师培养工程"学员基地校实践,在天津外国语大学附属外国语学校进行了初中历史学科的实践研修。期间笔者按照该校七年级的历史教学进度,设计并借班上了一节课,所使用的是统编人教版中国历史七年级上册教材,授课内容是《第 14 课 沟通中外文明的"丝绸之路"》。

本课是《第三单元 秦汉时期:统一多民族国家的建立和巩固》中的一课。秦汉时期是中国历史的第一个大一统时期,是统一多民族国家的奠基时期,对中华文明的发展具有重大意义。

在本单元的前几课,学生已经学习并初步了解了秦朝至两汉时期在政治、经济、军事、思想文化、社会生活等方面的发展情况,为进一步学习本节课奠定了历史知识的基础。

本节课的教材内容包括"张骞通西域""丝绸之路"和"对西域的管理"三个主题。《义务教育历史课程标准(2011 年版)》对于本课"课程内容"的要求是:"通过'丝绸之路'的开通,了解丝绸之路在中外交流中的作用。"同时给出了对应的"教学活动建议",即:"观察丝绸之路的路线图、图片和绘画,诵读相关诗作,想象商旅的艰辛。"

怎样在不到一周的短时间内设计出一节结构清晰、有历史韵味而且也符合外大附校七年级学生具体学情的历史课?笔者经历了一次艰难地抉择。

一开始笔者打算展示自己常态课的教学特色,采用"学案导学"和"思维导图"相结合的教学策略——"十二五"期间,笔者重点研究了"学案导学",独立承担的区教育学会课题已经顺利结题;"十三五"以来,笔者一直在做"思维导图"相关的教科研课题研究和教学实践,并且独立承担了相关内容的一个中国教育学会课题和一个区教育学会课题。可以说笔者的常态课教学也是有充分的理论研究和实践经验积累的。

但在第一遍设计教学的过程中,还是发现了很大的问题:这两个教学策略都不是短时间内可以一蹴而就的——学生要想掌握"导学案"的使用方法和"思维导图"的构建方法,需要经过教师长期循序渐进的方法指导和实践训练。

如果未经过前期的系统训练和方法指导，教师直接发给学生一份导学案，学生不见得就能够很充分地利用好导学案；如果教师在课上直接做思维导图的板书，学生最多是能够"照猫画虎"，对于思维导图的构建方法和各个层次之间内在的逻辑关系，也不见得就能很快地掌握。也就是说，这节课笔者如果坚持展示自己一贯的教学特色，意味着很有可能只是流于形式，学生不一定能够在学习过程中真正得到提升和发展。

现有的比较成熟的教学策略或者说是个人教学的特色到底还要不要在这节课中体现出来？对于笔者而言，这是一个非常艰难的取舍过程，但又必须尽快做出抉择。

犹豫不决的时候，笔者想起了华东师范大学叶澜教授的观点：一节好课没有绝对的标准，但有五个基本的要求，即"有意义""有效率""有生成性""常态性"和"有待完善"——也就是说，不管采用怎样的教学策略和方法，笔者只要上出一节"扎实""充实""丰实""平实""真实"的课，就能无愧于心、不留遗憾了。

因此，笔者果断决定：做一次自我突破的尝试！

二、一切重来，尝试深度教学的突破

笔者任教的学校是一所义务教育普通校，天津市小升初随机派位之后，生源虽有所均衡，但是学生的总体能力水平和知识积累还是有待提高的；而笔者要借班上课的外大附校是一所市直属学校，学生的综合素质显然要比自己平时所教的学生强一些——这也就意味着，笔者可以对教学内容进行更深层次的挖掘整理和拓展探索。对笔者而言，这也是一次难能可贵的锻炼机会和自我突破的契机。

为此，笔者彻底推翻了第一次备课时候的设计思路，果断删除了此前特意用思维导图软件设计制作并插入课件中的几幅精美的思维导图，也放弃了现有的"导学案"资料，开始寻找新的整合教学资源的方法和策略。

面对优于我校的生源，笔者决定对本课的教学内容和教育价值做出更深层次的挖掘。因此也想起了福建师范大学余文森教授曾经提出的"关于核心素养导向的六大教学基本策略"，即"整体化策略""情境化策略""深度化策略""活动化策略""自主化策略"和"意义化策略"。其中的"深度化策略"和"自主化策略"，笔者在此前都进行过一定的研究和教学实践，因此打算从深度化教学策略入手，来重新设计这节课。

怎样的教学设计才能有足够的深度并且体现出历史学科的特色和育人价值？笔者想到了先从课标中寻找启发和线索。

在教育部制定的《普通高中历史课程标准(2017 年版)》中，明确指出："学科核心素养是学科育人价值的集中体现，是学生通过学科学习而逐步形成的正确价值观念、必备品格和关键能力。"对于本学科而言，"历史学科核心素养包括唯物史观、时空观念、史料实证、历史解释、家国情怀五个方面"。

历史学科核心素养目前只在高中阶段的课标中明确地提了出来，教育部制定的《义务教育历史课程标准(2011 年版)》中尚未明确提及，但作为以"立德树人"为己任的初中历史教师，我们也要通过教学活动逐步培养学生的历史学科核心素养，进而为学生初、高中阶段历史学习的合理过渡和准确衔接打好基础。经过斟酌，笔者打算以史料教学为切入点，来设计这节课，着重培养学生"史料实证"的历史学科核心素养。

《普通高中历史课程标准(2017 年版)》明确提出了："史料实证是诸素养得以达成的必要途径"，同时还界定了"史料实证"的内涵，即："对获取的史料进行辨析，并运用可信的史料努力重现历史真实的态度和方法。"

怎样落实并培养学生的"史料实证"核心素养？该版课标在"课程目标"中又提出了四项具体的要求：①"知道史料是通向历史认识的桥梁，了解史料的多种类型，掌握搜集史料的途径与方法"；②"能够通过对史料的辨析和对史料作者意图的认知，判断史料的真伪和价值，并在此过程中增强实证意识"；③"能够从史料中提取有效信息，作为历史叙述的可靠证据，并据此提出自己的历史认识"；④"能够以实证精神对待历史与现实问题。"

虽然找到了教学设计的切入口，形成了以史料教学来串联本节课的初步设想，但本节课毕竟是一节初中课，还得从初中阶段的历史课标中找到教学设计的依据和指导。

因此，笔者也仔细研读了教育部制定的《义务教育历史课程标准(2011 年版)》，当中虽然当中没有明确提出"历史学科核心素养"的概念，但在"课程目标"部分已经有相应的内容，一定程度上也体现了对学生历史学科核心素养的初步培养。

以"史料实证"核心素养为例,该版课标的"课程目标"部分,"知识与能力目标"的第4点,提到了"初步学会从多种渠道获取历史信息,了解以历史材料为依据来解释历史的重要性;初步形成重证据的历史意识和处理历史信息的能力,逐步提高对历史的理解能力,初步学会分析和解决历史问题。"

"过程与方法目标"的第3点,提到了"在了解历史事实的基础上,逐步学会发现问题、提出问题,初步理解历史问题的价值和意义,并尝试体验探究历史问题的过程,通过搜集资料、掌握证据和独立思考,初步学会对历史事物进行分析和评价,并在探究历史的过程中尝试反思历史,汲取历史的经验教训。"

"过程与方法目标"的第4点,还提到了"逐步掌握学习历史的一些基本方法,包括计算历史年代的方法,阅读教科书及有关历史读物的方法,识别和运用历史地图和图表的方法,查找和搜集历史信息的途径和方法,运用材料具体分析历史问题的方法等。"

这些"课程目标"具体怎样去达成?还得在历史教学的过程中见仁见智。但对于每一位初中历史老师而言,我们也应当对自身提出更加具体而又明确的要求——一定要在平日里就有意识地注重史料的广泛搜集和及时整理,这样才能在自己备课的时候有足够的史料资源去整合教材、设计教学;通过对不同类型史料的正确分析、精当选取和整体运用,才能上好一节真正有历史韵味的历史课。

三、整体设计,把握课堂教学的脉络

在认真研读完课标之后,笔者对于整节课史料教学的大方向有了初步的认知。但每一节课都应当是有其独特生命力的,必须把握好整节课的脉络。

如果仅按照教材内容去设计,只需要选取与"张骞通西域""丝绸之路"和"对西域的管理"三个主题相关的史料,这样的设计首先能够达到叶澜教授提到的一节好课的五个标准中的"常态性(平实)",因为这是最常规的设计思路;如果史料选取比较精当,也能够达成"有意义(扎实)""有效率(充实)"这两个标准,而"有待完善(真实)"这个标准必须到了课堂教学过程中才能检验出来,真正困难的是怎样过才能让一节课"有生成性(丰实)"?这显然是深度教学需要做的事情。

几经设计和修改之后,笔者整合了教材但又不囿于教材,设计了一条贯穿本节课的主线。

一位使者,不辱使命,凿空西域,开通丝路。

一个机构,颁行汉令,宣誓主权,护航丝路。

一项倡议,合作共赢,大国担当,振兴丝路。

一个梦想,和平崛起,人类文明,共同命运。

其中,标题一"一位使者,不辱使命,凿空西域,开通丝路"对应的是教材内容中的"张骞通西域"和"丝绸之路";标题二"一个机构,颁行汉令,宣誓主权,护航丝路"对应的是教材内容中的"对西域的管理";标题三和四都是笔者设计的拓展内容,"一项倡议,合作共赢,大国担当,振兴丝路"拓展的是"一带一路"的相关内容,"一个梦想,和平崛起,人类文明,共同命运"拓展的是"人类命运共同体"的相关内容。

为了能够更好的在教学中串联起这条主线,笔者还设计了一个"书签",在学习本节课的导入环节之后,作为对学生学习的一个引领,通过教学课件(图1)先给学生展示了出来.

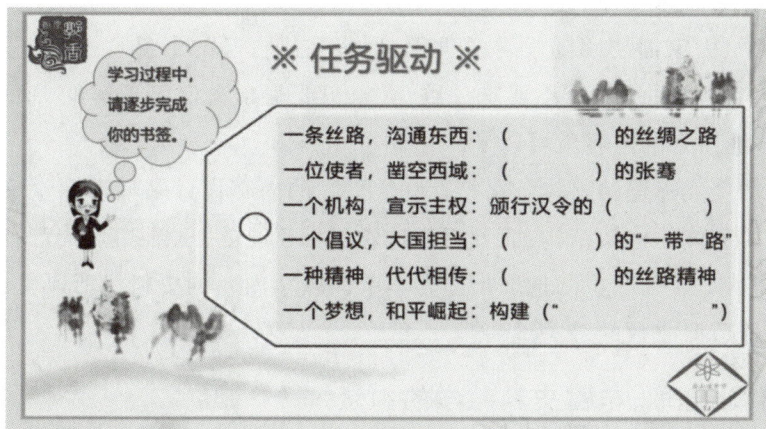

图1 教学课件截图:任务驱动(书签填空)

考虑到上课之前笔者与借班授课的学生没有见面的机会,为了迅速拉近与学生的情感距离,也为了使学生在课上能够有学习内容的及时落实和当堂反馈,笔者在短短的一天时间亲手赶制出了50个实物书签(图2),上课前给每个学生发了一个。

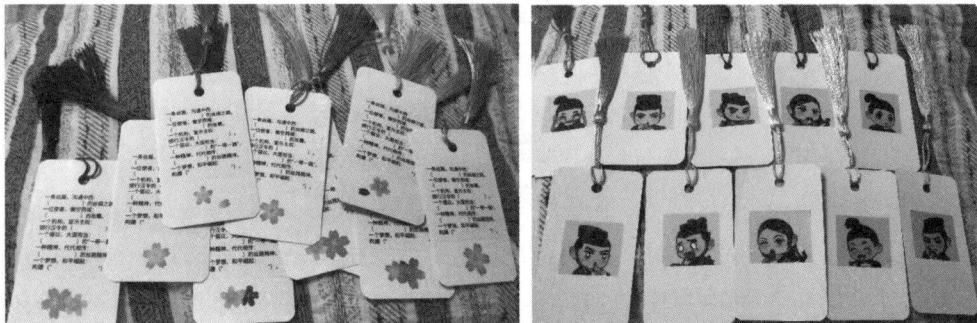

图2　书签实物展示图：正面填空、反面贴纸

　　书签的正面是教学课件展示出的书签中文字内容，背面还贴上了从西安（即古代"丝绸之路"的起点长安）买的古代人物卡通头像的贴纸，发给学生的时候学生都爱不释手，确实一下就吸引了学生的学习兴趣，迅速进入了本课的学习状态中。

　　笔者在带领学生学习新课之前，也说明了这张书签的"使用方法"：本节课的学习过程中，大家需要跟随学习的进程，逐步完成自己的书签——每个人在书签的文字空白处填写的内容不要求一致，大家只要写出自己所理解的、感受最深刻的、最想表达出来的内容就可以了。

　　有了四个大标题的整体脉络把握和"书签"的内容设计来辅助课堂反馈，一节课已经有了整体的框架结构；而要想使这堂课真正能够"鲜活"起来、富有生命力，还得让它长出"血肉"，也即选取出适合本节课教学内容的史料。所以史料的选择也成为了这节课成败的最关键一步。

四、精当选取，丰富史料教学的内涵

　　得益于平时教学过程中的自觉积累，虽然此次给出的备课时间比较紧张，笔者也能够在较短的时间内找到足够多的、与本课教学内容相关的、多种类型的史料。而最大的难题反而是：可以使用的史料太多了，怎样去优中选优、为我所用？

　　结合七年级学生的具体学情、历史学科的特点、笔者自身一贯的教学风格和已经设计出来的四大主题的课堂教学脉络，笔者给自己制定了本节课史料选取的两个标准，并且通过几次取舍，优中选优，最终选取了能够服务教学、为我所用的恰当史料。

本课具体的史料选取两大标准如下。

(一)符合学情,内容丰富

笔者最终选取的史料有实物史料、视频史料、文字史料、图片史料、地图史料等多种类型,教学过程中穿插使用,丰富了课堂教学活动。

各种类型史料的选取符合七年级学生的年龄特点和心理需求,尤其文字史料的选取充分考虑到了七年级学生的学习基础和理解能力,并做了相应的备注和提示。

本节课用驼铃(实物史料)导入,引出"敦煌""丝绸之路"等关键词,然后播放了动画视频《敦煌壁画"活了"》——这段视频时长两分多钟,来源于"中国一带一路网",制作精良,画面精美,配乐优美,用简洁的文字介绍了准确的史实,使学生迅速沉浸到本课的学习气氛中来。教学过程中还用到了从央视纪录片《中国通史》中截取的与张骞第一次出使西域相关的一段视频史料,帮助学生直观地理解了教材中文字表述的相关内容,以及教材中的文字没有提及的更多历史细节的合理想象。最后结尾还采用了一段央视制作的歌曲MV《丝绸之路》,古朴的旋律、优美的歌词、震撼的丝路风光、饱经沧桑的历史文物画面,仿佛带领学生亲自走了一趟丝绸之路,受到心灵的震撼。

本课所用的文字史料都是从史学名家的著作和正规史料中选取的,主要参考了白至德编著的《白寿彝史学二十讲》、西汉司马迁的《史记》、东汉班固的《汉书》、清代人编写《肃州新志》(甘肃地方志)、罗马博物学家老普林尼所著《自然史》以及英国史学家彼得·弗兰科潘的著作《丝绸之路:一部全新的世界史》。

图片史料选用了教材中的图片《张骞拜别汉武帝出使西域图(敦煌壁画)》和"课后活动2"的三幅图片西域传入中原的物种图片(胡豆、胡麻和胡桃),另外补充了"丝绸之路上出土的丝织品"、"西域都护遗址"等图片;还选取了两幅西方鼓吹所谓"中国威胁论"的漫画作为第四个标题下探究中国和平崛起、倡导构建"人类命运共同体"的拓展学习资料。

地图史料选用了教材中地图《丝绸之路示意图》和《汉代海上丝绸之路示意图》,以及地图册中的西域地图;还补充了两张与教材强调的重点有所不同的丝绸

之路和海上丝绸之路的地图,来引导学生学习丝绸之路所起到的沟通几大文明的桥梁作用;另外还补充了教材中所没有的班超出使西域和一带一路的地图,以及西汉初年和公元前60年之后的西汉版图,帮助学生通过地图史料的解读,进一步养成时空观念学科核心素养。

(二)内容严谨、质量精良

笔者所选用的文字史料都有严谨的出处,并且反映的史学观点是一致的、没有矛盾的。

视频史料都是官方制作或发布的史料,内容都经过相关部门的审核,并且制作精良,有足够的清晰度。

地图史料完整、清晰度高、有相应的文字说明和图例,并且符合本节课所学习内容的时间范围。

实物图片和遗址图片史料选取规范、清晰,与史实相对照并且关注到了画面的构图。

漫画图片的选取也是充分地为课堂学习主题所服务。

在选定了适合本课教学内容的史料之后,笔者在教学过程中也带领学生去走进史料、阅读史料,在史料研习和解读的过程中,分析出史料背后的历史信息和教育价值。

五、论从史出,培养史料实证的精神

历史学习讲究证据意识,引导学生"论从史出""史料实证"要从日常的历史教学过程中不断去渗透、去培养。

在本节课的历史教学过程中,笔者也窥见了外大附中七年级学生在平时的历史学习中打下的基础。

例如在解读《张骞拜别汉武帝出使西域》这张图片史料的时候,笔者不是简单的让学生看这幅壁画,也有相应的问题引领(图3)。

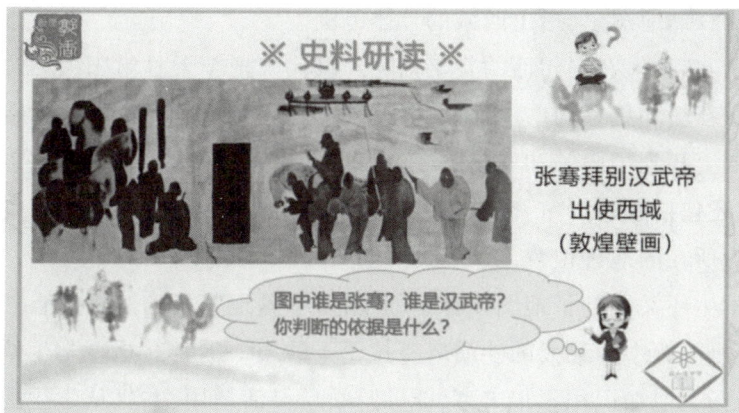

图 3　教学课件截图:图片史料研读《张骞拜别汉武帝出使西域(敦煌壁画)》

　　课堂上,主动举手回答这个问题的学生第一次解读这张图片的时候得出了错误的结论,他认为图中间骑在马上的人物是张骞,笔者没有急于指出学生的判断错误,而是询问学生得出这个判断的依据是什么,学生回答说:"张骞要出使西域,去很远的地方,需要骑马。"笔者对学生的这一判断先给予了肯定,指出思路是正确的,但又指出他对于图片信息的解读不全面,提示让他再看看这幅图片的标题,学生立即发现了自己的错误,指出"拜别"汉武帝的那个人应该是张骞,也就是跪在地上叩拜的是张骞,而骑在马上接受叩拜的应该是汉武帝,并且学生还补充道:骑在马上的那个人,身后还有人在给他打着"华盖",体现了他地位的尊贵,再次印证了骑在马上的那个人肯定是汉武帝。

　　在这则图片史料的研读过程中,一开始犯了错误的是学生,后来能主动纠正错误的也是学生自己,教师全程没有给出任何关于正确答案的提示,只是提醒学生解读史料要全面。可见,在史料教学的过程中,教师只需要给予学生正确的方法引领,当学生出现错误或走了弯路的时候适时地旁敲侧击一下,而解读史料的过程,完全可以放心大胆地交给学生自己去尝试、去完成。

　　以地图史料的教学再举两个例子。

　　在探究汉代西域的范围时,笔者在教学课件中用到了教材配套地图册上的《西域》地图,设置了"看图思考"的问题:汉代所称的"西域"指的是哪些地方?并提示学生可以参考教材第 67 页的文字内容。然后找学生到电子屏幕前面来,从教学

课件中的《西域》地图里,指出西域的具体范围。

教材第 67 页只有一句话的文字描述:"汉代人把今天甘肃阳关、玉门关以西,也就是现在新疆和更远的广大地区称作西域",学生走到电子屏幕前,在教学课件展示的地图上找到了阳关和玉门关,指出了"西域"包括阳关和玉门关以西的新疆地区,具体还包括葱岭以东、巴尔喀什湖以南和昆仑山以北,并且都正确地指出了这几个地点所在的地理位置。

另外学生还关注到了地图中标示的"塔里木盆地",指出这里的自然地理环境非常恶劣,里面有中国最大的沙漠塔克拉玛干沙漠。笔者对这一学生给与了及时的肯定,表扬了他知识积累很丰富,能够跨学科灵活运用;并且从学生提到的西域自然地理环境恶劣,进一步引导学生体会张骞出使西域的艰苦卓绝,很自然地过渡到下一个教学环节:播放视频史料《张骞第一次出使西域》。这里学生的表现超出了笔者此前的教学预设,也真实地反映出了教学过程中的"生成性"。

在探究丝绸之路的路线时,笔者用到了教材中的《丝绸之路示意图》。或许是有了前面对于西域范围探讨的良好师生互动体验,学生们非常积极地主动要求到电子屏幕前面去指出丝绸之路的路线,笔者也让另外一名学生到前面给全班同学进行了展示和具体讲解。

在描述丝绸之路路线的过程中,虽然动态的地点提示是笔者制作教学课件时提前设置的,但这名学生基本上也能够准确说出来;在涉及"中亚"和"西亚"的地理位置时,地图上只标出了大宛、康居、乌孙、大月氏、安息等国名,所以学生一开始没能很好地对应,班里其他同学也马上就给出他语言提示,帮助他找出了中亚和西亚的大致位置。

这个教学环节其实呈现出来更多地是学生之间的互动,教师的作用只是提供了这则地图史料,然后仿佛已从学生的史料探究活动中悄然地退了出去。这种课堂随机生成的学生自主探究的氛围,也是超出了笔者的教学预设的。但这种良性的课堂互动,却反映出了课堂教学最真实的一面,实际上也是一种隐性的课堂反馈——这节课上,学生们能够主动参与、积极互动、自主探究,对史料进行充分的研读。

在文字史料的选用方面,备课中笔者除了关注到史料的难度问题,选取了难度不太大的文字史料,并给出了相应的提示;还关注了对史料深度挖掘和运用。例如,有同一段选自英国史学家彼得·弗兰科潘《丝绸之路:一部全新的世界史》一书的文字史料,笔者在不同教学环节用了两次,只不过给学生的提示不同,因此学生对于史料解读的切入点也不同。文字史料内容如下:

中国在 2013 年提出的"一带一路"计划以及中国为此做出的巨大投入,都充分表明中国在为未来着想。而在世界的其他地方,挫折和艰难、挑战和问题,似乎都是一个新世界在诞生过程中的分娩阵痛。当我们在思考下一个威胁将来自何方,思考如何应对宗教极端主义,如何与那些无视国际法的国家谈判,如何与那些常常被我们忽视的民族、文化及宗教建立各种联系的同时,亚洲屋脊上的交流网络正被悄然编织在一起,或者更准确地说,是被重新建立起来。

"丝绸之路"正在复兴。

——[英]彼得·弗兰科潘《丝绸之路:一部全新的世界史》

笔者第一次用到这段文字史料时,先在这段文中标红了"中国在为未来着想",同时也将"一带一路"和"'丝绸之路'正在复兴"标为了蓝色,目的是为了引导学生明确:古代的丝绸之路在今天"一带一路"倡议之下,重新焕发出了新的生机和活力;中国提出的"一带一路"倡议带动了沿线国家的共同发展。

第二次用到这段文字史料时,笔者标红了"当我们在思考下一个威胁将来自何方",并且提出了"'下一个威胁'到底会来自何方"的问题,然后给出了一则漫画史料,指出西方有些人看到中国飞速的发展,提出了所谓的"中国威胁论",那么中国到底会不会成为世界发展的威胁?发展强大起来的中国会采用怎样的方式继续发展?然后引出了结论:中国在和平崛起,在多次倡导构建"人类命运共同体"。

所以,同样的文字史料,怎样去充分利用,关键还得看教师的问题引领给了学生怎样的切入口。

综上所述,史料教学是上出一节有历史韵味的历史课的必不可少的教学手段和方法,培养学生"史料实证"核心素养也是每个历史老师义不容辞的教育教学使命和担当。

在《沟通中外文明的"丝绸之路"》这节课的设计和授课过程中,笔者收获的不仅有突破自我教学定势"瓶颈"后的豁然开朗,还有上了一节师生互动、生生互动、畅快淋漓的史料研习课之后的愉悦体验。

只有学生学会了正确地解读史料、从史料中得出更多的证据和历史信息,历

史教师才能进行更进一步的深度化教学,才能让历史画卷更鲜活地、更立体地展现给今天的我们!

参考文献

[1]白至德.白寿彝史学二十讲 3. 中古时代·秦汉时期[M].北京:中国友谊出版公司,2010.

[2] [英]彼得·弗兰科潘.丝绸之路:一部全新的世界史[M].邵旭东,孙芳,译.杭州:浙江大学出版社,2016.

[3]何成刚.史料教学的理论与实践[M].北京:北京师范大学出版社,2015.

[4]叶小兵,许斌.义务教育教科书教师教学用书 中国历史(七年级上册)[M].北京:人民教育出版社,2016.

[5]余文森.核心素养导向的课堂教学[M].上海:上海教育出版社,2017.

[6]赵剑锋,苏峰,何成刚.历史课标解析与史料研习·中国古代史[M].上海:复旦大学出版社,2018.

[7]中华人民共和国教育部.普通高中历史课程标准(2017 年版)[S].北京:人民教育出版社,2018.

[8]中华人民共和国教育部.义务教育历史课程标准(2011 年版)[S].北京:北京师范大学出版社,2012.

教学案例

第14课 沟通中外文明的"丝绸之路"

天津市河东区盘山道中学 郭香

一、教学背景

(一)学生学习基础与认知规律分析

七年级学生刚开始学习历史,但前面两个单元的学习已经奠定了一定的知识基础,需要教师在历史学科核心素养上重点抓落实,帮助学生理清历史发展脉络,从各种类型的史料中充分发掘更多的历史信息。

(二)学生需求与学习动机分析

我校是一所国办普通校,自天津市小升初摇号之后,生源的整体素质比过去要均衡一些了;加上现在初中历史已经成为了天津市的中考科目,因此历史教师需要在课堂上可以适当补充一些有一定难度和挑战性的问题,从而循序渐进地激发学生的学习动机,充分调动起学生的学习兴趣。

另外,知识的落实与反馈也是课上需要关注到的问题,怎样最大限度地调动学生的学习积极性,也是教师需要关注的地方。

(三)学生学习中易出现的问题及原因分析

1.时空观念不清晰

七年级学生刚从小学升入中学,历史和地理都是起始年级的学科,有可能因为地理知识的不足,而影响学生对地图史料的信息解读。

2.唯物史观难落实

七年级学生没有学过哲学,对于辩证法不一定能够很好地理解,因此对于历史人物的评价容易出现偏差。

3.史料实证有困难

史料实证是学习历史的根本途径和方法,但七年级学生由于基础知识有限,对于史料的解读可能存在一定的困难,比如有的学生可能对文言文的文字史料有

抵触心理,对于其他类型的时候也不一定能够完整的发掘史料背后所传达的准确信息。

(四)学习目标定位

1.史料研习,掌握基本史实

通过不同类型史料的解读,锻炼学生逐步形成史料实证意识。

2.完成书签,理清本课脉络

通过书签内容提示的线索,完成括号内容的填写,理清本课学习内容的整体脉络。

二、教学目标

(一)知识与技能目标

了解张骞两次出使西域、丝绸之路的开辟、西汉对西域的管理等基本史实,思考和认识历史现象之间的内在联系。

(二)过程与方法目标

识读《张骞拜别汉武帝出使西域(敦煌壁画)》《张骞出使西域路线示意图》《丝绸之路示意图》《汉代海上丝绸之路示意图》,获取相关历史信息。

(三)情感态度价值观目标

(1)学习张骞为报效祖国不畏险阻、勇于开拓的进取精神。

(2)丝路精神(拓展、升华)

三、教材分析

(一)课标分析

《义务教育历史课程标准(2011年版)》的第三部分"课程内容"中,对于本课内容的表述是:

通过"丝绸之路"的开通,了解丝绸之路在中外交流中的作用。

对应的"教学活动建议"为:观察丝绸之路的路线图、图片和绘画,诵读相关诗作,想象商旅的艰辛。

（二）教材分析

统编七年级上册历史教材是中国古代史,时间跨度从史前时期到三国两晋南北朝。

第一单元 《史前时期:中国境内早期人类与文明的起源》

这一单元介绍了元谋人、北京人、山顶洞人、河姆渡人、半坡人等我国境内早期人类代表,以及炎帝、黄帝的传说和尧、舜、禹的故事,证实了中华文明的起源及发展具有"多元一体"的特点。

第二单元 《夏商周时期:早期国家与社会变革》

作为上古三代夏商周的开端,夏朝为华夏文明的发展打下了良好的基础。商朝为中国古代文化的进一步发展揭开了新的一页,在世界文明史上占有重要地位。西周的分封制使得上古文明走向繁盛,这一时期的许多制度都对后世产生了重大影响。动荡的春秋战国(东周),王室衰微、诸侯争霸兼并;铁农具和牛耕的使用及推广,促进了农业的大发展;各国变法以前所未有的深度和广度展开,推动了社会的进步;百家争鸣掀起了思想文化领域的巨浪,使我国古代文化进入昌盛时代。

第三单元 《秦汉时期:统一多民族国家的建立和巩固》

这是中国历史的第一个大一统时期,是统一多民族国家的奠基时期,对中华文明的发展具有重大意义。秦朝"其兴也勃,其亡也忽",但秦始皇确立的制度和许多举措,都对后世产生了深远影响。西汉初年,统治者"休养生息",逐渐摆脱经济凋敝的困境;汉武帝"威强睿德""平一天下",巩固了大一统;东汉初年也曾有过"光武中兴",但中后期政治黑暗,王朝走向衰败。这一时期科技文化都有突出成就,并开通了"丝绸之路"促进了中外经济文化的交往。

（三）单元分析

本单元在课标中的内容标准有以下几点。

1.知道秦始皇和秦统一中国,了解秦代的中央集权制度和统一措施对中国历史发展的影响。

2.知道秦的暴政和陈胜、吴广起义,知道秦朝的灭亡和西汉的建立。

3.了解"文景之治",知道汉武帝巩固"大一统"王朝。

4.通过"丝绸之路"的开通,了解丝绸之路在中外交流中的作用。

5.了解东汉的建立,指导东汉外戚、宦官专权造成的社会动荡;知道佛教的传

入和道教的作用。

6.知道司马迁和《史记》;知道造纸术的发明对传播文化的作用;讲述张仲景和华佗的故事。

四、教学重难点

(一)重点与难点

1.教学重点:①张骞通西域;②丝绸之路。

2.教学难点:丝绸之路。

(二)解决措施

1.突出重点:

①史料研习(视频、文字、图片、地图等多种类型史料的解读)。

②书签制作(完成书签正面问题部分的内容填空)。

2.突破难点:

①史料研习。

②分析丝绸之路的路线及丝绸之路开通的意义。

五、教学方法

史料研习,深度学习

(通过多媒体辅助教学,综合运用视频、图片、地图、文字等多种类型的史料,开展史料研习活动)。

六、教学过程

(一)导入(4分钟)

【设计意图】通过驼铃和敦煌壁画,带领学生初步了解"丝绸之路"。通过动画视频,使学生生仿佛置身于敦煌观看壁画,探寻丝绸之路。

【活动内容】

1.拿出一串驼铃,让学生猜一猜、说一说。

2.组织学生观看动画视频《敦煌壁画"活了"》(注:本视频从"中国一带一路网"下载)。

（二）任务驱动（1分钟）

【设计意图】使学生在学习本课之前，明确学习目标。

【活动内容】

教师制作带填空的书签，课前发给学生。通过课件展示电子版书签，学生在学习过程中逐步完成书签内容填空。

书签的文字内容即是本课的一条学习主线，具体内容如图1。

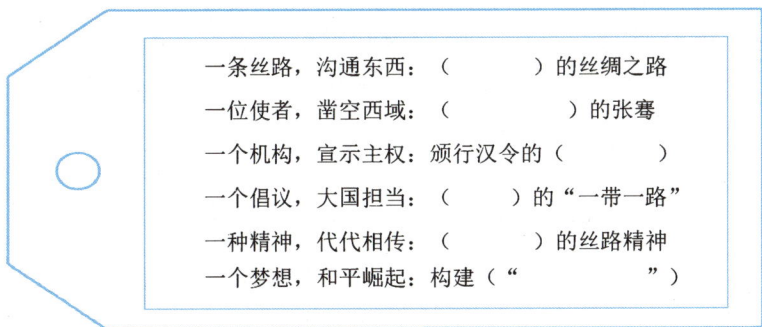

一条丝路，沟通东西：（　　　　）的丝绸之路

一位使者，凿空西域：（　　　　）的张骞

一个机构，宣示主权：颁行汉令的（　　　　）

一个倡议，大国担当：（　　　）的"一带一路"

一种精神，代代相传：（　　　）的丝路精神

一个梦想，和平崛起：构建（"　　　　　"）

图1

（三）史料研习，落实基础

【设计意图】

1.标题引领（设计四个大标题），使本节课线索清晰、主题鲜明，培养学生的历史思维和历史逻辑。

2.通过开展不同类型史料的研习活动，逐步培养学生的史料实证学科核心素养。让学生来解读不同类型的史料，也可以锻炼学生的历史解释能力。

【活动内容一】（22分钟）

一位使者，不辱使命，凿空西域，开通丝路

知识点一：张骞通西域

【史料研读】

1.文字史料研读

史料1 在对少数民族的关系上，武帝时活动范围的广大，是前所未有的。匈奴在西汉初年力量很强，公元前200年，刘邦在平成（今陕西省大同市）被匈奴围困7天7夜。西汉统治集团内部的反叛势力，也往往跟匈奴联合起来反对朝廷。汉初

对待匈奴,主要是用联姻并赠送大量礼物的办法,以求得暂时的相安,但不能阻挡匈奴随时南下进行掠夺和破坏。

——白至德编著《白寿彝史学二十讲·中古时代秦汉时期》

这段史料稍有难度,教师提示"白登之围"和"和亲"。最终由学生研读史料并思考分析后,得出基于文字史料分析的历史解释。

【解读】西汉初年,匈奴控制了西域,并从西域不断向中原发动进攻,使汉王朝十分被动。

史料2 是时天子(注:指汉武帝)问匈奴降者,皆言匈奴破月氏王,以其头为饮器,月氏逃遁而常冤仇匈奴,无与共击之。汉方欲事灭胡,闻此言,因欲通使。道必更匈奴中,乃募能使者。

——[西汉]司马迁《史记·大宛列传》

【解读】汉武帝认识到西域的重要性,决定招募使者出使西域,联络大月氏夹击匈奴。

2.图片史料研读

图2 张骞拜别汉武帝出使西域(敦煌壁画)

提问:

图2中谁是张骞?谁是汉武帝?

你判断的依据是什么?

【解读】图中左边正在跪拜人物的是张骞(判断依据是图片提示中的"拜别"

二字);右边骑在马上的人物是汉武帝(判断依据:图中张骞面朝他拜别,其他人都站着,只有他骑在马上,而且他身后也有人给他打着华盖,显示他的地位尊贵。)

3.地图史料研读

通过教学课件,展示了选自中国地图出版社《中国历史地图册》(七上)第46页的地图《西域》,让学生看图思考:汉代所称的"西域"指的是哪些地方?

同时教师又提示学生:还可以参考教材第67页的文字说明。

教师让学生到电子屏幕跟前来,指着地图向全班同学说明西域的具体范围,以此培养学生时空观念。

结合学生的表述,课件又通过文字形式,再次动态呈现出西域在东、南、西、北的疆域范围。

4.视频史料研读

视频史料:张骞第一次出使西域

通过观看视频,使学生了解张骞第一次出使西域的大致情况。

5.文字史料研读

史料3 公元前119年,张骞再一次出使,拟联合居住在伊利河流域的乌孙,以断匈奴右臂,还是没有圆满成功。但张骞的出使,增进了西汉皇朝和天山南北地区间的了解。此后,这一广大地区的地方政权相继遣使跟汉通好,汉也派使者在这里进行屯田,加强了对这一地区的影响和联系。

——白至德 编著《白寿彝史学二十讲·中古时代 秦汉时期》

【解读】张骞第二次出使西域,走访了西域多国,促进了汉朝与西域各国间的相互了解与往来。

6.自主填空

表1 张骞两次出使西域比较

	背景	目的	出发时间	结果
第一次	汉武帝反击匈奴	联络(大月氏)抵御匈奴	公元前(138)年	使汉朝了解了西域的具体情况
第二次	汉朝了解了西域,控制了河西走廊	联络(乌孙)等国夹击匈奴,加强汉与西域的联系	公元前(119)年	促进了汉朝与西域各国之间的相互了解与往来

教师提示学生:可以参考教材第68—69页,及以上视频史料和文字史料3,完成表格的填空。

7.文字史料研读

史料4　他是一个冒险家,又是一个天才的外交家,同时又是一员战将,真可谓中国历史上出类拔萃的人物。

——史学家翦伯赞评价张骞

提问:你对张骞有怎样的评价?请写在书签上。

8.文字史料研读

教学课件展示了统编人教版中国历史(七上)教材第69页"材料研读":

《汉书·张骞传》载:"然骞凿空,诸后使往者皆称博望侯,以为质于外国,外国由是信之。"

想一想:为什么说张骞出使西域的举动是"凿空"呢?

教师通过教学课件,做了两点提示:

提示一:"空"同"孔","凿空"即"凿孔";"质"即"诚信"。

提示二:古代称对未知领域的探险为"凿空"。

【解读】张骞第一次开辟出中原通往西域的道路,中原王朝和西域各国第一次有了友好往来。

【素养提升】

张骞通西域的意义

(1)从民族关系角度来看:

促进了汉朝与西域各族的友好往来

(2)从对外关系角度来看:

为丝绸之路的开通奠定了基础,促进了东西方经济文化的交流。

教师给出初步的提示,从民族关系和对外关系的角度,让学生自己总结并表述出来。

知识点二:丝绸之路

【思维训练】

结合本单元及本课所学,分析丝绸之路开通的条件:

(1)汉武帝巩固大一统

（2）匈奴威胁的解除

（3）张骞通西域

（4）汉代丝织业的发展

（5）秦汉文化的对外吸引力……

在前面学习的基础上，教师带领学生一起去分析，结合板书，总结出答案，培养学生的历史解释核心素养。（也即：基于以上多种类型史料综合分析的历史解释）。

【史料研读】

通过教学课件，展示了统编人教版中国历史（七上）教材第 69 页的《丝绸之路线路图》。

提问：请你说一说丝绸之路的路线。

教师让一名学生到电子屏幕跟前来，指着地图向其他同学讲解"陆上丝绸之路"的路线，以培养学生的时空观念核心素养。

学生回答后，教师通过教学课件动态展示丝绸之路的主要路线，及时进行课堂反馈。如学生的回答有误，教师及时纠错并加以讲解或请其他同学补充、完善。

【问题探究】

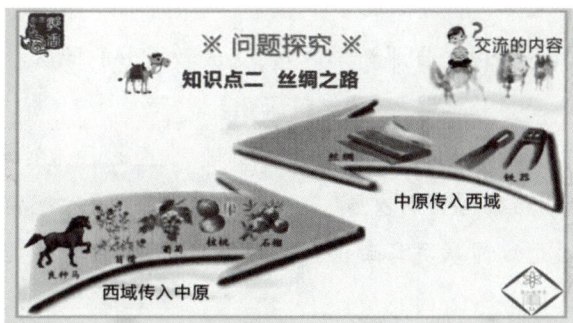

图3 教学课件截图：交流的内容？（西域传入中原、中原传入西域）

教师通过教学课件，展示西域传入中原的物品和中原传入西域的物产，学生还可以结合自己的知识积累或教材第 69 页的文字说明，得出基于图片和文字史料分析的历史解释，进而掌握西域传入中原和中原传入西域的物产主要有哪些。

然后又展示以下文字史料：

史料5 "不是张骞通西域，安有佳种自西来？"

——[清]黄文炜、沈青崖编撰《肃州新志·册6风俗、物产》

(注：甘肃省方志)

【解读】如果没有张骞开辟通往西域的道路，怎么会有西域的_____等传入中原呢？

接着让学生把教材打开到第71页，思考"课后活动2"的问题。

下列图片中的食物是通过"丝绸之路"传入中原的，它们为什么都以"胡"字命名呢？你知道它们现在的名字吗？

胡豆，今名 蚕豆　胡麻，今名 亚麻(油用型)　胡桃，今名 核桃

你还能想出一些以"胡"字命名，而且是从西域传入内地的东西吗？

胡椒、胡萝卜、胡琴、胡笛(羌笛)……

图4　统编人教版中国历史(七上)教材第71页"课后活动2"

学生根据知识积累和本节课新学内容，完成教材上的课后习题填空。

【史料研读】

史料6 遥远的东方丝国在森林中收获丝制品，经过浸泡等程序的加工，出口到罗马，使得罗马开始崇尚丝制衣服。……保守估计，印度、塞雷斯(中国)和阿拉伯半岛每年可以通过贸易从罗马帝国赚取一亿银币的利润，这便是我们罗马帝国的妇女每年用作购买奢侈品的花费。

——罗马博物学家 老普林尼《自然史·第六卷》

【解读】丝绸之路上的贸易交流。

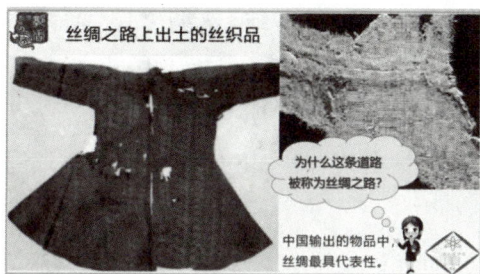

图 5 教学课件截图:丝绸之路上出图的丝织品

提问:为什么这条道路被称为丝绸之路?

【解读】中国输出的物品中,丝绸最具代表性。

【问题探究】

提问:为什么往来于丝绸之路的商人主要贩卖丝绸?

【解读】由于丝绸之路的贸易成本非常高昂,所以只能贩运丝绸、宝石、香料等体积较小、重量较轻、价值昂贵的商品。

提问:丝绸之路上除了有物种交流、贸易往来,还有什么方面的哪些交流?

【解读】汉朝的开渠、凿井、铸铁技术传入西域;西域的乐器和歌舞等传入中原。所以丝绸之路上除了物种交流和贸易往来之外,还有文化的交流。

教师通过教学课件,展示了统编人教版中国历史(七上)教材第 70 页的地图《汉代海上丝绸之路》,并补充文字提示:

汉武帝还大力开辟海上交通,汉朝先后开辟了多条海上航线。中国的丝绸等物品,经过这条航线,在转运到欧洲。

然后再让学生说一说海上丝绸之路的路线。学生表述完之后,教师再归纳,并动态展示具体路线,提示学生这条路线分为南线和北线,其中北线从山东出发,过黄海,到达朝鲜、日本。

【解读】汉武帝大力开辟海上交通。

教师再次通过教学课件,同时展示路上丝绸之路和海上丝绸之路的路线图,让学生思考:丝绸之路和海上丝绸之路沟通了人类的哪些文明?

学生通过思考后得出:丝绸之路沟通了中华文明、西亚文明和欧洲文明,海上丝绸之路沟通了中华文明、印度文明和西亚文明。

教师通过教学课件,展示文字小结:丝绸之路,海陆并举,沟通文明,传播友谊。

【解读】丝绸之路是"友谊之路""文明交流之路"。

教师找了几个学生当堂反馈,念一下自己在书签里填写的内容,说一说他们自己所理解的"张骞精神"。

【活动内容二】(8分钟)

一个机构,颁行汉令,宣示主权,护航丝路

知识点三:对西域的管理

【史料研读】

史料7 西域以孝武(汉武帝)时始通……至宣帝时,遣卫司马使护鄯善以西数国……乃因使吉(郑吉)并护北道,故号曰都护。都护之起,自吉置矣。

——[东汉]班固《汉书·西域传》

参考教材第70页相关内容,思考:

张骞通西域后,西汉王朝是怎样加强对西域的管理的?

【解读】设置机构

图6 教学课件截图:西域都护遗址

教师通过教学课件展示西域都护府遗址图片,随后又展示了《西汉初年疆域图》和《公元前60年后西汉疆域图》的对比,并作了文字说明:

公元前60年(汉宣帝神爵二年)西汉朝廷在轮台设置西域都护府,标志着今新疆地区正式隶属于中央政府的管辖。

然后引导学生做出相应的史料研读和历史解释。

教师强调:一定要通过图片史料和地图史料的解读,来证明:新疆自古以来就是中国领土不可分割的一部分。

【解读】从西汉设置西域都护开始,新疆正式隶属于中央政府的管辖,成为中国领土不可分割的一部分。

教师通过教学课件,两次出示了《班超出使西域》的路线图,提醒学生分别关注地图的不同部分,研习不同的学习内容。

第一次展示这幅地图,引导学生学习"班超出示西域"的子主题,重点关注班超出使西域的路线。

第二次展示这幅地图,引导学生学习"甘英出使大秦"的子主题,重点关注甘英出使大秦的出发点和方向、时间等信息。

【解读】西汉末年,匈奴重新控制西域,汉与西域的往来中断。东汉明帝时,派班超出使西域,西域各国与汉朝重新建立联系。此后,班超经营西域30多年。

班超经营西域期间,派甘英出使大秦(罗马帝国),最终到达安息,开辟了通往西亚的路线。

【活动内容三】(4分钟)

一项倡议,合作共赢,大国担当,振兴丝路

"一带一路"倡议

【拓展资料研习】

教师通过教学课件,展示"一带一路"的基本内涵,主要内容如下:

一带一路 the Belt and Road(B&R)

丝绸之路经济带 The Silk Road Economic Belt

2013年9月7日,国家主席习近平在哈萨克斯坦纳扎尔巴耶夫大学作题为《弘扬人民友谊 共创美好未来》的演讲,提出共同建设"丝绸之路经济带"。

21世纪海丝绸之路 The 21st – Century Maritime Silk Road

2013年10月3日,习近平主席在印度尼西亚国会发表题为《携手建设中国–东盟命运共同体》的演讲,提出共同建设"21世纪海上丝绸之路"

【解读】通过文字史料研习,初步了解"一带一路"倡议的内涵。

教师通过教学课件,展示"一带一路"的路线图。图中标出了"丝绸之路经济

带"和"21世纪海上丝绸之路"所经过的主要沿线国家和地区。

【解读】通过地图史料研习,初步了解"一带一路"倡议惠及的主要国家和地区。

教师通过教学课件,展示"一带一路"建设目标,选取文字史料的具体内容如下:

面对时代命运,中国愿同国际合作伙伴共建"一带一路"。我们要通过这个国际合作新平台,增添共同发展新动力,把"一带一路"建设成为和平之路、繁荣之路、开放之路、绿色之路、创新之路、文明之路。

——2018年中非合作论坛北京峰会开幕式

2018年9月3日

【解读】通过文字史料研习,初步了解"一带一路"倡议的建设目标。

【史料研读】

教师通过教学课件,展示以下文字史料:

中国在2013年提出的"一带一路"计划以及中国为此做出的巨大投入,都充分表明中国在为未来着想。而在世界的其他地方,挫折和艰难、挑战和问题,似乎都是一个新世界在诞生过程中的分娩阵痛。当我们在思考下一个威胁将来自何方,思考如何应对宗教极端主义,如何与那些无视国际法的国家谈判,如何与那些常常被我们忽视的民族、文化及宗教建立各种联系的同时,亚洲屋脊上的交流网络正被悄然编织在一起,或者更准确地说,是被重新建立起来。

"丝绸之路"正在复兴。

——[英]彼得·弗兰科潘《丝绸之路:一部全新的世界史》

在这段文字史料中,教师用红色字体重点标出了"中国在为未来着想"和"'丝绸之路'正在复兴。"

【解读】"一带一路"倡议的提出,是中华文明对世界文明做出的又一项重大贡献。

教师通过教学课件,展示"丝路精神",选取文字史料的具体内容如下:

丝路精神

古丝绸之路绵亘万里,延续千年,积淀了以和平合作、开放包容、互学互鉴、互利共赢为核心的丝路精神。这是人类文明的宝贵遗产。

——《携手推进"一带一路"建设》(2017年5月14日)

【解读】通过以上文字史料和地图史料的补充及拓展,介绍"一带一路"和"丝路精神",让学生体会到古丝路在今天又重新焕发了新的生机和活力,中国作为提出"一带一路"倡议的国家,在自身不断发展强大的同时,也以"丝路精神"为引领,带动更多的国家一起发展。丝绸之路依然是沟通东西方经济文化发展的桥梁。

【活动内容四】(4分钟)

一个梦想,和平崛起,人类文明,共同命运

【史料研读】

中国在2013年提出的"一带一路"计划以及中国为此做出的巨大投入,都充分表明中国在为未来着想。而在世界的其他地方,挫折和艰难、挑战和问题,似乎都是一个新世界在诞生过程中的分娩阵痛。当我们在思考下一个威胁将来自何方,思考如何应对宗教极端主义,如何与那些无视国际法的国家谈判,如何与那些常常被我们忽视的民族、文化及宗教建立各种联系的同时,亚洲屋脊上的交流网络正被悄然编织在一起,或者更准确地说,是被重新建立起来。

"丝绸之路"正在复兴。

——[英]彼得·弗兰科潘《丝绸之路:一部全新的世界史》

教师通过教学课件,再次展示了以上文字史料,但这次用红色字体重点标出了"当我们在思考下一个威胁将来自何方",并提问学生"'下一个威胁'到底会来自何方?"

【解读】同一文字史料从不同切入点再次来进行解读,引导学生思考中国在以怎样的方式迅速崛起。

教师通过教学课件,展示出两幅反映西国家鼓吹的所谓"中国威胁论"的漫画图片,并引导学生思考以下问题:

在中国通过"一带一路"倡议带领更多国家发展壮大的同时,也有不同的声音出现了。我们应当怎样看待某些西方国家鼓吹的所谓"中国威胁论"?发展强大的中国会成为"下一个威胁"吗?

【解读】教师引导学生研读材料后深入思考,并最终组织好语言,表述出自己的观点:中国正在和平崛起。

学生表述观点后,教师总结:"对以上问题,我们的习近平主席给出了中国自己的回答。"同时通过教学课件展示构建"人类命运共同体"的相关史料。

随后,教师通过教学课件,展示图7的图片史料。

图 7　教学课件截图:共建"一带一路",开创美好未来,推动构建"人类命运共同体"

【解读】中国在走的是一条和平崛起的道路,在自身发展强大的同时,不断推动构建"人类命运共同体",倡导共建"一带一路",开创全人类的美好未来。

最后,教师通过教学课件,以一本书的结束语(图8),升华本节课的史料研习活动:

图 8　教学课件截图:《丝绸之路:一部全新的世界史》结束语

【解读】不管是在遥远的古代,还是在我们生活的当今世界,丝绸之路都是沟通人类文明的重要桥梁,也将继续焕发生机和活力。

(四)成果分享(2分钟)

【设计意图】通过展示学生的书签,进行当堂反馈。

【活动内容】随着一节课教学活动的开展,学生逐步完成自己的书签填空,然后开展书签成品交流展示。

教师先通过教学课件展示书签内容填空的示范样例(图9)。

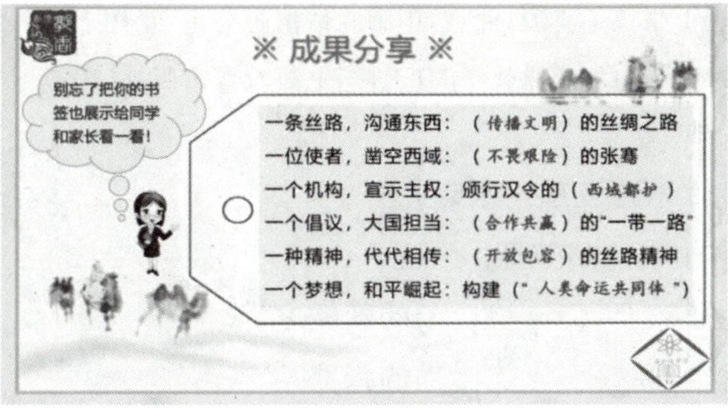

图9 教学课件截图:成果分享

学生展示自己的作品,填空内容中对于丝绸之路、张骞、"一带一路"和"丝路精神"的认识,学生会有自己的认识和表述。学生能够正确表达自己的观点,也即基本达成了本节课的学习目标。

【板书设计】

第14课 沟通中外文明的"丝绸之路"

汉武帝巩固大一统 → 张骞通西域 → 开通"丝绸之路"
↓ ↓
西域都护 "一带一路"

【教学设计参考书目】

[1]叶小兵,许斌.义务教育教科书教师教学用书 中国历史(七年级上册)[M].北京:人民教育出版社,2016.

[2]赵剑锋,苏峰,何成刚.历史课标解析与史料研习·中国古代史[M].上海:复旦大学出版社,2018.

[3]中华人民共和国教育部.义务教育历史课程标准:2011年版[M].北京:北京师范大学出版社,2012.

[4]何成刚.史料教学的理论与实践[M].北京:北京师范大学出版社,2015.

[5][日]西嶋定生.秦汉帝国:中国古代帝国之兴亡[M].顾珊珊,译.北京:社会科学文献出版社,2017.

[6][英]彼得·弗兰科潘.丝绸之路:一部全新的世界史[M].邵旭东,孙芳,译.杭州:浙江大学出版社,2016.

[7]白至德.白寿彝史学二十讲[M].北京:中国友谊出版公司,2010.

[8]余文森.核心素养导向的课堂教学[M].上海:上海教育出版社,2017.

【教学设计整体思路及理论基础】

1.通过书签制作串连整节课。

一条丝路,沟通东西:(   )的丝绸之路

一位使者,凿空西域:(   )的张骞

一个机构,宣示主权:颁行汉令的(   )

一个倡议,大国担当:(   )的"一带一路"

一种精神,代代相传:(   )的丝路精神

一个梦想,和平崛起:构建("   ")

2.通过信息技术与教学融合,辅助呈现出多种类型的史料,教师带领学生进行史料研读,从而实现差异化学习和深度学习。

【教学过程结构设计示意图】

一位使者,不辱使命,凿空西域,开通丝路。

一个机构,颁行汉令,宣示主权,护航丝路。

一项倡议,合作共赢,大国担当,振兴丝路。

一个梦想,和平崛起,人类文明,共同命运。

【教学评价设计思路】

本节课的评价反馈活动主要设计了两种类型:

一是每个史料解读之后的当堂及时反馈。学生在史料研习的过程中难免会解读不到位或者说有精彩的解读,教师要跟进及时反馈,体现课堂的生成性和教学机智。

二是整堂课学完之后的集中反馈。本节课既有教材内容的落实,又有相应的拓展和提升。通过学生书签的完成情况,可以很好的反馈出教学目标是否达成,对学生而言也是很好的家国情怀素养的提升途径。

七、教学反思

1.以书签制作串连整节课,从四个方面整体架构并且合理选取史料、设计教学活动,学习内容由浅入深,符合学生的认知规律。

2.信息技术与教学的高效融合,以及基于各种类型史料研习的差异化学习和深度学习活动,是本节课的亮点,有利于综合培养学生的历史学科核心素养。

3.选取的史料类型丰富、难易程度适中,符合七年级学生的认知水平,也有利于教师引导学生主动进行差异化学习和深度学习。

4.通过不同类型的史料研习活动,既落实了教材中的基础知识,也扩展提升了,实现了不同能力水平学生的差异化学习。

5.课堂容量稍大,学习基础不扎实的学生,最终可能不如学习基础扎实学生收获大。

八、专家点评

通过本课案例,我被郭香老师深深的教育情怀和专业精神所打动,不论是学情分析还是教学设计,不论是面对历史事件还是当今学子,入情入理,有依有据。郭老师不是简单地讲述这段历史,最重要的是和学生一起感悟体验这段历史。一枚小小的书签贯穿始终,让师生心与心相通,让历史与现实文脉相融,让教与学相辅相成,在循循善诱、剥茧抽丝、阐幽显微中,唤醒深沉厚重的历史事件内在激情,彰显鲜活灵动的现实伟业重大意义,让学生置身于现实和历史的赓续与穿越之中,不同的人物角色转换,多元的情境情感体验,见微知著、睹始知终的学习感悟积淀,为学生学习历史创设了有效的深度学习情境,为学生实现自主探究与合作学习提供了更多的主体性机会。

本案例介绍了郭老师在深度学习探索和创新中的非常有价值的改革实践经验,内容完整,表达清楚,示例生动,史料选取权威适恰,教学效果明显。整节课以"六个一"进行统领,概括科学独到,教学展开层次分明,计划性与生成性相得益

彰,目标达成度较高。

几点建议:

1.关于本课的教材分析。看出郭老师试图从历史大背景上总体进行把握,但展现出来的内容不明显,同时内容罗列过多,本课内容与其他方面的逻辑联系没有进行重点挖掘分析。对课标的把握,还应该更深入,更清晰,避免在教学过程中超标越线。

2.关于教学重难点。就郭老师设计的这节课来说,难点恐怕不只是教学内容上的问题,最重要的恐怕还是学生对相关问题的深度学习方面。比如学生对史料的有效研读,对丝绸之路意义和"丝路精神"的深入理解。重点难点问题,要根据学科内容和课程标准要求以及教材特点和学生认知与学习水平进行综合确定。要清楚针对不同阶段不同内容不同学生的教学重难点的统一性和特殊性,要弄清楚教学要点与教学重点的区别和联系。建议不仅从教学内容上来确定重难点,还要考虑到教和学等各方面,既要考虑到知识学习方面,也要考虑到各种目标达成问题,也要考虑到教学方式方法,甚至是教学组织等方面的问题。

3.关于借鉴高中历史学科课程标准。我个人很赞成初中历史教师要了解甚至是需要深入了解高中历史课程标准。通过本案例,我们看出郭老师在这方面进行了有益尝试和大胆探索,比较突出的是史料教学。郭老师的史料教学是适恰的,总量上和难度上把握的较好。由于学生存在一定的阅读局限和理解能力局限,再加上课上安排的学生活动较多,正像郭老师在教学反思中提到的课堂容量比较大。我建议郭老师要继续坚持,同时要避免不切实际的拔高加深,一定要深入浅出,要从易到难逐步推进。

(点评专家:天津市海河中学书记 中学历史特级教师 卞永海)

实践 **2**

初中历史教学中学生时空观念培养方式的研究

天津市九十二中学　高珉

摘　要：本文结合初中阶段教学实践，就时空观念在历史学习中的重要性，如何培养初中学生的时空观念来做好初中与高中历史学习的衔接，提高综合素质，使学生得到全面发展等问题进行探究。

关键词：时空观念　时间轴　思维导图

时空观念是新版《普通高中历史课程标准》中制定的历史学科五大核心素养之一，并提出了五点具体要求："一、知道特定的史事是与特定的时间和空间相联系的；二、知道划分历史时间与空间的多种方式，并能够运用这些方式叙述过去；三、能够按照时间顺序和空间要素，建构历史事件、历史人物、历史现象之间的相互关联；四、能够在不同的时空框架下对史事做出合理解释；五、在认识现实社会时，能够将认识的对象置于具体的时空条件下进行考察"。虽然历史五大核心素养目前只在普通高中历史课程标准中提出，还尚未出台新的《义务教育历史课程标准》。但是《义务教育历史课程标准(2011 年版)》中对于学生知识与能力的要求是："了解历史的时序，初步学会在具体的时空条件下对历史事物进行考察，从历史发展的进程中认识历史人物、历史事件的地位和作用。"可见，《义务教育历史课程标准(2011 年版)》已经对学生时空观念的培养有了一定的要求。

通过研究现行的部编版历史教科书我们会发现，在板块内容设计上是依照历

史发展的时序进行编写的,采用了"点—线"结合的呈现方式。学生只有在学习中熟知每一个生动具体的历史事实,也就是"点",再按照时序将其连接成一条历史发展的"线索",才能理解历史发展的过程和人类社会的发展过程,形成正确的历史意识,同时教材中众多的疆域地图、经济地图等图片也在有意识地培养学生将时序和地域联系,进行全面的分析判断。因此在初中阶段有意识地培养学生"时空观念",将时间与人的生命价值紧密联系在一起,引导学生发现空间的多层含义,可以为在高中阶段的进一步学习打好基础,有利于初高中历史学习的有效衔接,对学生的全面发展和终身发展有着重要意义。在初中阶段培养学生时空观念的方式有很多种,下面主要从三个方式进行阐释。

◇**方式一:编写时间轴,让历史发展脉络一目了然**

编写时间轴是培养学生时序思维的重要途径之一。学习历史,没有时序思维能力,没有明确的年代意识,学生就不会探究历史事件之间的关系。历史中有许多重要的历史时间与历史节点,学生如果不记住是没有办法去进一步认识和理解的。这时死记硬背不仅会感到枯燥乏味,而且容易遗忘。最直接有效的办法就是引导学生通过绘制时间轴来呈现历史事件的时间顺序。时间轴是图示化了的大事年表,通过时间轴上直观的时间顺序,学生可以理清历史事件发展的时间脉络,让学生认清历史发展的顺序性与延续性。

在进行部编七年级历史下册第二单元辽宋夏金元这一部分内容学习的过程中,学生会感觉到知识掌握起来非常困难。此时既有汉族建立的北宋,北宋灭亡之后又相继出现了南宋。还有和北宋、南宋分别并立的少数民族政权,如契丹族建立的辽、党项族建立的西夏、女真族建立的大金。

所以针对"政权并立"这一知识点,不妨在复习课的时候先给学生们一条时间轴,时间轴上将重要的时间展示出来,如10世纪前期、960年、11世纪前期等重要的历史时间点,让学生利用手中的教材以及小组的力量完成在每一个重要的历史时间之下是哪一个政权的建立,这样学生对于这段历史的理解既有了先后的顺序,又可以清晰的了解政权出现的先后。

◇**方式二:设计思维导图,统一思维记忆**

调动学生多方面的能力,让学生得到全面发展是教师在课上要努力达到的目标。思维导图不仅可以将学生的历史思维通过自己的绘制直观反应出来,还能够直接将思维过程展示出来,帮助教师更好的了解学生的学习状况。因此在培养学生时空观念上也可以起到非常好的效果。

在学习部编九年级历史上册第五单元第16课《早期殖民掠夺》一课时,该课的学习内容展现了资本原始积累时期西方主要国家的殖民扩张活动的史实,既有葡萄牙与西班牙的殖民掠夺,又有荷、法、英加入的殖民争霸,还特别介绍了资本积累的原始手段——野蛮和残酷的"三角贸易"。要想让学生真正理解殖民扩张活动与资本主义经济发展的内在联系,只依靠时间轴已经不能满足需要了。如果说时间轴是将每一个重大历史事件看作一个"点",按照时间顺序连成一条线的话,那么思维导图则帮助学生清晰地把握某一历史事件所处的时间、空间,将史事综合起来思考,将同一时期发生的历史事件进行整理、归纳,从中发现事件之间的联系。因此,在教学设计中,教师考虑到七年级学生形象性思维强,偏感性,图像、符号和颜色对他们的视觉冲击更大一些;而九年级学生更趋于理性,在绘制思维导图时,思维导图的结构性会发挥更明显的作用。在教学过程中,教师采用绘制思维导图的方式,在教学中一步一步引导学生将早期殖民掠夺的各个历史要素沿着时间顺序、相对空间位置、背景、典型事例等方面进行填充完善,制作成一张完整的知识结构图,也就是思维导图。最后由学生根据思维导图简要讲述早期殖民掠夺的经过,这样既可以帮助教师对学生本节课所学知识形成初步的了解与评价,同时也为学生以思维导图的形式直观展示出了历史事件中的内在联系。

◇**方式三:巧用历史地图,形成空间观念**

历史教育对提高学生的人文素养有着重要的作用。义务教育阶段的历史课程就是要通过多种途径帮助学生在掌握基本的历史知识的基础之上,认识人类社会的发展历程并全面认识历史问题,理解历史发展的过程,总结时代特征。其中识别和运用历史地图是学习历史众多方法中一个基本的方法。

在九年级复习中国古代史时,为了让学生全面理解中国古代社会自第一个国家产生以来,疆土既经历了分裂割据时期又有统一时期,但主流方向始终是统一这一特点。在教学过程中教师首先与学生按照时序顺序一起观察秦、汉、西晋、隋、唐、北宋、南宋、明、清几个王朝的空白疆域图,只给出都城所在地等几条相关线索,引导学生回忆出分别是哪个王朝,同时回忆该王朝的周边的主要少数民族有哪些以及中央对地方和边疆管理的相关政策。学生通过观察和教师的启发,可以

认识到中央集权制度虽然容易形成专权暴政，后期也阻碍先进生产力的发展，但从历史发展的方向而言，是有利于维护国家主权统一的，同时各民族相互交流与融合，共同发展，才缔造了统一的多民族国家。这种利用地图复习中国古代史的方式与列表格，绘制思维导图等方式相比更加直观，便于学生将时序与地域相结合对历史发展进行理解和思考。

除了疆域图，在历史学习中还会使用到反应某一时期某一地区政治、经济、文化等内容的地图。如在讲到部编七年级历史下册第 9 课《宋代经济的发展》一课时，为了帮助学生知道宋代南方经济的发展，理解中国古代经济重心的南移，教师利用教材配套的地图册中几个重要时期经济方面主题的地图。通过指导学生阅读地图标题，读懂地图的图例，将几个重要时期的地图进行对比，既掌握了运用历史地图的方法，从而解读出了地图中的历史信息，又结合地图中的变化，配以文字材料，最终体会到到宋朝时经济重心南移已经完成。

时空观念体现了历史学科的本质，是核心素养的基础，也是学科关键能力之一。在教学中无论采取哪种形式和方法目的都是要将时空观念的培养落到实处。历史学科是人文学科，时间与空间的关系问题是与人类的社会实践紧密联系在一起的。我们不能将时空观念的培养简单地做成让学生机械的记忆时间、识记地图，而是通过培养学生的时空观念，引导学生对人类历史的延续与发展产生认知兴趣，学会从历史的角度观察和思考社会与人生，从历史中汲取智慧，提高综合素质，得到全面发展。为成为拥有良好综合素质的合格公民奠定基础。

参考文献

[1]中华人民共和国教育部.义务教育历史课程标准(2011 年版)[S].北京：北京师范大学出版社,2012.

[2]中华人民共和国教育部.普通高中历史课程标准(2017 年版)[S].北京：人民教育出版社,2018.

《早期殖民掠夺》教学案例

天津市九十二中学 高珉

一、教学背景

教学课时：1 课时

教学准备：

1.学生：课前查阅世界地图，找到葡萄牙、西班牙、英国、法国、荷兰等国家以及亚洲、非洲、欧洲的位置。

2.教师：准备反应黑奴贸易残酷性的相关视频，设计本课思维导图，用以直观展示历史事件间的关系及黑奴贸易的空间位置。

二、教学目标

1.知识与能力：了解葡萄牙和西班牙早期的殖民活动、英国的殖民扩张、"三角贸易"以及荷、法、英殖民争霸的基本史实。

2.过程与方法：通过阅读教材，能正确说出"三角贸易"的路线以及"日不落帝国"的形成过程。

3.情感态度与价值观：分析欧洲殖民国家殖民掠夺的影响，正确看待欧洲殖民者的扩张和掠夺。

三、教材分析

本单元讲述了资本主义时代的曙光、早期资产阶级革命和工业革命。资本主义时代的曙光是从思想文化(文艺复兴)、经济条件(新航路的开辟)两个方面讲述了资本主义时代的必然到来。西欧经济和社会的发展促进了资本主义经济的产生，在思想上才有了文艺复兴运动。渴望财富的欧洲人开始了探寻新世界的新航路的开辟。在新航路开辟的过程中早期殖民掠夺也就开始了。

本课包括三部分内容：葡萄牙与西班牙的殖民掠夺，英国的殖民扩张，荷、法、英殖民争霸。三部分内容展现了资本原始积累时期西方主要国家的殖民扩张活动

的史实,并探讨了殖民扩张活动同资本主义经济发展的内在联系。教材重点介绍了葡萄牙、西班牙以及英国的殖民扩张的情况,说明资本主义的发展与海外殖民掠夺紧密相关。介绍了殖民者对殖民地的野蛮掠夺、贩卖奴隶和殖民战争,说明了原始资本积累的罪恶。

四、教学重难点

1.教学重点:三角贸易是本课的重点。
2.教学难点:辩证看待殖民扩张的影响

五、教学方法

1.绘制思维导图,清晰、立体的将历史发展进程呈现在学生面前。
2.深入挖掘教材,充分利用教材内相关历史图片、地图与文字材料,立足于教材进行课程设计。

六、教学过程

部编九年级上册　第五单元　第16课《早期殖民掠夺》
导入:世界地图出示巴西、阿根廷、海地国旗
教师提问:这些国旗是哪个国家的？它们的官方语言是什么？为什么？
讲授新课:第五单元　走向近代　第16课早期殖民掠夺

(一)早期殖民

1.背景

出示文字材料:

15世纪末期的欧洲,资本主义萌芽出现,城镇迅速增多,商品经济日益发展,货币的需求量大大增加,于是,西欧的国王、贵族、商人到处追求黄金白银。

——《世界通史》

出示地图:《新航路的开辟》

教师提问:结合所学知识,观察图片,分析文字,说一说哪些原因促使了欧洲人开始殖民掠夺？

答案提示:15世纪末期的欧洲,商品经济日益发展,需要扩展市场,推销产品,寻找原料,货币需求量大大增加。

学生活动:请一名同学到黑板上填写思维导图中的"背景"部分。

过渡:新航路开辟以后,最早踏上殖民扩张和掠夺道路的是哪个国家?

2.早期殖民国家——葡萄牙、西班牙

出示地图《葡萄牙、西班牙的海外殖民》

学生观察地图,结合教材,找出葡萄牙、西班牙的殖民地,概括两国殖民范围和方式的特点。

答案提示:沿着新航路开辟的路线,葡萄牙一路向东,西班牙一路向西。葡萄牙国小,经济落后,侵略的是文化发达的国家。所以其扩张的特点不是全境占领,而是以侵占军事据点、建立商站等方式掠夺财富。

3.早期殖民掠夺罪行

学生活动:学生根据文字材料、图片和教师讲述概括出殖民者在殖民地犯下了哪些罪行。

文字材料一:

他们(葡萄牙)用一些廉价的小商品,如:小镜子、小刀、玻璃球、帽子等换取当地的珍贵特产,如从非洲掠取黄金、象牙、钻石……在印度和锡兰收购珠宝、胡椒……为了尽快把妇女的耳环和项链抢到手,竟然残酷地把她们的耳朵割下、脖子砍断。

——《世界通史·近代卷》

图片一:《在矿山劳动的印第安人》

教师讲述:玻利维亚"银都"——波托西。

文字材料二:

西班牙殖民者皮萨罗逮捕了印加统治者,在与印加皇帝会晤时,发起突然袭击,当场砍杀2000多人,俘虏3000多人。当印加统治者交出巨量金银之后,皮萨罗却背信弃义地将他绞死。

——《世界通史·近代卷》

图片二:《在种植园劳动的黑人奴隶》

答案提示:抢夺、欺骗贸易、开采金银矿、奴役、屠杀印第安人、开发种植园、黑奴贸易

出示文字材料:

在16世纪,葡萄牙殖民者从非洲劫掠的黄金达27.6万多公斤;从1521—1600

年,西班牙从美洲掠走的黄金为 20 万公斤,白银为 1800 万公斤。16 世纪末,世界金银总产量中有 83% 归西班牙所有。

——《世界通史·近代卷》

过渡:西、葡两国得到的数量巨大的黄金都到哪儿去了呢?

教师讲述:像潮水一样涌入西班牙和葡萄牙的财富,几乎都用来支撑战争以及购买国外的奢侈品,而真正能够使国家富强起来的工商业却没有得到发展。

过渡:在西班牙、葡萄牙强盛之际,大西洋沿岸的一个岛国正在逐渐崛起……

(二)殖民国家争霸

1.英、荷、法加入殖民争霸

教师讲述:16 世纪随着资本主义生产方式的确立,英国的手工业尤其是毛纺织业迅速发展,促使英国开拓海外市场。英国位于海上贸易航道的要冲,只有打破西班牙的海上霸权才能向海外发展。(简要介绍"无敌舰队"的船只特点)1588 年,英国海军在英吉利海峡与"无敌舰队"进行了一场以少胜多的大海战,"无敌舰队"几乎全军覆没。英国逐渐成为海上霸主,开始在海外扩张殖民地。

教师讲述:简要介绍荷兰的崛起和法国的加入及三国争霸的过程。

展示动态示意图

2.英、荷、法争夺海上霸权

过渡:英国凭借强大的实力最终战胜了荷兰和法国,在世界各地夺取了大片殖民地,自诩为"日不落帝国"。

展示地图《英国殖民地》。

学生活动:请一名同学到黑板上填写思维导图中的"最早"和"后加入"部分。

教师出示材料:

19 世纪中期一位英国经济学家说:"大洋洲有我们的牧羊场,阿根廷和北美西部草原上有我们的牛群,秘鲁送来的白银,南非和澳大利亚的黄金流入伦敦;印度人和中国人为我们种茶,而且我们的咖啡、白糖和香料种植园遍布东印度群岛。"

——《近现代国际关系史论纲》

(三)殖民罪恶——三角贸易

过渡:殖民过程中,各国纷纷把目光盯向亚洲、非洲和美洲,通过各种方式进行掠夺。其中最具代表性的就是三角贸易。

教师讲述:17世纪,英国在北美建立了殖民地。英国殖民者在北美建立大种植园,生产英国工业所需要的棉花、烟草、蓝靛、蔗糖等原材料。为了获取各大的利润和廉价劳动力,也看到了葡萄牙和西班牙在黑奴贸易中有利可图,于是也加入了贩卖黑奴的活动。

1.内容

展示《英国在大西洋进行的"三角贸易"示意图》,教师结合动态效果讲解起点、终点和出程、中程、归程所携带的物品。点明中程是获利最大的。

播放运送黑奴的视频片段。

学生活动:谈观看视频后的感受,并画出三角贸易示意图

过渡:四个世纪的黑奴贸易使非洲大陆丧失了近一亿的精壮劳动力,非洲也丧失了自主发展的最佳时期,造成了非洲的贫穷和落后。

学生活动:请一名同学到黑板上填写思维导图中的"典型事例"部分。

2.影响

教师提问:殖民扩张对于殖民地国家,殖民国家和世界有哪些影响?

教师引导学生通过图片和前面史实的铺垫,辩证看待殖民扩张的影响。除了给殖民地人民带来灾难和造成落后外,还促进了资本主义世界市场的形成,使世界各地区之间的联系得到加强,不仅促进了全球文化交流,还促进了人种的重新分布和世界动植物的大交流,出现了全球性的经济联系。

学生活动:请一名同学到黑板上填写思维导图中的"影响"部分。

展示图片:戈雷岛

教师讲述:戈雷岛是西非最大的奴隶转运站,是殖民者贩运、关押黑人奴隶的场所。15—19世纪,相继被葡萄牙、荷兰、英国、法国占领。据统计,至少有2000万黑人奴隶从戈雷岛被转卖出去,有500万黑人死于途中。1978年,戈雷岛被联合国教科文组织列为警示世人的世界文化遗产。

教师提问:这是为了警示人们什么?

通过提问引导,加深学生对历史事件的深度理解。

总结:正如马克思所说"资本来到世间,从头到脚,每个毛孔,都淌着血和肮脏的东西。"今天不管西方资本主义国家如何粉饰他们的社会,用"民主""人权"来打扮自己,但是这段血腥的历史他们永远也洗不掉。

七、教学反思

1.本节课我考虑到时间跨度大，涉及的国家和地域范围广，学生世界史知识掌握程度较低，在设计教学时充分利用地图，引导学生发现早期殖民掠夺与新航路开辟之间的联系，直观发现早期殖民国家——葡萄牙和西班牙的殖民特点，同时也呼应了导入部分设计的问题："为什么位于美洲的巴西、阿根廷、海地等国家的官方语言是葡萄牙语和西班牙语？"这样可以帮助学生将所学知识进一步扎实巩固，又可以帮助学生熟悉原始资本积累的时间和空间情况，为知识的前后联系打下基础。

2.早期殖民掠夺特别是"三角贸易"给非洲等殖民地国家带来了深重的灾难。为了帮助学生认识到早期殖民掠夺的残酷与血腥，我精心补充了文字材料、图片，通过学生自主阅读、分析，让学生达到学习目的。再配以启发性的设问，充分发挥学生学习的自主性，培养学生的理解、探究、归纳的能力。并以世界文化遗产"戈雷岛"为例，向学生讲述黑奴贸易的过程。在此过程中，学生反映强烈，内心的正义感油然而生，在发言交流的环节中纷纷有感而发，痛斥贩卖黑奴的行为。

八、专家点评

新的课程改革要求教师在教学中帮助学生形成积极主动的学习态度，将获得基础知识与基本技能的过程转变为学会学习并形成正确的价值观的过程。教师的任务是引导学生学会学习、学会生存、学会做人，得到全面的发展。在历史教学中，地图的使用非常的重要。它可以比较直观地反应一定时空下的历史事件，离开具体的时空就无法建立准确的历史概念，难以形成合理的历史想象和历史思维。本节课教师注重对学生时空观念的培养，在教学中设计了若干个教学活动，多次使用地图帮助学生形成空间上的认识，如在导入部分出示世界地图，让学生明确巴西、阿根廷等美洲国家的官方语言与曾经被欧洲国家的早期殖民有关。除此之外，结合地图《新航路的开辟》帮助学生了解葡萄牙、西班牙两个早期殖民国家的殖民特点和范围。在学习"三角贸易"这一内容时，通过学生读图、教师设问、生生交流、绘制示意图的方式，帮助学生学会通过对地图的观察分析，理解历史，实现论从史出。同时配合思维导图的制作，将时间与空间紧密结合在一起，将早期殖民掠夺这一行为放在具体的时空中去思考和评价。有效的对学生的学科素养进行了培养，落实了立德树人根本任务。

参考文献

[1]王斯德.世界通史(第二编 工业文明的兴衰)[M].上海:华东师范大学出版社,2009.

[2]李其荣.世界通史(近代卷)[M].武汉:华中师范大学出版社,2009.

[3]于桂华.近现代国际关系史论纲[M].北京:社会科学文献出版社.2009.

农村城市化进程中初中生历史学科素养培养的行动研究

——以《离我们远去的家乡方言》为例

天津市静海区实验中学　刘忠霞

　　随着我国经济的飞速发展,农村城市化进程也在不断进展。静海区的村镇相继进行了平房改造,居民生活水平普遍提高。农村产业结构发生变化,农村劳动力就业率也大大提高。但是,随之而来的是农村子女的教育问题出现了新挑战。家庭环境的骤然变化,使很多家庭的价值观产生了巨变。有的家庭因为平房改造迅速暴富,而村民的思想道德意识却没有提高。离异家庭越来越多,孩子的教育问题却被忽略。由于很多父母受教育程度偏低,因此对学生的教育观念陈旧。加之农村校师资水平参差不齐,教育方法相对单一落后。学生的学习积极性不高,甚至产生厌学情绪,个别出现辍学问题。初中生正是人生观、价值观、世界观形成的关键时期,历史学科在这一过程中的教育作用非常明显,发挥历史学科教育作用,促进农村现代化转型过程中,学生正确的人生观、价值观、世界观形成具有极其重要的时代意义。

　　《义务教育历史课程标准(2011年版)》明确要求,通过历史教学要让学生初步学会从历史的角度观察和思考社会与人生,从历史中汲取智慧,逐步树立正确的世界观、人生观和价值观,提高综合素质,从而得到全面发展。针对农村城市化进程中初中生学科素养的培养教学实践的研究,当前很多核心素养的研究大多比较泛泛,初中生正是人生观和价值观形成的关键时期,农村城市化进程教育面临巨大的冲击,也面临着前所未有的新发展机遇。历史学科教学如何面对新挑战,怎样在教学改革中发挥其历史功能价值,真正实现育人功能,这是时代对我们提出的新挑战,新要求。下面以《离我们远去的家乡方言》实践活动为例,来介绍农村城市化进程中初中生学科素养的研究策略。

一、以学生为本,在活动中促发展

本次活动的同学们是来自初中七、八年级历史社团的孩子们,经过一段时间学习生活,孩子们已经具备了一定的获取历史信息的能力,具有初步辩证看待历史问题的能力。但孩子们的知识只局限于书本,过于死板。因此开展此次实践活动,锻炼学生的综合实践能力,让知识服务于生活,在活动中提高学生认识现实,理解现实的能力。

方言是我国民间文化的重要财富之一。其中所传承的民俗传统与精神如实地表现了长久以来,各地区的地域特点、历史演变、人文风貌。因此我们设定了以下的实践活动目标。第一,通过活动中搜集资料,对家乡政治、经济、文化等进行全方位的实践调查,了解家乡的历史渊源,激发学生热爱家乡的情怀。第二,通过实地采访、调查问卷,培养学生的沟通能力。在活动中培养学生收集、分析、利用信息的能力。第三,在小组探究过程中,培养学生的合作意识和团队精神,在活动过程中设计方案,解决问题过程中,学会倾听、学会表达、学会分享。第四,在探究方言形成与发展过程中,培养学生对社会的责任心和使命感。

每个学生都是有着独特性质的个体,特别是处于社会经济飞速发展中,城镇结合部的学生更具有其独特的心理特点。我们在研究过程中,以人本主义理论注重教学过程中以人为本,将学生视为学习的主体,主张在教学中更加关注学生的学习,强调学习过程中把学习者视为学习活动的主体, 更加关注学生学习过程中的心理和情感变化。人本主义理论体现了教师在教学实践中必须遵循的以学生为本的教学态度,落实当前教学课程改革中立德树人的根本任务有着重要的作用。同时针对农村城市化进程中初中生的心理特点更要依据人本主义理论,从实践出发,充分发

挥学生的主体作用,发展学生的自主学习和探究能力是有着积极作用的。

二、利用和挖掘地方资源,培养学生人文精神

新课程理念提倡学习过程不是被动的接受知识,而是通过学生自主探究的过程进行知识的建构。学生不再是被动的接受者,而是在教师的引导下,通过历史信息甄别,进行探究明史到延伸悟史的过程。从而将知识内化于心,形成自己的知识框架建构。教师通过创设情境、激发学生的学习动机和学习的内驱力。建构主义理论是当前教育改革的需求,农村城镇化进程中教师要运用建构主义理论与课堂教学实践相结合,更好地实施历史学科素养的培养。

在本次活动的准备阶段老师便引导学生对家乡方言进行初步感知,激发探究兴趣。初步了解设计问卷调查的方法,为活动实施做好准备。通过从现象到本质的探究过程,培养学生思维探索能力。

(一)出示静海区地图,初步认识家乡方言分布情况

同学们,2015 年以来,教育部、国家语委联合下发文件,启动中国语言资源保护工程。你了解你的家乡方言吗?下面请学生们仔细听录音,你发现了哪些重要信息。这时教师播放静海周边的台头方言,王口电话专访录音,独流街头采访录音等,激发学生探究方言的兴趣。

当学生听到这些方言录音时,立刻眼前一亮。特别是有的孩子分辨出自己的亲人就和录音方言一致。特别是有一位平时有厌学情绪的同学,还将自己在家的方言与录音的方言进行比对。全班的学习热情立刻高涨起来。此时教师引导学生比较和记录音频中不同地区方言的特点,并且在小组间进行初步交流。这些来自周边乡镇的孩子们出现了空前的学习热情。

(二)进行《家乡方言知多少》探究活动

同学们,我们看问题不能只看表面现象,而是要逐步探究问题的本质。下面

就让我们设计一份家乡方言调查表。该怎样设计呢？教师展示调查表问题的设计原则：要含义明确、概念具体、答案具体、形式恰当、形式简单、语言通俗易懂、填答方便。

俗话说，授人以鱼不如授人以渔。在此次实践活动中要培养学生搜集历史信息和探索历史知识的能力，就要让学生学会调查的方法和原则。因此，教师在课堂上首先要教授学生调查表的设计原则与方法，而不是衣来伸手饭来张口的学习模式。由学生亲手设计的调查表才真正达到培养农村中学生实践能力的作用，并激发孩子们的学习热情。

在小组设计完成后，教师根据同学们设计的情况，进行指导。

例：1.你的家乡是何地？

2.你的家乡有自己的方言吗？方言有什么特色？（用自己的语言概括一下）

3.你会说家乡方言吗？或者你的家人会说家乡方言吗？

4.用实例来说明家乡方言的特点。（比如上学一词，会怎样说）

5.你觉得是什么原因造成了这种方言特点的形成。

各小组学生集思广益，最后总结制定出设计方案。第一要确定调查的目的与对象。第二、确定调查的形式。第三、设计调查问题及措辞。第四、页面设计与布局打印。学生进行调查，初步对自己的家乡方言进行感知。

(三)成立方言调查小组,搜集甄别地方史料,从而树立史料实证的意识

从方言联系家乡发展状况，从语言的表现形式思考地区文化差异与现实状况。教学设计是实现培养农村初中生历史学科素养的重要途径，教师通过教学实践中遇到的问题进行教研分析，从而确定教学目标和教学方法。在教学实践中进行教学策略的制定以及评价施行过程的预设。在此次教学实践中教师通过精心设计，旨在推动学生学习探究的内驱力。

方言是我国民间文化的重要财富之一。其中所传承的民俗传统与精神，如实的表现了长久以来，各地区的地域特点、历史演变、人文风貌。学生根据自己的研究方向，划分探究小组，并且制定本小组活动主题。

有的同学说自己的老家在陈官屯，所以要加入陈官屯方言组。有的同学对唐

官屯方言和文化很感兴趣,唐官屯位于运河沿岸,是静海重镇所以加入唐官屯方言组。几个男同学表示独流镇可以了解义和团运动的状况,所以加入独流方言组的研究。至此,根据静海区行政图,孩子们组成了唐官屯方言组、陈官屯方言组、独流方言组、蔡官庄方言组、陈官屯方言组、静海方言组、王口方言组、台头方言组、子牙方言组等探究小组。同学们根据《静海区行政区域图》,找出各组方言探究范围。

此刻教师提出问题进行引导:有的方言范围并不是按照行政区划分的,甚至有的村子仅仅一路之隔、一河之隔,而方言就有很大的不同。这是什么原因造成的呢?各地方言的形成与当地的历史沿革,政治经济发展又有哪些联系呢?请各组根据自己的研究主题制定活动计划。教师提出小组活动方案及分工需注意的事项。

(1)活动方案要具有可行性。

(2)研究方案实施要步调协调,层层深入,多方面剖析方言的形成及其特点。

(3)小组分工要明确,适时进行小组沟通与交流,确保发挥每一个小组成员的优势。

各小组根据注意事项进行小组内交流制定活动计划与方案:①围绕本小组制定的方言研究方向,确定是本方言组要准备的资料及形式;②小组内进行任务分配,填写小组成员分工表。

在本环节一定要从学生实际出发,不能教师统一分配任务。在教师的精心设计下,在学生的沟通与交流中,每一个孩子都加入到活动中,充分发挥自身优势,为小组下一步的方案献计献策。通过活动提高学生资料搜集与分析整理的能力,了解社会调查的过程,掌握设计调查问卷的方法。小组交流与活动中锻炼学生沟通与合作能力。

在初中历史实践教学中要注重方法的指导,此时教师与学生一起研讨搜集资料的方法与途径。通过静海图书馆、中国知网、百度地图、《静海县志》《陈官屯志》《台头镇志》《静海传奇》等资源支持,最后师生总结:搜集的资料应该是"声像图文影五位一体"。各小组根据制定的活动计划和方案,进行资料搜集、分析和整理。静海方言组的同学从图书馆找到了《静海县志》,里面对静海的政治经济历史文化都做了详细的介绍。陈官屯方言组:找到了两本《陈官屯志》《吕官屯志》,这两本镇志对探索陈官屯方言有很大的帮助。独流方言组搜集到独流地区的方言录音,以及老独流交通图。台头方言组将本地的环境及方言进行了录制,做成视频。

利用和挖掘地方资源,使学生们认识家乡的政治、经济、文化,从而生发出对家乡的热爱。在学生们进行了充分的调查研究后进行阶段性汇报,对搜集来的信息进行分析、甄别。在此环节,教师鼓励学生自主搜集各种一手史料,提高农村学生史料实证的意识,并且在分析和甄别的过程中锻炼了孩子们发现问题和解决现实问题的能力。每一句有意思的一句方言,都孕育着一个地方的特色以及人文特点。

在学生们进行资料搜集的同时,还要结合社会现实。在农村城镇化进程中,很多家庭由原来的务农,变为了城镇居民。特别是一些老人,生活方式更是有着极大的转变。因此,方言的变迁也是社会变化的缩影。接下来进入社会调查阶段,让孩子们从历史变迁中逐渐理清现实。经过同学们一定时间的努力,很多同学都对各地的方言进行了深入的了解,有了更深的认识,同时也积攒了很多疑问。俗话说:读万卷书,也要行万里路。

在社会调查之前,老师先要根据学生的特点确定调查的目标、方法以及相关事项。①师生根据前两个阶段资料的分析与整理,对突出问题要针对性的解决;②确定社会调查的目标及问题;③进行社会实践调查。明确社会调查的目标,注意事项、方法技巧、安全事项;④对调查结果进行对比分析。最后小组讨论交流,确定本组社会调查的目标和问题,形成本组的调查问卷表。内容如下。

您好,我是静海实验中学的学生。现在正在进行一项有关地方方言使用情况的调查。诚邀您抽出几分钟时间填写这份问卷。

您的年龄?

您是来自城镇或者农村?

您对家乡方言的掌握程度如何?

在日常生活中你主要使用哪种语言?

当你遇到讲着相同方言的人有什么感觉?

你认为有必要让下一代学习家乡方言吗?

你对方言的发展趋势有何观点?

如果你的家乡方言发展、传承受到影响,你觉得原因是什么?

在周密的布置和安排之后,老师和孩子们赴健身广场,超市等公共场所进行社会调查和方言一手史料的采集。一开始孩子们还有些羞涩和腼腆,但是经过几

次锻炼后,孩子们便可以很大方地与广场上健身的老人、超市里带孩子的阿姨进行调查问卷并详细的记录。通过访问调查,面对面的与各级受访者进行沟通和交流,学生们提高了调查的质量。

三、成果展示,思维的碰撞中激发对家乡的热爱

在历史教学中,我们要以唯物史观为准则,真正落实立德树人的根本任务。其中培养学生的家国情怀在新时代又赋予了新的内涵。特别是农村城市化进程中,很多家庭从农村急速地过渡到城镇。曾经农村的样子已然被高楼大厦覆盖。在家庭教育中又无法找到归属感。因此,历史教学中我们要让每一个学生都产生生命的体验,体验家国的历史,体验家国的变迁。在资料的搜集、整理之后,各组通过成果展示交流,提高学生总结归纳能力。多种方式呈现活动成果,提高学生全面思考问题的能力。通过小组成员的合作展示锻炼学生的语言表达能力。感受各地方言的特点及变迁,激发学生对家乡的热爱之情以及社会责任感。

教师提出这段时间同学们都进行了静海各地方言的实地考察,今天就让我们一起来分享一下我们的收获吧。各小组进行全方位的成果展示。

①唐官屯方言组播放录制老家爷爷唐官屯的介绍,唐官屯是京杭大运河流经静海的第一站,在古代和现代交通上都非常重要,唐官屯与河北沧州、青县接壤,因此方言受到很大影响。周围的西翟庄、蔡公庄、和陈官屯的部分村子都形成了唐官屯语系。②静海方言组:从春秋战国,到燕王扫北,历史变迁中总览静海人口变迁。从静海方言发音方法上进行细致分析,让听众对静海方言深入了解。③独流方言组以相声的独特形式展现独流方言特点。特别是专门录制的独流海产叫卖,独特的独流文化呈现得淋漓尽致。④台头方言组:以台头特产"台头西瓜"来引入台头鱼米之乡的由来。台头方言的独特性以电话录音采访的方式呈现,效果显著。⑤陈官屯方言组先以实景图的方式展现这个地区的特殊性。经过查询《陈官屯志》和《吕官屯志》,这个地区的运河文化展现给大家。同时以很多传说来展现此地方言。陈官屯以吕官屯村为南北分界点,以北为静海方言语系,以南为唐官屯方言语系。

在此次活动中,我们认识到静海各地的家乡方言近年来都有一些变化,特别是普通话的推广,以及义务教育、高等教育的普遍性,使方言在语音、语调上逐渐和普通话融合。很多地方的土语现在已经极少用到。只有居住在原村子的老人们仍然使用,很多的年轻人基本上已经不懂土语了。家乡土话所蕴藏的历史传统文化也在渐渐消亡。特别是一些经济发展比较快的开发区,现代化程度越高,语言变化性越大。另外交通比较发达的地区,比如独流、团泊、杨成庄等地,已经基本向普通话靠拢。另外,外来人口迁入较多的地方,语言的融合性越强,例如大邱庄。

通过考查各地方言的变化,鼓励学生走出课堂,面向社会,在实践活动中学习、调查、研究、探索。教师在执教统编历史教材时要善于利用和挖掘这些宝贵资源,从而更好地弘扬传统,培养学生的人文情怀和人文素养精神。我们针对七年级学生进行家乡美食传统教育,八年级进行家乡历史专题教育,九年级开展历史大讲坛活动。通过离我们远去的家乡方言主题探究,培养学生的历史探究能力。在讲统编历史教材过程中,教师注意挖掘当地历史资源,还可以带领学生进入运河博物馆,观看《大运河》纪录片。使历史课堂更有生气,学生学习历史的兴趣和热情也因此也被点燃起来。深入挖掘地方历史资源,让学生感受到身边的历史,历史就在身边,培养学生热爱家乡的情感。在七、八、九年级中针对学生的认知特点进行爱国主义教育,学生在家乡历史变迁中,产生强烈的爱国爱家意识,以此培养学生的家国情怀。

专家点评:

《离我们远去的家乡方言》主题活动,孩子们非常投入,取得了圆满成功。学生非常喜欢这样的社会实践活动。特别是针对农村初中生,通过各种资料的搜集,学生感受到了家乡人民的热情友好,感受到了家乡方言独特的魅力,更激发了孩子们对家乡的热爱。在活动过程中孩子们的沟通能力、合作意识都得到了很大的提高。并且在探究方言的产生与发展过程中,以历史唯物主义的观点来看待问题,培养学生的唯物史观。通过社会调查,及方言的传承与发展,培养了孩子们的社会责任感,值得大力推广。

(点评专家:天津市静海区教研室教研员 徐颖)

情到深处意正浓

——历史教学中"共情"策略的应用

天津市静海区实验中学   刘忠霞

摘　要:教学中教师要运用教学策略激发学生的学习内驱力,农村初中生历史学科素养的培养,需要教师依据教学内容创设教学情境,运用共情策略。通过让学生与古人情感交流、让文字说话、让课堂成为一池活水等方式,使学生的情感和知识产生共鸣,能够大大提高教学效率。

关键词:人物共情　史料共情　师生共情

共情是一种能力,也是历史教学中非常重要的教学策略。当前的历史教学中,最让一线历史教师困惑的问题,莫过于如何将考试动向与学生学习兴趣进行有机的结合。很多的学生对于历史出现厌学心理,原因大多都认为史实太枯燥乏味,没有兴趣。而很多老师则认为,学历史连最基本的史实都不知道怎么面对各种天马行空的考题? 就是在这种矛盾与纠结中,经常使历史教学陷入尴尬境地。其实,如果能够将共情策略应用于历史教学中,使学生的情感与知识产生共鸣,就能够大大提高教学效率,减少尴尬局面的出现。

所谓"共情"在心理学范畴中是指人类能够体验他人内心世界的一种能力。自人文主义的创始人罗杰斯提出共情的概念,在人与人的交往中,共情能力被认为是社交活动中非常重要的能力之一。它是一种能够身临其境地体验他人的处境,进而理解和感受他人情感的能力。教学中,我们是否可以把历史课堂的学习也看作是一场社交活动? 在这个活动中让学生与历史人物产生共情,让学生与历史史料产生共情,让学生与授课老师产生共情。

一、人物共情——让学生与古人情感交流

历史人物在初中历史教学中至关重要。纵观初中历史教材涉及到的历史人物大概有九百多人。正是因为有了这些血肉丰满的历史人物,才更有利于学生理解历史事件。但是,碍于教材篇幅限制,教材中对历史人物的描述非常有限,学生如

果只是泛泛地对书中的人物进行了解，是无法理解历史事件与历史人物的关系的。更不可能将历史人物置身于特定的历史环境下进行唯物辩证的分析。在历史教学中，运用"共情"策略，让学生与古人的情感进行交流，就能够更好的理解历史人物。例如在讲授《汉武帝巩固大一统王朝》一课时，设计了下面的场景：公元前141年正月初十，天气还有些寒冷，16岁的刘彻登上皇位，成为了西汉第七位帝王，历史上称为汉武帝。16岁的年纪，成为了一个国家的最高统治者，同学们，你们今年多大了？学生们回答：14岁、15岁。看来汉武帝当时的年龄和我们相当，正是初中生花季的年龄。你们应该最能理解，此时站在未央宫高高的大殿之上的他心情是什么样的？学生们纷纷回答，会担心，会害怕自己的臣民不真正臣服于自己等等。由此学生与16岁的汉武帝产生共情，理解他面临的汉朝局势，从而采取的一系列巩固统一的措施。汉武帝的雄才大略之情学生感同身受。学生与汉武帝共情的过程，能够在学习历史基础知识的同时，体会到更深刻、复杂的内心情感。从而更深入理解汉武帝颁布推恩令、"罢黜百家，独尊儒术"、盐铁官营、北击匈奴的宏图伟业。

在初中历史教学中，很多学生的学习只是被动地浮于表面，机械性地接受知识。如何进行深度学习是我们提高课堂效率的关键。在课堂教学过程中运用共情策略就能达到深度学习的效果。例如在讲授《秦统一中国》一课时，秦国在商鞅变法后实力强大，具备了统一六国的条件，秦王嬴政招募人才，积极策划统一大计。其中秦完成统一是民心所向是孩子们理解的难点。在此时秦结束了春秋战国五百多年的纷争，人民渴望统一的情感需要学生理解。因此我设计了这样的开场白。俗话说：烽火连三月，家书抵万金，今天老师带来一封沉埋于地下两千多年的家书。这封家书被考古界誉为最有温度的家书。我们一起来看看家书的内容。紧接着展示木牍：黑夫和惊的家书。家书中黑夫和哥哥惊正在参加秦灭楚的大战，两个士兵用朴实的语言，问候家人们，描述战争的残酷，自己前途未卜。期望哥哥照顾好母亲和其他家人。虽然相隔两千多年，但是黑夫和惊浓浓的思乡之情却让孩子们感同身受。画面一转，来到哥哥墓葬的发现地。这封家书是在大哥的墓葬中出土的，这是一个极其简陋的墓葬，没有任何珠玉等随葬品。跟随主人的只有两封弟弟的家书和墨砚。我不禁要问，黑夫和惊最后回家了吗？孩子们纷纷摇头。有的说哥哥的墓葬中珍藏着家书，证明那是他毕生的牵挂，弟弟从此音信全无，无处找寻。有

的说哥哥致死都要把墨砚带入坟墓,即使到了另一个世界也要给弟弟写信。战争给老百姓带来了无尽的苦难。此时孩子们已经同两千多年前的普通百姓产生共情,理解秦的统一是民心所向,大势所趋。

与历史人物共情,让学生与古人进行情感交流的过程中,伟人的雄才大略让孩子们折服,普通百姓的人生百态也让他们感慨万千,这才是有深度的历史教学。

二、史料共情——让文字说话

历史学科教学中要注重培养学生求真求实的史学精神。在历史事件的学习过程中,任何历史解释都要以史料为依据,不能是凭空想象得来。因此,史料研读能力的培养至关重要。在当前的课堂中,学生对史料的研读能力需要不断培养。特别是中国古代史教学中,很多史料都是文言文,这对于七年级的学生们是一个难点。而九年级世界史的学习中,史料大多脱离现实生活,变得非常飘渺繁杂。因此在学生史料实证意识的培养中,运用"共情"策略就能达到事半功倍的效果。例如在讲授《汉武帝巩固大一统王朝》一课时,为了让孩子们理解汉代人民对国家的认同感,国家意识,民族责任感开始增强。我引用了汉代人物姓名:每个时代人们的姓名都体现着这个时代的特点。西汉中期的姓名更加的有意思。它或许代表着什么特殊的含义呢? 例如:"赵忠""赵儒卿""焦灭胡""刘定国""苏武"……学生们通过与史料共情,理解名字中蕴含的文化内涵,从而将汉武帝政治、经济、文化的大一统措施深入内心。

另外,在中国近代史的学习时,中共一大的召开是中国历史上开天辟地的大事,中国共产党的诞生让中国革命的面貌焕然一新。怎样让学生深刻感受中共一大召开的过程及意义呢? 教材中只用一段文字简要描述时间地点人物,很难让学生产生共鸣。因此,我补充了如下史料:老一辈革命家谢觉哉1921年6月29日的日记这样写道:"午后六时,叔衡往上海,偕行者润之,赴全国○○○○○之招"

随后提出问题,革命家谢觉哉当时的日记上你发现了什么重要信息? 为什么在关键的时刻却用○代替? 进而学生们从这封隐秘的日记中了解到了中共一大召开的时间、地点、人物,并且感受到当时革命党人的艰辛与危险,共和国的来之不易。将枯燥的史料赋予情感,学生在共情的过程中对历史事件有了清晰的认识才真正进入深度学习状态。

三、师生共情——让课堂成为一池活水

"问渠那得清如许,唯有源头活水来"。这个源头就是老师的情,再传递给学生,师生产生共鸣,让学生感受到老师对事业的热爱之情,感受到对他们诲人不倦的深情。使课堂互动循环,思维激荡,成为一池活水,把单纯知识的教学变成人的教育。

例如在讲授九年级上册《早期殖民掠夺》一课时,教师怎样将葡萄牙、西班牙的殖民掠夺行径传授给学生呢?书中所给的史料只是简单的史实描述,哥伦布发现美洲新大陆后,葡萄牙、西班牙最先走上了殖民掠夺的道路。假如此刻教师无关痛痒的照本宣科,学生必然昏昏欲睡,叫苦连天。而此时的教师,最先进入状态,以凝重的口吻向大家介绍曾经的银都波托西城, 西班牙在这里设置了皇家铸币厂,300 多年无节制的开采,使这里的银矿早已枯竭,而这个入口被称为地狱入口,为什么?学生们陷入沉思,脑海中似乎已经看到成千上万的印第安人被强制进入银矿开采入口,在零下 40℃的极寒天气里,用最原始的方式进行劳作。紧接着老师用悲壮的声音,向学生展示一张张印第安人的面孔,他们善良而坚毅,你看到他们的眼神了吗?你感受到了什么?

此时老师与学生的情感完全交融在一起,此时无声胜有声。虽然发生在 15 世纪的美洲,但是课堂上师生的共情已经穿越历史的天空,融入历史事件中,从而树立正确的历史观。

教师这个职业,从古代极致化的"一日为师,终身为父",到"传道、受业、解惑",再到"学高为师,身正为范""学校无小事,事事有教育;教师无小节,处处是楷模", 无不说明教师从来就不是单纯的职业化的职业, 而是以情感和灵魂为基础的。共情是教师真情的自然流露,是内心秉持职业道德的情操,是桃李不言下自成蹊的情怀,是作为一名合格老师必备的素质。

教师在教学中应用共情策略,才能让历史人物更鲜活。让学生与历史史料共情,才能让历史史实更生动。历史老师与学生共情,才能真正做到学生历史学科素养的提高,让学生沉醉于历史课堂。

实践 **4**

如何在初中历史课堂教学实践中培养学生的历史学科核心素养

北京师范大学天津附属中学　陈小兵

摘　要：随着新课改理念的逐步深入，社会对素质教育的关注度日渐提高。2022 年，天津市中考改革，历史学科将以 100 分，开卷考试的形式参加到中考科目当中，未来更好地迎接高中历史教育。初中历史学科除了要向学生讲授历史知识外，同样也需要提高学生的历史学科核心素养。所以，初中历史教师需要改变传统教学思路，优化教学模式，重视对学生历史学科核心素养的培养。以课堂教学体现学科核心素养的研究，可以从围绕挖掘课本材料，构建开放课堂；创设教学情境，精心置疑设问；围绕核心知识，优化教学设计三个方面，着力培养学生的历史学科能力，有效提升学生的学科核心素养。

关键词：学科核心素养　初中历史　课堂教学

历史学科核心素养不仅仅是人文素养的重要构成，同时也是历史学科育人的主要体现，其内容主要涵盖了唯物史观、时空观念、史料实证、历史解释、家国情怀等 5 个方面。基于学科核心素养所展开的历史课堂教学，能够让学生在掌握历史知识的同时，也能引导学生对历史有不同角度的认知，使其历史思维得到发展，从而形成良好思维品质。

"现在很多学生特别喜欢历史，但不喜欢上历史课。""背诵、听写、默写、考试似乎就是历史课的全部。"这是我们在一些目前历史教学实践中听到的声音。我们知道,在目前中学历史教学中,存在部分历史教师课堂教学组织不到位,课堂提问缺乏深度思维、针对性和启发性不足、要求不明确等现象,对学生历史学科核心素养的培养颇为缺失。这样的历史课堂教学变成了狭隘的背诵知识点、背诵教材的过程,导致学生的时空观念混乱、史料实证意识不强、历史解释能力普遍低下。以上问题的存在,一方面说明教育改革的复杂性,一些陈旧观念和习惯倾向仍然有相当大的影响;另一方面也说明基于学科核心素养的历史课堂教学的转型还需要在实践中不断探索。那我们该如何在初中历史课堂教学实践中培养学生的五大历史学科核心素养呢?

一、挖掘课本材料,构建开放课堂

以初中部编版历史教材为例,教材的每一课中,除正文外,还设有辅助部分。课文前设导言,课文旁设相关史事、材料研读、人物扫描、问题思考等栏目,课文后设有课后活动、知识拓展等。这些栏目的设置补充和完善了与教学内容有关的知识,展现了真正的历史;拓展了学生的视野,使历史学习更加鲜活;丰富了课程资源,有利于更好地突破教材的重点和难点。同时,也是部编教材作为"教本"与"学本"相结合的体现,为我们提供了开展教学活动的契机。我们要改变单向灌输、以知识传授为主的传统教学模式,采用启发式、探究式、研究型学习等教学模式。教师在进行教学设计时,要考虑如何运用这些栏目创设教学情境,突破教学难点,激活学生思维,催发学生积极探索的情感,促进学生思维向纵深处发展。

(一)整合学习内容

在历史教学中,课程整合强调教材内部知识的整合、不同学科间内容的整合以及文本学习与社会生活的结合。教师除了要重视部编教材内部知识的结构化、体系化,还要重视同一年级不同学科知识之间的联系,以学科整合的理念加强部编版教材内容的综合呈现,引导学生将书本内容与生活实践联系起来,发挥历史学科的现实导向功能。在教学中,我们需要融会贯通,整合一些专题化的问题。如学习唐朝的历史,可以将历史学科的事件线索与唐代文学联系起来,通过不同历

史时期唐诗的内容、艺术风格加深对唐朝历史发展的理解。

(二)拓展历史史料

在教学组织中,我们要根据历史学科特点,充分利用部编教材的主体内容和辅助栏目,适当拓展历史史料,让学生不断提高以史料实证和时空观念分析历史问题的能力。如"材料研读"和"相关史事"栏目介绍了大量的史料,引导学生研读、思考可以凸显历史学科的实证性,提高学生的历史学科素养。

(三)营造多样化课堂形态

新的课程理念更加突出教学中师生互动、学生主体、方式多样的新的教与学样态。我们要善于营造多样化课堂形态,以历史课本剧表演、课堂讨论、历史问题辩论会等形式提高学生历史学习兴趣。通过组织学生参观历史博物馆、爱国主义教育基地和观看影片、采访历史见证者、编写历史手抄报、组织演讲比赛、知识竞赛等活动,增强学生的感性认识,培养学生创新精神和实践能力。

在历史上,对于隋朝开凿大运河毁誉参半,褒贬不一。"千里长河一旦开,亡隋波浪九天来。锦帆未落干戈起,惆怅龙舟更不回。"这是唐朝诗人胡曾的诗《汴水》,诗中认为大运河的开凿是隋朝灭亡的主要原因。"尽道隋亡为此河,至今千里赖通波。若无水殿龙舟事,共禹论功不较多。"这是唐朝诗人皮日休的诗《汴河怀古》,诗中评论的是隋朝大运河和隋炀帝。我们在进行部编教材七年级上册第1课《隋朝的统一与灭亡》公开课教学时,在学习"开通大运河"这一目时,围绕这些观点,结合课文中的"相关史事""课后活动"和"知识拓展",以"隋朝开凿大运河之我见"为题要求学生写一篇小论文。通过这种开放性的作业布置即活动的开展,一方面调动学生主动参与的热情,对本节课的学习内容进行总结与反思,逐步提高书面表达能力;另一方面,启发学生在巩固掌握教材知识的基础上,对新问题进行探索,有利于学生历史学科素养的提升。

二、创设教学情境,精心置疑设问

创设历史教学情境,是指运用典型的历史情境材料创设历史问题。现行的部编版初中历史教材按通史编写,教材中一些重要的历史主干知识叙述简略,缺乏充足的史料说明。学生缺少通过历史材料对历史现象分析、质疑、判断、概括等思维过程。在历史教学过程中,我们应积极创设历史教学情境,如利用歌曲和影视片段再现历史;利用形象的图片和直观的语言引导学生;创设人物情景,使学生熟悉历史人物;创设事件情境,让学生置身于历史氛围中。

"敕勒川,阴山下,天似穹庐,笼盖四野。天苍苍,野茫茫,风吹草低见牛羊。"在《北魏政治和北方民族大交融》的公开课教学中,我引用了这首民歌介绍鲜卑族的起源与发展,同时引导学生阅读教材中这样一段话:"当时,北方各族人民长期杂居,民族聚落已不多见。内迁的各族在生产、生活和习俗上,与汉族已无明显的区别。"并提出:"从这首鲜卑族民歌和教材的表述,我们可以发现鲜卑族当时处于一个什么样的状况?"让学生展开思维的碰撞,从而理解教材中所说的"鲜卑拓跋部因为内迁较晚,仍保持鲜卑族的习俗,要治理好广大北方地区困难重重"。

历史情境模拟(历史课本剧)也是情境教学的方式之一,角色的情景模拟可以将学生带入到当时的历史环境中。例如,在学习部编版七年级历史第8课《百家争鸣》这一课时,我就尝试了历史情境模拟教学。首先,为了使学生所扮演的角色有血有肉,我引导学生利用网络、图书馆等渠道,查阅儒家、墨家、道家、法家代表人物的有关资料。其次,做好角色分工。分饰不同角色学生要了解这个学派的代表人物,包括他们的生活习惯,特别是他们的主张。再次,安排一些学生扮演诸侯,让学生决定选择哪个学派的思想作为治国思想,并说一说为什么。课堂上,不同的学派各陈其说,诸侯王纷纷点评。在热烈的争论中,学生不仅掌握了各家的代表思想,也提高了他们合作探究能力。又如,在学习唐朝历史时,女皇武则天是一个争议的人物,她掌权时唐朝社会经济持续发展,但也出现任用酷吏的现象。我们可以根据这一课时的学习目标,编写一个关于武则天统治时期所做的贡献及朝廷内部争斗的相关情景剧,并引导学生通过分组表演,对武则天进行演绎。学生在惟妙惟肖的角色扮演中,一方面了解了"政启开元,治宏贞观"的武周政治为唐代中期的繁荣起了承前启后的作用;另一方面也认识到武则天在专政时期,以残酷诛杀的手段对付反对她的贵戚重臣和李唐宗室,这是她身上不足的地方,从而引导学生认识到"要在特定的时代背景下,对历史人物进行客观地评价"。

三、围绕核心知识,优化教学设计

满堂灌的教学方式可能让学生陷入死记硬背、理解僵化的状态;以学科核心素养培养为主旨的课堂教学,则能够启迪学生成为拥有创新思维能力的人。为把核心素养真正渗透到教学中,必须推动初中历史课堂教学与学习方式的变革。

以学习七年级历史部编版教材《动荡的春秋时期》这一课为例,我首先利用历史典故,激活学生学习兴趣。在导入环节后,通过"一鸣惊人""楚王问鼎"这两个引人入胜的故事让学生理解这一时期的历史背景。其次,通过引导学生进行材料感悟、知识归纳,结合理论认知,学习主干知识。紧接着,引导学生了解此时周王室衰微的具体表象,随即提出问题,组织学生进行分组讨论。这时,我们不是"告诉"知识,而是旁观学生体验和建构知识,让学生会学。在学生解答问题时,我们应对学生的答案进行提炼、归纳。在解决实际问题的过程中,学生会更深层次地理解该课的核心知识,获得更多的真实体验,收获学习成果即学习的效能感。

教学中,简明生动的语言、深刻的分析既调动了学生的学习积极性,引发了学生思维的积极性,又契合了学生的兴趣、情感等心理需求,受到了学生的欢迎和呼应,出现了师生之间真正的思想互动和心灵交流,正可谓"娓娓叙述历史,殷殷寄情现实",真正做到教学相长。

四、梳理历史脉络,强化时空观念

历史学科知识丰富多彩,要想真正掌握历史知识,则一定要对历史事件、时间、人物、现象等相关因素进行了解,才能够掌握历史主流,通过历史知识脉络的梳理,便能建构出更为完整且系统的知识体系。因此,我们在教学中要引导学生对历史脉络进行梳理,使其时空观念得以加强,了解不同历史事件之间的关联性,同时要结合教学内容的不同去选择具体的教学方式。

比如，我在讲解"科举制"相关内容时，教材中会提及科举制在不同历史阶段的发展变化，而在发展中既有联系与区别，也有传承与发展，因此我们应当引导学生去梳理科举制度的发展脉络，要求学生联系已掌握的知识，对科举制的概念、发展掌握清楚，从而逐步了解到九品中正制的不足等等，明晰科举制便是为了改变这一不合理的人才选拔制度而诞生的。可见，在这一教学实践下，让学生联系历史发展脉络去掌握历史知识，可促进学生正确历史观念的形成，培养其历史学科核心素养。

五、拓展多元思维，强化历史解释

所谓历史解释，也即是基于学生的固有历史理解与认知所获得的对历史进行叙述的能力，这一能力是对学生历史知识与能力方法等发展水平进行检验的关键指标。因此，在课堂教学实践中需要引导学生拓展多元思维，使其历史解释能力得以强化，尤其是在对部分历史事件的分析中，应鼓励学生得出不同的解读与看法。

比如，针对"秦始皇修筑长城"这一历史事件，学生站在不同的角度会得出不同的解释与看法，在这种情况下我们可引导学生发散思维，结合自己的看法去进行延伸，深挖其中的历史意义。同时，我们可让学生阅读更多后人关于长城的描述材料，如"祖舜宗尧自太平，秦皇何事苦苍生""秦筑长城比铁牢，蕃戎不敢过临洮""秦皇筑长城，乃为万世利"等等，如此一来学生在材料的辅助下更能拓展思维，认识到秦始皇修筑长城这一事件具有的积极与消极两面性，从而通过不同的角度去解读与还原历史，强化学生的历史解释能力，而这也是培养学生历史学科核心素养的有力手段。

六、利用情境史料，培养实证意识

在历史学科核心素养中，史料实证属于关键组成，所以我们在课堂教学实践

中应当重视学生史料实证能力的提升,而这也是学生对历史进行学习与认识的良好思维品质,更是对历史进行理解与解释的关键方法。学生在历史知识学习的过程中,要坚守实事求是的底线,教师的课堂教学也应高度重视史料的整理与搜集,同时要引导学生在史料中提炼史实,充分利用教材中的地图、史料等进行佐证。

比如,在讲解"三国争霸"相关知识时,我们可利用多媒体设备呈现出东汉末年军阀混战的全景图,让学生更加直观地了解到曹操、袁绍、刘备、孙权等人的占据位置,进而判断出曹操所统一的北方有着更大的优势。同时,通过史料的搜集,也让我们了解到曹操在政治、经济、军事等方面均有不错建树,而袁绍由于个人性格原因,导致被曹操打败。再通过观察长江三洲地图便能够发现刘璋长期占据上游益州,刘表则占据中游荆州,而孙权占据中下游扬州,如此一来学生对战局情境便有清楚认知,对孙权的作战优势一目了然,也更好理解了孙权以少胜多的可行性。在这一的课堂教学实践下,学生的史料实证意识得到良好培养,使其对历史有了更为深入的了解,促进其历史学科核心素养的形成。

七、深挖制度内核,培养家国情怀

在我国的历史发展中,有许多制度都处在世界领先地位,并且为后代的治国治家提供了良好指导,所以有许多制度都值得我们感到骄傲。初中历史知识当中同样涉及到诸多制度,对于这部分制度的教学能够有效培养学生的家国情怀,使得学生从内心深处对民族产生自豪感,这也是历史学科核心素养的重要部分。

比如,在讲解"专制主义中央集权制度"相关知识时,我们应当意识到古代所创立的这一制度对地方管理发挥着重大作用,不仅能够巩固国家统一,也进一步奠定政治制度的格局,使得人们的爱国情怀得到激发,国家统一成为了根深蒂固的思想。在学习这一制度的过程中,学生的家国情怀能够得到有效培养,在这一制度影响下,即便是国家处在分裂状态,人心依旧向往着统一,这便是制度的重要内涵。又如,在讲解"土地改革"相关知识时,我们可引导学生对土地改革的缘由、重要性、经过、困难、结果及意义等深入分析,使得学生对我国土地制度改革有深刻认识,彻底推翻了封建土地制度,无产阶级翻身做主,人民得到政权,农村生产力自此得到极大解放,也让我国农业经济得到腾飞,这一切都得益于土地制度改革的作用发挥。

　　总之,在素质教育的大环境下,我们初中历史教师需要基于学科核心素养去采取有效教学方法开展历史课堂教学,充分融合核心素养与课堂教学,将其落实到具体的教学活动中来,进而在提高初中历史教学质量的同时,促进学生良好世界观、人生观和价值观的形成,推动学生的发展,从而形成健全的人格与思维。

参考文献

[1]周爱芳.学科核心素养下的初中历史教学[J].中学教学参考,2017(4):88.

[2]赵望秦,潘晓玲.胡曾《咏史诗》研究[M].北京:中国社会科学出版社,2008:56-57.

[3]彭定求,等.全唐诗(下)[M].上海:上海古籍出版社,1986.

如何在中学历史教学中培养学生的创造性思维

北京师范大学天津附属中学　陈小兵

摘　要：当前,中学历史教学面临诸多问题,学生思维能力欠缺,尤其是创造性思维。教师应在历史课堂教学中,通过创造性思维训练、史料教学等方法,改变历史教学现状,提高学生学习兴趣和课堂效果,为国家和社会培养出更多的创造型人才.从转变观念,发挥学生的主体意识,培养学生的质疑能力和想象力等诸方面,探索历史教学中培养学生创造性思维能力的问题.

关键词：中学历史教学创造性思维　学生　培养

创造性思维是指人类在探索领域的过程中,充分发挥认识的能动作用,突破固定的逻辑通道,不断以新颖方式和多维角度的思维转化来寻求获得新成果的思维活动。这种思维在思维过程中具有发现问题的敏锐性、探索过程的发散性、解决问题的新颖性、思维结构的综合性,是一种高级思维,是人的智力水平高度发展的表现。在中学历史教学中培养学生这种创造思维品质,既有利于提高历史课堂效率,也将有助于全面推进素质教育。在中学历史教学中如何培养学生的创造性思维呢?

一、通过提问题激发学生的创新欲望

要想不断创新,首先就要有不断创新的欲望和需求。有了不断创新的欲望,才能进行有意识、有意义、有目标的创新活动,也才可能达到创新的目的。中国五千多年辉煌灿烂的历史文化,对于这些,中学生总是充满好奇,有时会提出各种各样的问题。如："唐太宗李世民发动'玄武门之变'对于嫡长子继承制意味着什么?""为什么既肯定元朝统一中国的积极意义,又赞扬文天祥的抗元斗争精神?""吴三桂不引清军入关,李自成会成为一个新封建政权的皇帝吗?""孙中山为什么要把大总统职位让给袁世凯呢?""假如林则徐没有去禁烟,中国近代史会怎样发展呢?还会有鸦片战争的发生吗?""是不是正义的战争一定会取得胜利呢?"等等。有些问题对学生来说是一种探索、一种创新,是一种对好奇心的满足。他们正是带着这种好奇心来认识这个世界的。学生有了这样的问题后,教师不能只简单的肯定和否定,而要抓住这个契机,不仅要给学生以知识方面的答疑,更要给学生这一良好的求异思维苗头以鼓励与进一步引导,激发他们永不熄灭的创新欲望。

二、通过有目的的引导培养发散性思维

发散性思维又叫求异思维,指的是一种逆向性的创造思维,其特征是用不同于常规的角度和方法去观察分析客观事物而得出全新形式的思维成果。求异思维的内涵具有广博的开拓创新性和迁延性,运用求异思维教学能够克服教学模式的凝固化和一统化弊病,冲破陈旧的思维模式,把思维从狭窄、封闭、陈旧相因的体系中解放出来,在一个新的领域中进行思维的创造性、开拓性的辐射与复合。显然,逆向性创造思维有益于启迪和挖掘学生潜在的智力,提高教育教学质量。如:通过开展"历史小论文""历史写作"等实践活动,引导学生多层次、多角度地思考问题。一个学生在历史小论文中通过文天祥的"人生自古谁无死,留取丹心照汗青"的诗句,展开多方面的联想。首先"纵向联想",指出文天祥视死如归的力量源泉"民族的浩然正气和炽热的爱国之心";接着展开"逆向联想",痛斥当今社会上极少数只顾个人利益,而忘了国家利益的社会渣滓;另外还展开"横向联想",联想到今天的青年学生应该继承中华民族的伟大传统,不能辜负老一辈对我们的殷切期望,把建设祖国的历史重任肩负起来。由一位历史人物的事迹,这位同学就展开了如此丰富的联想,充分体现了创造性思维发散性的特点。如果经常开展这类活动,会极大地提高学生思维的灵活性,发展智力,提高教育教学质量,故教师要通过有针对的教学去培养这种思维。

三、通过大胆质疑培养辐合性思维

辐合思维又叫求同思维、集中思维,是一种寻求唯一正确答案的思维,它指向于单一的唯一正确答案,是根据已有的知识更新和经验,向着一个方向去思考,总是考虑这一问题应该怎样解决,解决的程序是什么,得到一个认为是最好的结论。如:从学生熟悉的中国近代一百多年的屈辱历史中分析:①中国在鸦片战争中挨了打;②又在第二次鸦片战争中失败;③中法战争中中国"不败而败";④甲午中日战争中又再次挨打;⑤八国联军侵华,使中国完全陷入半殖民半封建社会的深渊,这几件事合于一种思维,就会得出一个结论:"国家落后就会挨打",最后,我们怎

么不会挨打呢?学生一定会积极思考,得出只有振兴中华使国家强大才会屹立于世界民族之林,引起感情上的共鸣。因此,历史教学中,教师应鼓励学生主动参与,大胆质疑,大胆回答,敢于幻想,敢于实践,解除学生对错误的恐惧心理,提出与众不同的见解。其次,在指导学生学习的过程中,我们应引导他们善于发现问题,提出疑义,求得解决,这样才能有进步:比较奴隶社会、封建社会、资本主义社会的财富各是什么时?教师先有意设计几个答案:金钱、土地、奴隶、房屋……让学生思考。在讨论中,有人出现错误,这时教师不要急于下结论,可要求那个同学说说他的理由。教师在耐心倾听后,再帮他释疑,分析原因,直到错误思维因点拨而澄清,学生因此掌握了知识,同时在思考中发展了创造思维。

四、通过思维灵感培养创造性思维

依靠思维灵感,可以创造性的发现新问题,提出新观念,发展新理论,启迪新思想。中学历史教学中,教师应大胆启发学生利用思维灵感这一特点,排除一切传统观念、常规思路的束缚,摒弃暗中起制约作用的对创造思维的限制和挑剔,从"一本正经"的"自由想象"转入不经意的、甚至是"不务正业"和"离经判道"的随便的横思纵想。如:中国近代史《时局图》注释说:肠代表德国,太阳代表日本,其他列强俄、法、美、英分别由熊、蛤蟆、鹰、虎等凶猛动物代表,这时,有学生积极思考后,质疑:认为"肠代表德国"中的"肠"应为"蛇",因为"肠"显得软弱无力,而"蛇"具有"凶狠、狡诈、毒辣"的本性,更能充分显示德国侵占我国山东的凶恶本质。有了这种大胆的猜测假设,学生智慧的大门一旦打开,就会产生象物理学家阿基米德解决"王冠之谜"一样的伟大理论或思想,我们的教育目的就达到了。

教师是教育的组织者、领导者,在发展学生能力,培养创造型人才中起主导作用。"授之以鱼,不如授之以渔",所以在中学历史课堂教学中我们要注意培养他们的创造性思维,重视思维能力的训练。

参考文献

[1]魏尚正.在中学历史教学中应注重培养学生的创造性思维能力[J].成才之路,2010(10):21.

[2]刘寅仓.学生的创造性思维及其培养[J].西北师范大学学报,1990(06):66-69.

教学案例

新文化运动

北京师范大学天津附属中学　陈小兵

一、教学背景

学生情况分析：

笔者本节课的授课班级有 40 名学生,他们思想活跃,对新知识充满了浓厚的兴趣。尤其现在的教材图文并茂,更增强了学生的学习兴趣,理性思维的能力有较大提高。但由于他们对知识的掌握还没有形成体系,没有达到一定的广度;对历史现象的认识也没有上升到一定的高度;分析问题还缺乏深度。所以,要在教学中创设情景、并进行启发式讨论,适当加入一些视频让他们真切的、多角度的认识历史。

二、教学目标

(一)知识与能力

了解新文化运动兴起的背景,识记新文化运动兴起的标志、主要阵地、代表人物、口号等。概述新文化运动的主要内容,探究新文化运动的影响。

(二)过程与方法

1.通过问题设计,引导学生从历史背景出发,联系具体内容培养学生分析问题、解决问题的能力。

2.引导学生通过对材料的分析和解读得出结论,做到论从史出,以培养学生阅读、理解、分析材料的能力。

(三)情感态度与价值观

1.新文化运动近代中国一次空前的思想大解放运动。中国要富强就必须顺应历史发展的潮流。培养学生热爱祖国、建设有中国特色社会主义的历史使命感。

2.学习陈独秀、李大钊等先进知识分子探索真理的精神,爱国爱民的情怀。以此进行爱国主义教育。

三、教材分析

教学内容分析：

新文化运动在中国近代史上占有重要的地位。从近代反抗史的角度看,它是旧革命的总结和新革命的曙光,它对旧民主主义革命的失败进行深刻反思,同时带来了对封建旧文化的彻底批判,并做好了新民主主义革命的思想准备。从近代探索史的角度看,它是旧思想的发展,新思想的肇始。在西学东渐的过程中,先进的中国人从师夷长技、君主立宪、实业救国与民主共和,发展到了新文化运动前期的民主科学,随着俄国十月革命的发生,在新文化运动的后期,更加进步的社会主义思想成为改造中国的思想武器。从而为五四运动的爆发奠定了基础。

四、教学重难点

(一)教学重点及解决措施

教学重点是新文化运动的内容。

通过教师讲解、阅读材料、学生讨论、观看视频等方式让学生掌握新文化运动的主要内容。

(二)教学难点及突破措施

教学难点是新文化运动为什么提出"打倒孔家店"的口号?

引导学生正确认识中国传统文化。通过学生讨论让学生认识到"打倒孔家店"的口号提出,既有积极意义,也存在消极影响。如何对待中国传统文化,应当树立"取其精华,去其糟粕"的态度。

五、教学方法

采取多媒体辅助教学。

提供图片、文字和视频等素材,引导学生有兴趣的学习基本知识并进行适当的探讨。

"创设问题"教学法和学生的自主性学习相结合。注重史料教学,力争论从史出;创设情景,巧妙设问、引导和点拨;自主学习、探究与合作学习相结合。

六、教学过程

【导入新课】

1.教师活动:(播放幻灯片)我在咱们校园里看到近3年,咱们有好几位同学被北京大学录取,北京大学是我们国家最好的高等学府之一,我也希望4年后,咱们班也有同学被北京大学录取。有哪位同学知道北京大学是哪年创办的?(1898年)北京大学创办于1898年的戊戌变法时期,最早叫京师大学堂,1912年更名为国立北京大学。现在大家看到的是1917年的时候鲁迅先生为北京大学设计的校徽,2017年北京大学发布了新校徽,延续了老校徽的精髓,大家看看这个校徽有什么寓意?

学生活动:通过观察图片,回答北京大学创办于哪一年?回答北京大学校徽的设计寓意。

设计意图:利用多媒体直观教学,把图片展示给学生,调动学生的思维,激发学生兴趣。

2.教师活动:播放幻灯片,情景再现一下120年前北京大学的课堂里师生间问候的情形。从而导入,在辛亥革命后这种风气发生了脱胎换骨的变化,尤其是在新文化运动时期,北京大学有了质的飞跃。

学生活动:配合老师完成情景再现。

设计意图:通过多媒体播放图片及相关的材料,将学生的思想引入历史的情景之中,直观教学,调动学生的思维,使其在历史的体验中,引入本课课题。

【讲授新课】

1.新文化运动的背景

教师活动:新文化运动是怎么发生的呢?多媒体展示辛亥革命后思想领域的变化、袁世凯复古尊孔图片和材料,形成思想碰撞。教师讲解新文化运动发生的背景。

学生活动:学生带着问题读课文第一小节的内容。

设计意图:通过阅读教材和教师讲解,理解新文化运动兴起的背景。

2.新文化运动的兴起

教师活动:提出问题,新文化运动的兴起过程是怎么样的呢?结合教材完成表格。

学生活动:学生带着问题读课文第二小节的内容,并完成表格。

设计意图:通过阅读教材完成新文化运动兴起的过程。培养学生阅读材料或教材的习惯,提高分析归纳整理的能力。

教师活动:教师讲解新文化运动兴起的标志、代表人物、主要阵地、口号等内容。

学生活动:结合教师讲解,共同说出新文化运动兴起的过程。

设计意图:通过教师讲解,加深对新文化运动兴起过程的理解。

3.新文化运动的内容

(1)教师活动:新文化运动的主要内容包括两个方面,一个是思想革命,一个是文学革命。先看思想革命,一是抨击旧道德和旧文化。提问,什么是旧道德旧文化? 什么是新道德? 结合课本找一个新道德中男女平等的事例。

学生活动:学生回答并点评。

设计意图:教师讲解和学生回答相结合,利用多媒体直观教学,调动学生的思维,激发学生兴趣,使学生在潜移默化中受到感染,其思路在不知不觉中随着教学内容运转。

(2)教师活动:教师提出有人在新文化运动中甚至提出"打倒孔家店"的口号,这件事你怎么看?你认为我们应该如何对待中国传统文化?找学生回答然后点评。

学生活动:学生讨论,回答问题。

设计意图:通过设置问题情境,学生讨论,理解新文化运动中"打倒孔家店"口号既有积极意义又有消极意义,对待中国传统文化也应该学会取其精华,去其糟粕。学会一分为二来认识历史事件。

(3)教师活动:引出陈独秀"西洋人因为拥护德、赛两先生,闹了多少事,流了多少血,德、赛两先生才渐渐从黑暗中把他们救出,引到光明世界。我们现在认定只有这两位先生,可以救治中国政治上、道德上、艺术上、思想上一切的黑暗。"的这段话,提出陈独秀认为,只有哪两位先生可以救中国?这两位先生分别指什么? 民主和科学又分别指什么呢?

学生活动:学生通过阅读材料和教材,回答问题。

设计意图:通过设置问题情境,学生学会从材料中寻找关键词,结合教材内容做到调动学生思维,引导学生理解教学重点内容。

(4)教师活动:除了进行思想革命外,新文化运动还主张进行文学革命。介绍1917年胡适发表《文学改良刍议》主张以白话文作为新文学的语言,强调写文章须言之有物,不摹仿古人,不作无病之呻吟。1917年,陈独秀发表《文学革命论》,主张推倒陈腐、雕琢、艰涩的旧文学,建设新鲜、平易、通俗的新文学。

学生活动:学生通过观看课件,掌握文学革命的两个事例。

设计意图:文学革命内容比较简单,学生通过观察掌握即可。

(5)教师活动:在紧张的学习之余我们来轻松一下"从前有个秀才到村里闲逛,看到一则征婚启事,上面写着:"乌黑头发无麻子脚不大周正",秀才觉得这姑娘很不错,就把她娶回家了,回家一看,秀才差点就晕过去了。你们知道为什么吗?"关于文言文和白话文之争,观看视频并播放幻灯片。

学生活动:阅读材料,回答问题。观看视频,加深理解新文化运动中关于文言文和白话文之争的结果。

设计意图:增加学习兴趣,提高学生学习状态,在轻松氛围中落实文言文与白话文之争的结果。

4.新文化运动的影响

教师活动:播放幻灯片,出示三则材料,让学生回答新文化运动的影响。

学生活动:结合教材和材料,回答新文化运动的影响。

设计意图:在学习完新文化运动的内容基础上,结合教材和材料,让学生发挥自主学习自我研修的能力,在教师辅助的基础上整理出新文化运动的影响。

【课堂小结】

结合本课学习,梳理本节课及近代化专题的学习内容。

【板书设计】

新文化运动	兴起标志		
	旗帜(口号)		
	主要阵地		
	代表人物		
	内容	思想革命	
		文学革命	
	评价		

近代化探索	地主阶级洋务派	洋务运动	器物
	资产阶级维新派	戊戌变法	制度
	资产阶级革命派	辛亥革命	
	先进知识分子	新文化运动	文化

七、教学反思

新文化运动是我国历史上空前的一次思想大解放运动,通过这节课的教学,能够增强学生在新时代条件下的民主与科学意识,感受到新文化运动中主要代表人物在反封建斗争中的勇敢精神和先锋作用。

我运用多媒体教学手段,向学生演示和补充大量历史图片、文字资料,再创设一个个探究问题,鼓励学生思考、解决,并给学生大量的展示、讨论的机会,化枯燥乏味为生动有趣,从而顺利实现预期的教学目标。

成功之处就是实现了教与学方式的改变,变传统课堂的教师"一言堂",为教师主导、学生主体,合作探究、自主学习。

不足之处是对学生的过程性评价还不太到位。

八、专家点评

这节课陈老师紧紧围绕新文化运动的学习主题,将历史知识赋予一定的生活意义与生命价值,使历史这一过去的生活与学生的现实生活连接起来,让学生充分感受到历史课的意义与价值。总的来说,这节课具有以下几个优点:

1.本课导入比较新颖,既照顾到学生的实际,又很好地引入本课的主题。

2.选择的视频音频资源比较符合课堂教学实际,能给学生带来强烈的视觉和听觉的冲击,视频清晰度和实用性较强,时间适宜。

3.本课的知识点较多,需要掌握的人物、时间不容易记住,陈老师在讲课的过程中,适当的将图片与表格相结合,帮助学生将注意力恰当地集中在了课本的重点知识上。如新文化运动的四个提倡、四个反对,在图片的强力对比下再配以表格,学生不但掌握了文字内容,而且对内容有深刻的理解,这种理解的记忆比单纯的机械记忆更加牢固、更有效率。

4.通过具体的场景设置,使学生仿佛身临其境,多了一份责任感、也多了一份神圣感,真正做到培养了学生的家国情怀等历史学科核心素养。

(点评专家:天津市河北区教师发展中心　李学敏)